그리스도인의 삶

Life Essentials
by Tony Evans

Originally published in English under the title:
Life Essentials by Tony Evans
This book was first published in the United States by Moody Publishers,
820 N. LaSalle Blvd., Chicago, IL, 60610.
Copyright ⓒ 2003 by Moody Publisher.
All rights reserved.

Korean translation copyright ⓒ 2005 by Timothy Publishing House, Inc., Seoul,
Republic of Korea

이 한국어판의 저작권은 Moody Publishers와 독점 계약한 (주) 도서출판 디모데에 있습니다.
신 저작권법에 의하여 한국 내에서 보호받는 저작물이므로 무단 전재와 무단 복제를 금합니다.

그리스도인의 삶

1쇄 인쇄	2007년 10월 10일
2쇄 발행	2012년 2월 14일
지은이	토니 에반스
옮긴이	마영례
펴낸곳	주) 도서출판 디모데 〈파이디온 선교회 출판 사역 기관〉
등록	2005년 6월 16일 제 319－2005－24호
주소	서울 강남구 개포동 1164－21
전화	마케팅실 070) 4018－4141
팩스	마케팅실 02) 6919－2384
홈페이지	www.timothybook.com

값 12,000원
ISBN 978－89－388－1349－7
Copyright ⓒ 주) 도서출판 디모데 2003 〈Printed in Korea〉

그리스도인의 삶

내가 작아지고
그리스도가 커지는

토니 에반스 지음
마영례 옮김

하나님이 내게 맡기신 사역이 하나님의 영광을 위해

효과적이고 능률적으로 수행될 수 있도록 늘 깨어 수고하는

'도시 대안 선교회(The Urban Alternative)' 와

오크 클리프 바이블 펠로우쉽 교회의 성실한 사역자들에게

이 책을 바칩니다.

차례

감사의 글 9

머리말 11

1. 왜 그리스도인은 성장해야만 하는가 13

2. 회심 | 영적 성장의 주춧돌 35

3. 정체성 | 영적 성장의 문을 여는 열쇠 53

4. 죄 | 영적 성장을 가로막는 방해꾼 71

5. 은혜 | 날마다 영적으로 자라는 환경 91

6. 믿음 | 영적 성장을 향한 거침없는 실행 113

7. 성령 | 영적 성장을 진두지휘하시는 분 133

8. 성경 | 영적 성장에 필요한 양식 153

9. 기도 | 영적 세계로 나아가는 통로　173

10. 교회 | 개인의 영적 성장을 돕는 공동체　193

11. 헌금 | 영적 성장을 통해 나타나는 진실한 감사　213

12. 시험 | 하나님의 선한 목적을 이루기 위한 성장통　235

13. 유혹 | 성장 과정에서 일어나는 영적 싸움　257

14. 소명 | 하나님이 주신 삶의 목적　281

15. 순종 | 영적으로 성장한 사람의 반응　305

16. 성숙 | 영적 성장의 목표　325

결론　343

 감사의 글

  이 원고를 준비하는 데 많은 도움을 준 나의 친구이자 편집자인 필립 라울리(Philip Rawley)에게 감사한다. 그리고 이 책이 잘 꾸며져 나올 수 있도록 격려해주고 뛰어난 재능을 발휘해준 그레그 손튼(Greg Thornton)과 쉐릴 던롭(Cheryl Dunlop) 그리고 그 외 무디 출판사 팀원들에게 감사한다.

 머리말

어느 날 나는 죽은 나무들을 베어내 제거해주는 일을 하게 될 사람과 함께 우리 집 마당을 돌아보고 있었다. 나는 그에게 한 나무를 가리키며 그 나무를 베어내달라고 했다. 왜냐하면 그 나무는 죽은 것처럼 보였기 때문이었다.

그러자 그는 "그 나무는 베지 않아도 될 것 같습니다. 아직 살아 있습니다"라고 말했다. 그리고 내가 보지 못했던 초록색의 작은 새싹들이 그 나무에서 자라나고 있는 것을 보여주었다. 죽은 것처럼 보이는 것이 그 나무의 성장을 방해하고 있었다. 그 나무는 적절한 영양을 공급받지 못한 상태에서 성장하지 못하고 있었기 때문에 생명이 없는 것처럼 보였다.

우리 집 마당에서 자라지 못하고 있던 그 나무와 흡사한 그리스도인들이 오늘날 많이 있다. 언뜻 보기에는 그들에게 영적인 생명이 전혀 없는 것처럼 보일 수도 있다. 그러나 자세히 살펴보면 그들의 문제는 그들이 성장하지 못하도록 막는 것들의 방해를 크게 받고 있다는 사실이다. 영적으로 성장하지 못하고 있기 때문에 예수님이 약속하신 풍성한 삶을 경험하지 못하는 것이다.

이 책은 영적 성장에 관한 책이다. 주 예수 그리스도를 구세주로 신뢰하고 있다면 그리고 용서와 영생이라는 선물을 얻기 위해 그분만을 바라보고 있다면 당신에게는 이미 생명이 있다. 따라서 지금 당신에게 필요한 것은 더 많은 생명을 얻는 것이 아니라 보다 더 성장하는 것이다.

그러나 문제는 영적 성장이 어떻게 이루어지는지를 모르고 있거나, 아니면 영적 성장이 이루어지는 것을 허락하지 않는 그리스도인들이 많다는 점이다. 이 책은 영적 성장에 없어서는 안 될 요소들을 알려줌으로써 당신이 성숙한 하나님의 사람으로 성장해 예수 그리스도의 주권 아래서 온전히 살아가도록 독려하고 교육하기 위한 것이다.

이 책 전체를 통해 은혜라는 말을 계속 보게 될 것이다. 그 이유는 영적 성장이 하나님의 은혜에 대한 우리의 이해와 반응과 직접적인 관계를 맺고 있기 때문이다. 우리를 구원한 은혜는 우리가 성장하는 동안 우리를 변화시키는 은혜이기도 하다.

영적인 성장은 참된 그리스도인들 모두에게 보장되어 있다. 정체되고 영적으로 성장하지 못한 채로 남아 있어야 할 하나님의 자녀는 아무도 없다. 이 책을 통해 영적 성장을 최대한 경험하기 위해 하나님의 은혜와 어떻게 협력해야 하는지를 알게 될 것이다.

이 책이 그리스도 안에 있는 새 생명을 온전히 누리고 하나님 아들의 형상으로 변화되어가는 기쁨을 발견하는 일에 당신의 주의를 환기시키고 당신을 격려하게 되기를 바란다. 그렇게 된다면 당신 안에서 그리스도의 형상이 이루어지는 복된 경험을 하게 될 것이다(갈 4:19).

LIFE ESSENTIALS **1**

왜 그리스도인은 성장해야만 하는가

첫 손자 잭슨(Jackson)이 태어나기 몇 달 전부터 우리 에반스 일가에서는 많은 토론과 다양한 활동들이 있었다. 태어날 아기에게 선물을 주는 파티가 있기 전 아기의 이름을 짓는 것과 새로운 생명의 탄생을 앞두고 우리가 기대하는 여러 가지 일들에 대한 대화가 오고 갔다.

사위 제리(Jerry)가 앞으로 태어날 아들이 입학하게 될 대학과 들어가게 될 럭비 팀에 대해 이야기하는 것을 들으며 우리는 무척 흥미진진해했다. 새로운 생명의 탄생을 기다리는 딸 부부와 온 가족은 미래에 대한 계획과 아이디어들로 가득 차 있었다.

모든 탄생에는 아기가 자라고 성장하게 될 것이라는

기대와 희망이 포함되어 있기 때문에 가족들은 흥분 속에서 새로 태어날 아기의 미래를 그려볼 수 있다. 우리는 엄마 뱃속의 아기가 태어나면 그 아기가 자랄 것을 기대하게 되는데 그것은 하나님이 그렇게 인간의 몸이 자라도록 설계하셨기 때문이다. 내가 알고 있는 부모들 중에는 "어쨌거나 우리에게는 아이가 생겼으니 그것으로 충분하다"라고 말하거나, "건강한 아이가 태어났으니 아이가 자라지 않는다 해도 그건 문제가 되지 않는다"라고 말하며 만족하는 사람은 아무도 없다. 부모들은 아기가 임신과 출생을 거쳐 자라는 것을 지켜보면서 흥분을 감추지 못한다.

부모들이 새벽 3시에 일어나 아기에게 젖을 먹이는 힘든 일을 참고 해낼 수 있는 이유는 그 유아기가 영원히 계속되지 않으리라는 사실을 알고 있기 때문이다. 그리고 그 사실은 자녀들이 자라는 매 단계마다 늘 적용된다. 굴곡이 심하고 매주 중대한 위기를 맞이하게 되는 사춘기 시절이 영원히 계속되지 않는다는 사실이 참으로 다행스럽게 여겨지지 않는가? 우리도 그런 단계들을 다 거치며 자랐고 우리 자녀들도 그럴 것이다. 왜냐하면 성장은 새로운 탄생에 따르는 정상적인 과정이며 기대되는 결과이기 때문이다. 예를 들어 어떤 아이가 성장하지 않는다고 가정하자. 거의 모든 부모는 그 아기가 성장하는 데 도움이 된다면 어떤 일이라도 마다하지 않을 것이다.

우리가 이렇게 우리 자녀의 성장에 깊은 관심을 보이듯이 하나님 아버지도 사랑하는 자녀들인 우리의 성장에 큰 관심을 보이신다. 구원을 위해 예수 그리스도 한 분만을 신뢰하고 있다면 그리고 하나님의 말씀을 사용하시는 하나님의 성령님을 통해 확신을 얻고 있다면 하나님이 우리의 거듭난 삶 속에서 우리 아버지가 되신 것이다. 그리고 하나님은 우리가 그리스도인으로 제대로 성숙하고 있는지를 확인하고 싶어하신다.

이 책에서 우리는 영적 성장의 특성과 그 중요성을 살펴봄으로써 영적으로 성장하는 데 없어서는 안 될 본질적 요소들에 대해 연구하게 될 것이다. 그러나 성경이 말하고 있는 영적 성장에 대해 알아보기 전에 먼저 혼란에 빠진 사고 방식을 바로잡을 수 있도록 파편 조각들을 제거해야 할 필요가 있다. 그리스도인이 영적으로 어떻게 성장하는가라는 문제를 놓고 그 동안 상당한 혼란이 있었다. 그래서 그 문제들을 다루지 않을 수 없다. 우리의 사고를 바로잡지 않는다면 우리는 우리 자신과 다른 사람들의 영적 성장을 촉진하기는커녕 오히려 그 성장을 억누르게 될 것이다.

예를 들면 영적인 성장이란 성경에 기재된 정보를 정확하게 배우는 것이라고 생각하는 사람들이 있다. 그런 사람들은 여러 세미나에 참석하고, 많은 책을 읽으며, 많은 자료를 수집하고, 성경 공부를 많이 하면 자동적으로 그리스도 안에서 성장하게 될 것이라 생각한다.

나는 일반 대학과 신학교에서 여러 해 동안 성경을 공부한 사람으로서 그런 사람들을 잘 이해할 수 있다. 그러나 '머리로 아는 지식'에 하나님의 진리에 반응함으로써 이루어지는 '내적인 변화'가 수반되지 않는다면 성경을 공부하고 지식을 쌓는 것이 오히려 영적인 메마름을 불러오고 영적인 성장을 방해할 수 있다는 사실을 인정해야만 한다.

예수님은 그 당시 사람들에게 "너희가 성경에서 영생을 얻는 줄 생각하고 성경을 상고하거니와 이 성경이 곧 내게 대하여 증거하는 것이로다 그러나 너희가 영생을 얻기 위하여 내게 오기를 원하지 아니하는도다"(요 5:39-40)라고 말씀하셨다. 그들은 신학자들로서 성경을 공부하는 사람들이었다. 그러나 그들은 예수님을 알지 못했다. 그들은 성경의 정확한 자료에 대해 연구했지만 진리와 생명의 원천이신 하나님에게로 이끌리지 못했다.

영적 성장은 잘 정의된 특정 절차들을 따를 때 나타나는 결과라고 보는 사람들도 있다. 그들은 영적 성장을 위한 열 단계 또는 그리스도 안에서 성숙하기 위한 여덟 가지 확실한 비결 등을 알고 싶어한다. 그 안에는 좋은 아이디어들이 있는 것처럼 보인다. 그러나 올라가야 할 단계가 많을 경우에는 어느 정도 올라가다보면 곧 지치게 된다. 그리고 한 단계라도 헛디디게 되면 걸려 넘어지게 되고 모든 것이 어그러지게 된다.

우리의 영적 성장 과정에 분명하게 정의된 단계가 없다고 말하는 것은 아니다. 다만 삶의 과정을 모든 사람이 다 따라야 하는 기계적인 목록으로 만들려 할 때 문제가 생기게 된다. 왜냐하면 사람들은 똑같은 비율로 성장하지 않기 때문이다. 따라서 영적 성장을 위한 '한 가지 방법'이 모든 사람에게 다 맞는 것은 아니다.

영적 성장의 특성에 대한 또 다른 오해를 지적하는 것이 중요한데, 그 이유는 그 오해가 교회 속에서 오랜 역사를 지니고 있기 때문이다. 오늘의 사회를 살아가는 대부분의 사람들은 행동에 치우치는 경향을 보이고 있으며, 바람직한 결과를 얻기 위해 그들이 할 수 있는 것이 무엇인지를 알고 싶어한다. 그러나 또 다른 집단의 사람들은 영적 성장이 자신의 행동과 삶을 규제하는, 즉 '하지 않는 것'을 통해 이루어진다고 확신하고 있다. 그들은 특정한 것들을 포기하고, 특정한 쾌락을 거부하며, 특정한 활동들을 삼가하기 위해 열심히 노력하는 사람들이다.

금욕주의자로 알려져 있는 이들은 기독교 자체만큼이나 오랜 역사를 지니고 있다. 금욕주의자들 가운데 세상을 등지고 수도원에 모여 사는 사람들이 있다. 그들은 끼니에 맞춰 음식을 먹지 않고, 그들의 영혼을 더럽히지 않기 위해 세속적인 쾌락으로 여겨지는 것들을 철저하게 피하기도 한다.

교회 역사 속에서 악한 정욕을 피하고 하나님께 더 가까이 나아가려는 노력의 일환으로 자극적이고 기괴하기까지 한 일들이 행해졌던 시기가 있었다. 육체에 벌을 가하기 위해 자신의 몸에 채찍을 가하는 사람들도 있었고, 악한 세상으로부터 벗어나기 위해 높은 장대 위에 여러 해 동안 앉아 있었던 사람들도 있었다.

그러나 금욕주의 그 자체만으로는 지속적인 영적 성장을 이루는 데 결국 실패할 수밖에 없다. 그 이유는 우리의 문제가 단지 외적인 것뿐만 아니라 우리의 내면, 즉 우리 마음속에서 나와 우리를 엉망진창으로 만드는 우리의 악한 욕망과 충동에 뿌리내리고 있기 때문이다. 잘못된 욕구를 자극하는 악한 일이나 세속적인 정욕을 피하려는 것은 잘못이 아니다. 그러나 위대한 종교 개혁자 마틴 루터(Martin Luter)가 수도사였을 때 깨달았던 것처럼 우리는 수도원의 텅 빈 독방에서도 여전히 죄와 씨름해야 한다. 거룩해지기 위해 노력하던 루터는 어느 날 좌절감을 느끼며 악마에게 그의 잉크병을 집어던졌다고 한다.

금욕적인 방법들이 효과가 있을 것이라 생각하며 그것을 통해 영적으로 성숙해지려 해왔다면 아마도 그리스도 안에서 성숙하고 싶은 열망과 함께 상당한 좌절감을 경험해보았을 것이다. 지금까지 언급한 방법들에도 어느 정도의 진리는 포함되어 있다. 그러나 영적 성장에 관한 성경의 가르침은 해야 할 것들과 하지 말아야 할 것들에 대한 목록들보다 훨씬 더 크고 훨씬 더 신나는 것이다. 영적 성장이라는 이 주제에 대해 건전한 성경의 가르침을 따를 뿐 아니라 삶에 적용할 수 있는 방법으로 접근해나가는 것이 이 책의 목적이다.

영적 성장은 하나님의 명령이고 뜻이다

영적 성장을 다루는 것은 적어도 두 가지 이유 때문에 매우 중요하다. 첫째, 영적 성장은 하나님의 명령이고 따라서 우리를 향한 하나님의 뜻이기 때문이다. 둘째, 성장하지 않으면 정체되고 결국 불구가 되기 때문이다. 찬송가에서 '뒷걸음치는 주의 군사들'이라는 찬송가를 찾을 수 없는 데는 그럴 만한 충분한 이유가 있다. 성장하지 않는 것은 그리스도인들이 취할 수 있는 선택 사안이 될 수 없다. 적어도 하나님을 기쁘시게 하고자 한다면 그렇게 할 수 없다.

이 책의 기초가 되는 영적 성장에 대한 정의를 먼저 내리는 것이 도움이 될 것이다. 영적 성장이란 우리 안에 거하시는 그리스도가 우리 안에서 그리고 우리를 통해 자신을 점점 더 많이 표현할 수 있게 해드림으로써 하나님께 더 큰 영광을 돌려드리고, 우리를 향한 하나님의 선하심을 더 많이 경험하게 되는 변화의 과정이라 정의할 수 있다.

이를 요약하면 다음과 같다. 영적 성장은 삶 속에서 나는 점점 덜 드러나고 그리스도가 점점 더 많이 드러나게 되는 것을 말한다. 이것을 세례 요한보다 더 잘 설명한 사람은 없다. 예수님의 사역과 인기는 점점 더 커지고 세례 요한은 점점 뒤로 밀려나게 되자 세례 요한의 제자들이 찾아와 "무슨 일이 벌어지고 있는지 아십니까?"라고 물었다. 그 질문에 대해 세례 요한이 답변한 내용의 핵심은 "그는 흥하여야 하겠고 나는 쇠하여야 하리라"⁽³⁰절⁾였다. 즉, 타락한 인간의 속성은 점점 덜 드러나게 되고 그리스도의 생명이 점점 더 많이 드러나게 될 때 우리의 영적 성장이 이루어지게 된다.

자양분을 통해 우리 안에 영적 DNA를 극대화하라

하나의 예를 살펴보는 것이 우리가 이야기하고 있는 정의를 이해하는 데 도움이 될 것이다. 영적 성장을 분명하게 보여주는 한 방법은 그에 상응하는 물리적인 측면을 살펴보는 것이다. 대가족을 이루고 있는 우리 가족은 갓 태어난 아기의 표정과 몸짓만으로도 음식을 원하고 또 요구하고 있음을 알 수 있었다. 아기는 온 몸으로 "먹을 것을 주세요. 전 자라야 해요"라고 외쳤다.

새로 태어난 아기가 먹을 것을 요구하며 우는 소리를 들어보았다면 그리스도인들에게 "갓난아이들같이 순전하고 신령한 것을 사모하라 이는 이로 말미암아 너희로 구원에 이르도록 자라게 하려 함이라"⁽벧전 2:2⁾고 말한 베드로 사도의 권고를 높이 평가할 수 있을 것이다. 이것은 성경에서 영적 성장을 가장 잘 설명하고 있는 구절일 것이다. 영적 성장이 어떻게 이루어지는지 정확하게는 알 수 없다 할지라도 이 구절은 영적 성장을 육체적 성장과 비교하고 있기 때문에 우리가 영적 성장을 이해하는 데 도움이 된다.

갓난아기에게 중요한 것은 자라는 것이다. 영적 성장도 마찬가지다. 그러나 이것은 너무나 분명하고 확실한 것이기에 오히려 영적 성장의 중요한 원리가 종종 간과되고 있다는 사실을 나는 목사로서 경험해왔다. 영적 성장이란 어떤 프로그램이나 이수 과정을 밟아가는 것이 아니라 앞에서도 말했듯이 필요한 자양분을 공급받고 자라는 것이다.

"아기는 프로그램을 따를 수 없을지 모르지만 그 아기의 어머니는 분명히 따를 수 있을 것으로 보이는데요"라고 말하고 싶은 사람들도 있을 것이다. 맞는 말이다. 아기가 건강하게 자라기를 바라는 어머니들이 따라야 할 잘 정립된 양육 프로그램들이 있다. 같은 맥락에서 영적 성장을 촉진시켜주는 다양한 프로그램들이나 단계들을 잘못된 것이라고 말하는 것은 아니다. 영적 성장의 목표는 회심하는 또는 거듭나는 순간에 성령님이 주시는 생명을 성장시켜 베드로가 말했듯이 '구원에 이르도록 자라게'(벧후 2:2)하는 것이다. 그리고 바울은 그것을 "범사에 그에게까지 자라가라 그는 머리니 곧 그리스도라"(엡 4:15)라는 말로 표현했다.

말하자면 우리는 회심을 통해 그리스도의 생명을 받았기 때문에 완전한 영적 DNA를 갖게 되었고, 그 어떤 것도 추가할 필요가 없다. 그리스도인으로서 우리가 해야 할 일은 영적 성장을 위한 지름길이나 가장 최근에 나온 비법들을 찾아 뛰어다니는 것이 아니라 이미 우리에게 있는 것을 극대화하는 것이다.

예수 그리스도와 관계를 맺어야 한다

아기는 자라는 데 필요한 양분을 공급받기 위해 다른 사람들에게 의존한다. 아기의 의존은 태어나기 전 탯줄을 통해 어머니로부터 양분을 공급받았던 태아 때부터 시작된다. 이 경우 그 관계가 얼마나 중요한지는 쉽게 알 수 있을 것이다. 왜냐하면 아기는 그에게 양분을 공급해주는 어머니를 통해 자라기 때문이다. 그 관계가 단절되면 아기는 매우 어려운 처지가 된다.

태아는 책으로 공부를 하거나 교사에게 배우거나 프로그램을 따르거나 하지 않는다. 대신 이미 성숙한 엄마에게 그저 의존할 뿐이다. 탯줄이 끊어지거나 막히지 않는 한 – 아기가 어머니와 제대로 연결된 관계를 맺고 있기만 하면 – 태아는 계속 자라게 될 것이다.

이 진리를 영적으로 적용해보면, 예수 그리스도와 우리가 맺고 있는 관계의 중요성을 말해주는 것이 될 수 있다. 예수님은 흥미롭게도 "내가 온 것은 양에게 나의 프로그램을 주기 위한 것이라"고 말씀하지 않으시고 "내가 온 것은 양으로 생명을 얻게 하고 더 풍성히 얻게 하려는 것이라"(요 10:10)고 말씀하셨다. 예수님은 우리에게 생명을 주실 뿐 아니라 풍성하게 주시기 위해 오셨다. 그럼에도 불구하고 우리가 자라야 하는 대로 자라지 않고 있다면 그것은 우리가 예수님과 맺은 관계를 엉망으로 만들었거나 아니면 그 관계를 그보다 못한 어떤 것과 바꾸었기 때문이라 할 수 있다. 영적 성장은 그리스도가 우리를 통해 그의 삶을 살아가도록 허락하신 것을 점진적으로 배워나가는 것이다. 그리고 그렇게 하는 것은 관계를 통해서만 가능할 수 있다.

영적 성장에 필요한 두 가지 요소

이 장은 앞으로 우리가 다루게 될 주제들을 개괄적으로 소개하는 장이기 때문에 이 장에서는 영적 성장의 중요성을 이야기하면서 가장 중요하게 다루어야 할 부분들을 강조하고 싶다. 먼저 영적 성장에 필요한 두 개의 요소를 소개하고자 한다. 그 두 요소는 "오직 우리 주 곧 구주 예수 그리스도의 은혜와 저를 아는 지식에서 자라가라"(18절)고 가르치고 있는 베드로후서 3장의 핵심 구절에서 볼 수 있다.

예수 그리스도의 은혜와 저를 아는 지식 두 요소는 우리의 영적 성장을 촉진하기 위해 서로 협력하고 있다. 그러나 우리의 성장은 프로그램이나 교파나 다른 어떤 것에 대한 지식과 은혜 안에서 이루어지는 것이 아니라는 사실을 한 번 더 분명히 해두기로 하자. 우리의 성장은 우리의 영적 혈관을 통해 그 생명이 흐르고 있는 예수 그리스도와 밀접하게 연결되어 있다. 우리에게 필요한 은혜와 지식은 예수 그리스도로부터 온다.

하나님의 은혜

하나님의 은혜는 놀랍게도 그리스도인의 삶을 이야기할 때마다 언제나 거론된다. 영적 성숙에 있어서 은혜가 차지하는 부분을 다루기 위해 이 책의 네 번째 장을 할애하게 될 것이다. 여기서는 은혜의 본질과 은혜가 영적인 삶과 어떤 관계를 맺고 있는지에 대해 설명할 것이다.

은혜는 우리를 위해 행하신 예수 그리스도의 사역을 기초로 하나님이 우리를 위해 무엇이든 자유롭게 행하시는 것을 말한다. 은혜는 하나님이 그의 선하심을 무한정 공급하심으로 우리 스스로는 결코 할 수 없는 일을 우리를 위해 행하시는 것이다. 그 은혜가 우리 믿음의 기초가 된다. 그러나 그리스도 안에서 우리가 어떻게 성장하는가라는 측면에서는 그 은혜가 종종 잊혀지고 있기 때문에 이 사실을 되짚어볼 필요가 있다. 성장과 관련해 은혜가 종종 잊혀지는 것은 은혜는 우리의 노력으로 획득할 수 있는 것이 아니라 그저 받아서 누리는 것이기 때문이다. 반면 성장에는 우리의 노력이 따라야 한다. 그러나 성경은 우리가 은혜로 구원을 받고 또 은혜로 성장한다고 말하고 있다. 이에 대해 바울 사도는 골로새 교인들에게 "너희가 그리스도 예수를 주로 받았으니 그 안에서 행하되"(골 2:6) 라고 말했다.

내가 마귀라고 가정한다면, 나는 그리스도인들이 성장하는 것을 원치 않을 것이다. 그래서 나는 그들이 하나님의 은혜를 받지 못하게 방해하고, 그들을 속박하기 위해 율법의 원리로 되돌아가게 만들 것이다. 로마서 6-8장에서 바울 사도는 모세의 율법을 하나님의 은혜와 대조하면서 우리가 철저하게 무능하기 때문에 우리의 힘만으로는 하나님의 명령을 따를 수 없다는 사실을 신랄하게 묘사하고 있다.

바울은 '거룩하고 의로우며 선한' 하나님의 율법에 문제가 있는 것이 아니라는 사실을 분명히 밝히고 있다. 문제는 타락하고 불의한 우리의 육체에 있는 것이다. 모세의 율법 아래서는 약하고 악한 인간에게 완전한 순종을 요구하는 하나님의 완전한 기준이 적용되었다. 게다가 하나님은 인간의 편의를 도모하시려고 하나님의 기준을 낮추거나 조정하지도 않으셨다. 그리고 율법에는 이를 따르지 못하는 것에 대한 형벌이 수반되기 때문에 인간은 죽음이라는 형을 선고받게 되었다.

바울 사도는 "우리가 율법은 신령한 줄 알거니와 나는 육신에 속하여 죄 아래 팔렸도다"(롬 7:14)라고 말했다. 이 진술이 중요한 이유는 율법에는 그 명령을 따를 수 있도록 우리를 도와줄 수 있는 힘이 없기 때문이다. 율법은 우리가 따라야 할 것들을 우리에게 명하고 있지만 우리가 그 명령을 수행하는 데 필요한 도움의 손길을 내밀어주지는 않는다. 율법은 변하지 않는 하나님의 요구를 보여준다. 그러나 우리에게는 그 하나님의 명령을 따르는 데 필요한 힘을 우리에게 줄 수 있는 누군가가 필요하다.

율법 아래서 사는 것은 마치 완벽한 사람과 함께 사는 것과 같다. 그는 우리가 잘못한 모든 것을 일일이 지적하면서 즐거워하지만 그 잘못을 바로잡을 수 있도록 도와주기 위해서는 손가락 하나 까딱하지 않는다. 그런 상황에서 살아야 한다면 우리는 늘 실패하면서 불행하고 공허한 삶을 살 수밖에 없다.

그래서 은혜가 필요하다. 율법은 우리가 해야 할 일을 우리에게 보여주지만 은혜는 우리가 그 일을 할 수 있도록 우리를 도와준다. 율법은 우리에게 "하나님께 순종해야 한다는 것을 알고 있을 것이다"라고 말한다. 그러나 은혜는 우리에게 "하나님께 순종하고 싶을 것이다"라고 말한다. 사람들은 율법의 요구를 만족시키고 해방감을 얻기 위해 할 수 있는 일이 없기 때문에 율법의 구속에서 벗어나지 못한다. 그러나 은혜는 우리 모두가 원하는 죄를 지을 수 있도록 우리를 자유롭게 하는 것이 아니라(이런 생각에 대해 바울 사도는 로마서 6장 2절에서 "그럴 수 없느니라"고 외치고 있다) 우리를 자유롭게 해 하나님이 구속하시고 의도하신 사람들이 될 수 있도록 한다.

위의 사실들은 영적 성장에 왜 은혜가 있어야 하는지를 분명히 보여준다. 영적으로 죽은 사람은 성장할 수 없다. 그런데 모세의 율법이 가져다 줄 수 있는 것은 죽음뿐이다. 왜냐하면 율법은 이것에 순종할 수 있는 힘은 부여해주지 않으면서 명령하고 형벌을 가하기 때문이다. 그래서 베드로 사도는 성장하려면 은혜로 성장해야 한다고 말했다. 그리고 그 은혜는 그저 신학적 개념의 은혜가 아니라 그리스도와 관련된 은혜이어야 한다.

예수 그리스도를 아는 지식

나를 만난 적이 없는 사람이 내가 쓴 책에 사인을 해달라는 부탁과 함께 그 책을 우편으로 보내오는 경우는 거의 없다. 그러나 내가 모임에서 강의를 할 때는 이야기가 달라진다. 많은 참석자들은 내가 쓴 책을 들고 와 사인을 해달라고 부탁한다. 이 두 경우의 차이점은 후자의 사람들은 책을 쓴 저자를 직접 만났고 그래서 그들에게 그 책이 새로운 의미를 갖게 되었다는 점이다. 그들은 자연스레 책의 내용과 그 책을 쓴 사람을 연결시킨다.

베드로는 "예수 그리스도를 아는 지식에서 자라가라"고 말했다. 우리에게는 예수 그리스도를 배울 수 있는 하나님의 말씀이 있고, 우리의 교사가 되시는 성령님이 계신다. 다시 말해서 우리는 예수 그리스도를 아는 지식이 우리의 삶 속에서 작용하는 데 필요한 모든 것을 가지고 있다.

이 영역에서 궤도를 이탈해 영적 지식 그 자체를 추구하기가 얼마나 쉬운지는 이미 앞에서 언급했다. 그것은 여자 친구와 더 가까워지고 싶은 청년이 이를 위해 여자 친구로부터 온 한 상자 분량의 편지를 그저 읽기만 할 뿐 그 편지들 속에 들어 있는 통찰력들을 활용하지 않는 것과 같다.

우리의 목표는 그리스도에 관한 것들을 아는 것이 아니라 그리스도 그분을 아는 것이다. 자신이 좋아하는 운동 선수나 유명 인사의 삶에 대한 사실들을 상세하게 이야기할 수 있는 사람들이 많이 있다. 그러나 그 사람에 대한 그런 정보를 아는 것과 그 사람의 친한 친구이기 때문에 그 사람의 초대를 받는 것은 전혀 다른 것이다.

나는 성경의 원본이 왜 존재하지 않는가라고 묻는 신학생들의 질문을 자주 받는다. 성경의 원본을 입수할 수 있었다면 그것을 통해 많은 것들을 배울 수 있었을 것이다. 그러나 하나님은 그 원본이 보존되는 것이 적절하지 않다고 보셨다. 왜냐하면 하나님은 우리가 성경 자체를 숭배하려는 유혹을 받게 되리라는 사실을 알고 계셨기 때문이다. 신성한 유물 그 자체를 숭배하는 사람들이 많이 있다. 우리에게 성경의 원본이 있다면 어떤 일이 일어나게 될지를 상상해보라.

1947년에 발견된 사해 사본을 기념하기 위해 박물관을 건설했던 이스라엘에서 그 한 예를 볼 수 있다. 그것은 매우 위대한 발견들 가운데 하나였음에는 틀림없었다. 사해 사본은 오늘날 우리가 읽고 있는 구약 성경이 굉장한 정확성과 확실성을 가지고 복사되어 전달된 것임을 입증해주었다.

그 박물관은 성경의 영예를 높이기 위해 지어졌고, 특히 사해 사본을 완벽하게 복사한 이사야에 특별한 주의와 관심을 기울였다. 그것은 흥미로운 일이었는데 그 이유는 이사야 53장이 메시아가 어떻게 와서 하나님의 백성들을 위해 어떻게 자신을 희생하게 될 것인지를 놀랍게 묘사하고 있기 때문이다.

이사야 53장은 예수님의 생애와 죽음을 예언하고 있다. 그러나 성경을 숭배하는 사람들은 전반적으로 그 중심 메시지를 놓치고 있다. 성경을 집안의 특별한 곳에 놓아두고 촛불이나 예배를 상징하는 다른 물건들로 그 주위를 장식하면서도 그 성경이 말하고 있는 구세주에 대해서는 모르고 있는 경우가 많다. 지식은 영적 성장에 필요한 한 요소다. 그러나 그 지식은 우리가 추구해야 하는 분을 아는 지식이 되어야 한다.

달리 말하면, 요리책을 사용할 수도 있지만 그보다 어머니에게 전화를 걸어 물어보는 것이 더 나은 것과 같다. 왜냐하면 요리책은 요리 방법을 단계적으로 알려주지만 어머니는 음식이 잘 만들어지지 않는 이유를 설명해주고, 어떻게 하면 다음에 더 잘 만들 수 있는지 이야기해줄 수 있기 때문이다. 어머니는 오랜 경험과 지혜, 정성으로 요리책에 생명력을 불어

넣어주실 수 있다.

기독교 신앙에 대한 정보는 중요한 것이다. 왜냐하면 우리의 신앙은 구체적인 내용을 담고 있기 때문이다. 그러나 그 정보가 살아 계신 예수 그리스도와 연결되는 것 역시 매우 중요하다. 그러므로 영적 성장을 진지하게 생각한다면 예수 그리스도를 더 많이 알아가면서 깊어지는 그분과의 생생한 관계를 추구해야 한다.

영적 성장의 결과

요리책이 알려주는 재료들은 누군가의 성장을 촉진하기 위해 섭취될 수 있는 완성된 요리를 만들기 위한 것이다. 영적 성장에 필요한 재료들은 하나님의 영광이라는 결과물을 만들기 위한 것이다.

베드로후서 3장 18절에서 사도는 "예수 그리스도의 은혜와 저를 아는 지식에서 자라가라"고 권고한 후 "영광이 이제와 영원한 날까지 저에게 있을지어다"라고 썼다. 그 말이 내게는 하나님이 그의 영광을 매우 진지하게 생각하시는 것처럼 들린다. 그렇기 때문에 하나님은 우리가 하나님을 찾고 하나님을 알며 하나님 안에서 자라가기 원하신다. 또 단지 우리가 그렇게 하는 것이 옳은 것이기 때문만이 아니라, 우리가 그것을 통해 하나님을 나타내고 하나님의 장엄한 영광을 드러낼 수 있는 사람들이 되고 싶기 때문이기도 하다.

하나님께 영광 돌리는 삶을 산다

영적 성장을 정의하면서 우리는 하나님께 영광을 돌리는 우리의 역량을 증대시키고 확장시키는 것이 우리의 목표라는 사실을 이미 언급했다. 하나님은 그분의 영광을 위해 존재하신다는 사실을 이해해야 한다. 왜냐하면 일단 그 사실을 이해하면 영적 성장에 대한 태도나 접근 방식이 크게 변화될 것이기 때문이다. 그리스도와의 친밀한 관계를 열망하고 그 관계를 강화하기 위해 여러 가지 일들을 하고 있음에도 불구하고 영적으로 성장하지 못하고 있는 그리스도인들이 많이 있다. 문제는 그들이 하나님과 그분의 영광에 초점을 맞추는 대신 자신들과 자신들이 하고 있는 일에 중점을 둔다는 데 있다.

하나님은 하나님의 영광을 위해 인간을 만드셨다고 말씀하셨다(사 43:7 참조). 하나님께 영광을 돌리는 것이 매우 중요하기 때문에 성경은 하나님께 영광을 돌리지 않는 것을 죄로 규정하고 있다. "모든 사람이 죄를 범하였으매 하나님의 영광에 이르지 못하더니"(롬 3:23). 즉, 우리는 악을 행하기 때문에 죄인일 뿐 아니라 악을 행함으로써 하나님께 영광을 돌리도록 우리를 만드신 하나님의 목적에 어긋나는 삶을 살기 때문에 죄인인 것이다.

로마서 1장이 이 사실을 상세하게 설명하고 있다. 로마서 1장에서 바울은 하나님의 진노가 '불의로 진리를 막는 사람들'(18절)에게 임하게 되는 이유를 설명하고 있다. 불의로 진리를 막는 사람들은 하나님을 영화롭게 하지 않고 마땅히 하나님께 돌아가야 할 영광을 하나님께 돌리지 않는다(21절). 그리고 그들은 더 나아가 '썩어지지 아니하는 하나님의 영광을 썩어질 사람과 금수와 버러지 형상의 우상으로 바꾸기'(23절)까지 한다. 그들은 또 '마음에 하나님 두기를 싫어'(28절)하는데 그것은 그들이 하나님께 합당한 영광을 그분에게 돌리지 않는다는 것을 달리 표현한 것이다.

영광이라는 단어는 '묵직하다' 또는 '비중이 있다'는 뜻이며, 큰 가치를 지는 어떤 것 또는 어떤 사람을 언급할 때 사용된다. 1960년대를 살았던 미국 사람들은 그들에게 중요하거나 의미심장한 이야기를 듣게 되면 "그것 참 무거운 이야기로군"이라고 말하곤 했다.

그러므로 우리가 하나님께 영광을 돌릴 때 그것은 하나님은 매우 가치 있는 분이시라고 말하는 것과 같다. 즉, 하나님께 중요성을 부여하거나 비중을 두는 것이다. 영광은 어떤 것이 그 발하는 빛으로 주목을 끄는 방식과 관계가 있다. 따라서 하나님을 영화롭게 한다는 것은 하나님께 주목하고 하나님을 모든 찬양과 숭배를 받기에 합당하신 분으로 높이는 것을 의미한다. 하나님은 자신을 드러내고 싶어하신다. 그러나 하나님은 눈에 보이지 않는 분이시기 때문에 사람들을 지으시고, 세상이 하나님을 보고 하나님께 가까이 나아갈 수 있도록 하나님을 드러내는 일을 주업으로 주셨다. 달이 해의 광명을 반사하듯 우리가 하나님의 성품이라는 빛을 반사할 때 우리는 하나님을 영화롭게 한다.

자신들이 생산한 제품이나 제공하는 용역을 자랑스럽게 알리고자 하는 회사는 고속도로를 따라 커다란 광고 게시판을 설치한다. 차를 몰고 가는 모든 사람들이 그 회사의 가치를 파악할 수 있도록 한 것이다. 회사의 명성을 높이고자 하는 회사는 일반적으로 전화번호부 속에 묻혀 있는 작은 광고 지면을 활용하는 것으로 그치지 않는다. 물론 처음에는 그렇게 작게 시작할 수도 있을 것이다. 그러니 더 많은 사람들이 회사의 진의를 파악할 수 있도록 광고의 범위를 점점 더 크게 넓혀갈 것이다.

하나님은 우리가 그리스도인으로서 해야 할 일은 하나님의 은혜를 잃어버린 세상에 그의 은혜를 알리는 광고판이 되는 것이라고 말씀하신다. 그리고 우리가 하나님을 점점 더 많이 드러낼 수 있도록 성장해가기를 바라신다. 따라서 아침에 눈을 뜨면 "주님, 제 주위에 있는 사람들에게 하나님을 더 크고 분명하게 드러낼 수 있도록 오늘 하루 저를 성장시켜주십시오"라고 기도해야 한다.

하나님을 영화롭게 하는 것은 다른 사람들에게 매력적으로 보이기 위해 자신을 꾸미고 단장하면서 거울 앞에 서 있는 여인으로 비유할 수 있다. 우리가 살아가는 방식을 통해 다른 사람들로 하여금 하나님께 매력을 느끼게 하면서 우리의 위대한 구세주를 아름답고 돋보이게 할 수 있다는 사실은 놀라운 깨달음이다. 사실상 하나님은 그분의 공개적인 형상을 하나님의 백성들에게 위임하셨다고 말할 수 있다. 하나님을 영화롭게 하는 것은 우리에게 주어진 경이로운 특권이며 책임이다.

하나님을 영화롭게 하는 일에 열정적이게 된다

여기서 내가 이야기하는 것은 하나님께 영광 돌리는 삶을 살고자 하는 분명한 헌신과 열정이다. 하나님의 영광을 위해 살기로 마음을 정할 때 삶 전체가 그 방향을 향해 나아가게 될 것이다. 그것은 마치 그 순간부터 우리가 보는 것에 색깔을 덧입히는 색안경을 쓰는 것과 같다. 내가 상황을 과장한다고 생각하는 일이 없도록 "그런즉 너희가 먹든지 마시든지 무엇을 하든지 다 하나님의 영광을 위하여 하라"고 말하고 있는 고린도전서 10장 31절을 보라. 하나님은 그분의 영광에 열정적이시다. 그리고 영적 성장은 하나님께 영광을 돌릴 수 있는 우리의 역량을 증강시킨다.

이 헌신이 매우 중요한 이유는 오늘날 널리 퍼져 있는 – 심지어는 교회 내에서조차 – 하나님을 향한 태도와 정반대되는 것이기 때문이다. 오늘날 우리는 자동 판매기와 같은 하나님을 원한다. 그래서 자신이 선택한 것을 얻기 위해 동전을 넣고 단추를 누르면 하나님이 그 원하는 것을 내어주신다고 믿는다. 다시 말해서 많은 사람들은 하나님이 우리를 영화롭게 하기 위해 – 우리를 좀 더 건강하고, 좀 더 부유하고, 좀 더 지혜롭게 해주기 위해 – 존재하는 분이라고 생각하고 있다. 그것은 우리의 요구에 반응해야 할 의무가 하나님께 있다고 생각하는 것이다.

내 말을 오해하지 말라. 하나님은 우리에게 복 주시기를 거부하지 않으신다. 영적 성장에 대한 마지막 정의는 '영적 성장을 통해 우리를 위한 하나님의 더 큰 선하심을 경험하게' 된다는 것이다. 그러나 그것은 그리스도를 위해 살며 하나님의 영광을 드러내려는 우리의 결단에서 나오게 되는 부차적인 결과다. 그리고 하나님이 주시는 복에는 우리가 결코 선택하지 않을 문제들이나 고난들이 포함될 수 있다는 사실도 잊지 말라. 일반적으로 우리는 고난이라는 시험 속에서 성장하게 된다.

우리가 예수 그리스도와의 관계를 추구하면서 하나님께 영광 돌리는 일에 열정적으로 헌신한다면 우리의 영적 삶은 우리가 상상하지 못했던 속도로 성장하게 될 것이다. 그 이유는 아기가 먹고 운동하는 동안 저절로 자라듯이 하나님과 하나님의 말씀으로 우리 영혼을 채울 때 우리의 성장이 저절로 이루어지기 때문이다.

한동안 보지 못했던 어린아이나 청소년을 다시 보게 될 때 우리는 종종 "야, 그 동안 성말 많이 사탔구나!"라고 말한다. 아이들의 성장은 모든 사람에게 분명하게 드러나 보인다. 아이의 바지가 짧아지고 신던 신발도 더이상 맞지 않게 된다. 그것은 그리스도와 하나님의 영광을 추구할 때 우리에게 일어나는 일이기도 하다. 우리의 성장은 모든 사람들에게 분명하게 드러나게 되고 사람들은 우리를 보며 "정말 많이 성장했어"라고 말하게 될 것이다. 그리고 우리에게 매력을 느끼고 하나님이 우리 삶의 초점과 영광이 되고 계시다는 사실을 발견하게 될 것이다. 많은 그리스도인들이 성장해야 하는 만큼 성장하지 못하는 이유는 하나님이 받아 마땅하고 또 그들의 삶 속에서 하나님이 추구하시는 영광을 그분께 돌려드리지 않기 때문이다. 하나님은 그분 자신에게 찬양이 돌아가게 하는 것들만을 확장시키신다.

영적 성장에 따르는 유익

하나님의 방법을 따르기로 결단할 때 우리에게 오는 유익은 무엇인가? 앞에서 말했듯이 영적 성장의 정의에는 우리를 향한 하나님의 선하심이 포함되어 있다. 재물을 놓지 못하고 주님을 떠나가는 부자 청년을 바라보던 베드로 역시 그와 비슷한 질문을 했다. "보옵소서 우리가 우리의 것을 다 버리고 주를 좇았나이다"(눅 18:28). 다시 말해서 그는 "주님, 주님을 따르는 것을 통해 우리가 얻을 수 있는 것은 무엇입니까?"라고 질문했던 것이다.

예수님은 그런 질문을 한 베드로를 꾸짖지 않으셨다. 대신 "내가 진실로 너희에게 이르노니 하나님의 나라를 위하여 집이나 아내나 형제나 부모나 자녀를 버린 자는 금세에 있어 여러 배를 받고 내세에 영생을 받지 못할 자가 없느니라"(29-30절)고 대답해주셨다. 이 약속을 잠시 생각해보라. 하나님은 그의 자녀들에게 쥐꼬리만큼씩 나누어주는 수전노가 아니시다. 다만 하나님의 선택과 하나님의 일정에 따라 은혜를 베푸시는 것뿐이다. 그리고 그 은혜는 우리가 요구할 수 있는 것이 아니다. 예수님은

"너희는 먼저 그의 나라와 그의 의를 구하라 그리하면 이 모든 것을 너희에게 더하시리라"(마 6:33)고 말씀하셨다. 하나님이 자기 자녀들의 필요를 채워주신다.

하나님의 방법을 따르는 일에 점점 더 자라갈 때 얻게 되는 또 다른 유익이 있다. 고린도후서 3장 13절에서 바울은 "모세가 시내산에서 하나님과 함께 하면서 그의 얼굴에 비춰진 영광의 광채가 사라져가는 것을 이스라엘 백성들이 보지 못하도록 얼굴에 수건을 쓰고 있어야 했다"고 말했다. 그리고 "우리가 다 수건을 벗은 얼굴로 거울을 보는 것같이 주의 영광을 보매 저와 같은 형상으로 화하여 영광으로 영광에 이르니 곧 주의 영으로 말미암음이니라"(18절)는 결론으로 자신의 진술을 마무리했다.

하나님께 초점을 맞추고 하나님의 영광을 응시할 때 놀라운 일이 생긴다고 바울은 말하고 있다. 거울을 들여다보는 사람이 그 속에 비친 자신의 모습을 보는 것처럼 선명하게 하나님의 형상으로 변화된 우리의 모습을 보게 될 것이라고 말하고 있다.

우리가 하나님께 초점을 맞출 때 하나님이 우리를 변화시키실 것이다. 당신은 자신을 변화시키려 – 나쁜 습관이나 자세들을 떨쳐버리려고 – 노력해왔을 것이다. 자라는 동안에는 어머니가 그리고 결혼한 후에는 배우자가 당신을 변화시키기 위해 오랫동안 애써왔을 것이다. 그러나 하나님은 날리시고 싶다면 우리 속에 반영된 하나님의 형상을 보게 될 때까지 하나님의 영광이라는 거울을 응시해야 한다고 말씀하신다. 그것이 바로 영적 성장을 간결하게 요약한 것이다. 그러나 영적 성장이라는 주제에는 많은 내용들이 포함되어 있다. 앞으로 그 내용들을 자세하게 나누어 살펴보게 될 것이다. 하나님의 영광을 반영하면서 점점 더 하나님처럼 되어가는 것이 영적 성장의 전부라 말할 수 있다.

이 모든 것에서 우리에게 주어지는 가장 큰 유익은 무엇인가? 이 질문에 대해 성경은 우리에게 잘 알려진 로마서 8장 28절을 통해 하나님을 사랑하는 자들에게는 모든 것이 합력하여 선을 이룬다는 말로 대답하고 있다. 그것이 우리에게 주어지는 유익이다. 그리고 "하나님이 미리 아신 자들로 또한 그 아들의 형상을 본받게 하기 위하여 미리 정하셨으니"라고 29절에서 말하고 있는 그 유익의 목적을 놓치지 말라.

그것은 우리에게 좋은 것처럼 보이지 않는 일이 일어난다 할지라도 하나님이 그 과정 속에서 그리고 그 어떤 시련이나 곤경 속에서도 우리를 바로잡으시고 자라게 하시는 일을 계속하신다는 것을 의미한다. 나는 하나님이 우리 삶 속에서 일어나도록 허락하시는 모든 일들 속에 하나님의 선한 목적이 있다는 사실을 아는 것보다 더 큰 유익은 없다고 생각한다. 하나님은 우리가 시험을 받고 고난에 처해 있을 때에도 성장하기를 바라신다. 우리가 하나님을 추구하고 하나님을 영화롭게 하는 일에 마음을 쏟고 헌신한다면 하나님은 그분과의 새로운 관계를 통해 얻을 수 있는 모든 권리와 특권을 누릴 수 있도록 우리를 자유롭게 하시며 우리의 성장을 돌보실 것이다.

LIFE ESSENTIALS ❷

회심

영적 성장의 주춧돌

　전갈 한 마리가 연못을 건너기 위해 둑에 앉아 있었다. 그 전갈은 연못 둑에 앉아 있는 개구리 한 마리를 보기 전까지는 어떻게 그 연못을 건너야 할지 알 수 없었다. 전갈은 개구리에게 다가가 "이 연못을 건너가야 하는데 나는 헤엄을 칠 수가 없소. 그러니 나를 등에 태워 이 연못을 건너주면 안 되겠소?"라고 말했다.
　그러자 개구리는 "마침 이 연못을 뛰어 건너려던 참이었소. 연못 건너편에 도착해서 내게 독침을 쏘지 않겠다고 약속하면 기꺼이 등에 태워주겠소"라고 대답했다.
　전갈은 "침을 쏘는 일은 절대 없을 서요. 안심하고 이 연못만 건너갈 수 있게 해주시오"라고 약속했다.

35

그래서 개구리는 "그럼 올라타시오"라고 말했다. 그리고 전갈을 등에 태우고 연못을 뛰어 넘었다. 그러나 연못 반대편에 도착하자마자 전갈은 돌변하여 개구리에게 침을 쏘았다. 몸에 독이 퍼져 죽게 된 개구리는 믿을 수 없다는 표정으로 전갈을 바라보며 "어떻게 이럴 수가 있소? 연못만 건너게 해주면 침을 쏘지 않겠다고 분명히 약속했잖소"라고 말했다.

그러자 전갈은 어깨를 들썩하며 "침을 쏘는 건 내 천성일 뿐이오"라고 대답했다.

전갈은 침을 쏘는 것이 본성이기 때문에 침을 쏜다. 그 본성을 바꿀 수 있는 유일한 방법은 전갈을 근본적으로 바꾸는 것이다. 그러나 그것은 불가능하다. 그와 마찬가지로 인간들은 죄를 짓는 본성 때문에 죄를 짓는다. 그리고 그 본성을 바꿀 수 있는 유일한 방법은 죄인의 본성을 본질적으로 바꾸는 것이다.

그러나 전갈과 인간의 비교는 그것으로 끝이 난다. 왜냐하면 죄인의 본성이 변화되는 것은 가능한 일일 뿐 아니라 영적으로 성장하기 위해 그 변화가 반드시 필요하기 때문이다. 성장이 출생을 전제로 하듯 영적 성장 역시 영적 출생을 전제로 한다. 영적 출생은 죄인이 죄를 용서받고 영생이라는 선물을 받기 위해 예수 그리스도 한 분만을 신뢰하는 믿음을 갖게 되는 회심과 함께 이루어진다. 영적 출생은 모든 사람의 타고난 악한 본성을 새로운 본성으로 바꿔준다.

회심은 우리 영적 성장의 기초 또는 토대다. 그리고 한 사람이 회심할 때 어떤 현상이 일어나게 되는지를 더 알면 알수록 영적 성장의 과정과 역동성을 그만큼 더 잘 이해하게 될 것이다. 허술한 기초 위에 견고한 건물이 세워질 수 없다. 그래서 나는 회심의 필요와 회심의 특성 그리고 구원을 위해 그리스도를 신뢰할 때 그분이 우리에게 주시는 새로운 생명과 새로운 본성의 온전함을 논의함으로써 영적 성장의 기초를 견고하게 닦아두고 싶다.

이 주제에 대한 흥미를 높이고 우리가 어디를 향해 나아가고 있는지를 알기 위해 베드로 사도가 쓴 그의 두 번째 편지에서 구원을 어떻게 설명하고 있는지 생각해보라. 그는 하나님이 '그의 신기한 능력으로 생명과 경건에 속한 모든 것을 우리에게 주셨으니' 라고 말했고, 더 나아가 그는 구원받은 사람들로서 우리는 '신의 성품에 참예하는 자' 가 되었다고 선언했다(벧후 1:3-4).

그것이 근원적인 회심이다. 그리스도인이라면 하나님으로부터 온 새로운 본성을 지니고 있다. 그와 함께 우리는 하나님을 기쁘시게 하는 삶을 살아가는 데 필요한 모든 것을 받았다. 그리스도인으로서 우리가 해야 할 일은 이미 우리에게 있는 것이 자랄 수 있도록 그것들을 개발하고 키우는 것이다. 회심할 때 하나님이 우리를 위해 하신 일과 그 일이 우리의 영적 성장과 어떤 관계가 있는지를 이해하고 감사해야 한다. 그러기 위해 우리는 주어진 새로운 본성을 그리스도께 나아오기 전에 우리에게 있었던 악한 본성에 비추어 살펴볼 필요가 있다.

회심의 필요성

하나님 앞에 죄를 범한 후에 아담은 그의 순전함을 잃게 되었고 죄로 인해 타락하게 되었다. 아담의 마음속에는 죄의 속성이 자리잡았고, 그의 인간성이 되었으며, 이는 그의 후손에게 대물림되었다. 성경은 '한 사람으로 말미암아 죄가 세상에 들어오고 죄로 말미암아 사망이 왔나니'(롬 5:12)라고 말하고 있다. 인류의 첫 조상인 아담이 범죄함으로 인해 우리 모두 하나님을 거역하려는 죄의 속성을 가지고 태어난 것이다. 그 속성은 우리가 말하고, 행동하고, 생각하는 모든 것을 거룩하신 하나님이 받아들이실 수 없을 만큼 우리 내면 깊이 속속들이 스며 있다.

요약하면 타락한 인간은 자신의 힘으로 하나님을 점점 더 닮아갈 수 없을 뿐더러 하나님께 나아갈 수도 없다는 것이다. 다윗은 밧세바를 범하고 그녀의 남편 우리아를 죽게 한 후 자신의 죄를 자백하며 "내가 죄악 중에 출생하였음이여 모친이 죄 중에 나를 잉태하였나이다"(시 51:5)라고 말했다. 다윗은 자신이 사생아로 태어났다고 말한 것이 아니라 인간의 영혼 속에 깊이 뿌리내린 죄를 인정한 것이다.

이사야도 하나님이 보시기에 '우리의 의는 다 더러운 옷 같으며'(사 64:6)라고 말했다. 우리의 의는 타락한 본성에 오염되어 있기 때문에 받아들여질 수 없는 것이다. 타락한 사람들이 선한 일을 하고 싶어하지 않는다거나 하려 하지 않는 것은 아니다. 다만 하나님을 기쁘시게 하려는 죄인의 시도는 쉽게 전염되는 질병을 가진 사람이 자신의 혈액을 다른 사람에게 헌혈하려는 것과 같다. 좋은 뜻으로 그렇게 할 수도 있지만 그 사람의 혈액은 질병에 감염되어 있기 때문에 오히려 혈액 수급자에게 해가 될 뿐이다. 죄는 그와 같은 방식으로 인류를 오염시키고 타락시켰다.

그래서 어떤 부모도 자식에게 거짓말을 하라고 독려하거나 이기적인 사람이 되라고 가르치지 않는다. 또한 간혹 부모는 좌절감을 느끼며 자녀에게 "어쩌면 넌 그렇게 마귀처럼 행동하니?"라고 말하기도 한다. 그러나 아이가 그렇게 행동하는 것은 부모로부터 물려받은 본성을 가지고 태어났기 때문이다. 죄 가운데 태어난 우리의 문제는 바로잡아야 할 사소한 결점이나 고쳐야 할 성격이 우리에게 있다는 것만을 의미하지 않는다. 죄는 우리가 하나님을 대적하게 만들고 하나님의 심판 아래 서게 만든다. 이에 대해 바울은 "육신에 있는 자들은 하나님을 기쁘시게 할 수 없느니라"(롬 8:8)고 간단명료하게 설명했다.

타락한 본성이 우리 삶에 미치는 영향은 근무력증이라고 알려진 병이 인체에 미치는 영향과 흡사하다. 근무력증은 근육이 두뇌의 지시를 따르지 않아서 생기는 병으로, 운동 근육에 충격을 전달하는 신경의 이상으로 발병한다.

예를 들면 근무력증에 걸린 사람은 두뇌가 오른팔을 움직이라는 신호를 보내도 팔 근육이 그 신호에 반응을 보이지 않게 된다. 즉, 두뇌에서 보내는 신호가 방해를 받기 때문에 움직임이라는 정상적인 반응이 중단되는 것이다.

성경은 모든 사람이 절단된 영적 신경계를 가지고 태어난다고 말하고 있다. 그래서 구원받지 못한 사람은 아무리 하나님이 신호를 보내셔도 그 신호를 받아들일 능력이 없다. 바울은 "육에 속한 사람은 하나님의 성령의 일을 받지 아니하나니 저희에게는 미련하게 보임이요 또 깨닫지도 못하나니 이런 일은 영적으로라야 분변함이니라"(고전 2:14)고 말했다.

이 사실은 영적 성장이라는 측면에서도 매우 중요한 의미를 함축하고 있다. 새로운 영적 탄생이 일어나지 않는다면 영적인 성장도 이루어질 수 없다. 당연한 말처럼 보일 수도 있을 것이다. 그러나 매주 교회를 찾고 자신을 그리스도인이라고 생각하지만 영적으로 전혀 성장하시 못하고 있는 많은 사람들이 있다. 그들은 자신들이 올바른 신앙 생활을 하고 있다고 생각하면서도 왜 자신들의 종교가 허무하고 만족스럽지 못한 것인지 의아해한다.

그들이 성장하지 못하는 큰 이유는 그들이 순전한 회심을 경험하지 못했기 때문이다. 예수님은 그 당시 매우 경건한 유대인 가운데 한 사람이었던 니고데모에게 "내가 네게 거듭나야 하겠다 하는 말을 기이히 여기지 말라"(요 3:7)고 말씀하셨다. 니고데모가 예수님을 찾아갔던 것이 자신의 신앙 생활에 만족할 수 없었기 때문이었는지, 아니면 예수님에 대해 좀 더 알고 싶었기 때문이었는지 우리는 알 수 없다.

그러나 어떤 동기를 가지고 있었건 니고데모는 종교만으로는 충분하지 않다는 사실을 알게 되었다. 그는 거듭나야 했다. 그리고 우리도 그와 동일한 문제를 안고 있다. 우리는 타락한 본성을 가지고 태어났기 때문에 영적 결함을 안고 살 수밖에 없다. 그래서 우리는 거듭나야만 하는 것이다.

회심의 특성

불완전하고 부도덕하며 타락한 것이 우리의 문제라면 이를 해결하기 위한 새로운 본성이 필요하다. 그것이 바로 베드로후서 1장 4절에서 보았듯이 우리가 회심할 때 하나님이 우리를 위해 하시는 일이다.

회심할 때 하나님이 그분의 본성을 우리에게 주신다

회심, 구원 또는 거듭남은 하나님이 모든 신자들에게 새로운 본성을 부여해주시는 과정이다. 그 새로운 본성은 하나님으로부터 오는 것이기 때문에 완전하다. 동시에 '옛 자아'라고 불리는 우리의 옛 본성은 '예수와 함께 십자가에 못박힌 것'이 된다(롬 6:6). 우리를 지배하면서 하나님의 생명이 우리 안에 흐르는 것을 방해했던 타락한 옛 본성은 죽고 '성경이 죄를 지으실 수 없다'(요일 3:9 참조)고 말하고 있는 하나님으로부터 오는 새로운 본성이 옛 본성을 대신하게 된다. 그러나 그렇다고 해서 우리가 완전하게 된다는 의미는 아니다. 우리는 바울 사도가 '내 속에 거하는 죄'(롬 7:17)라고 말했던 타락한 옛 본성을 여전히 지니고 있다. 죄로 오염된 몸 또는 바울이 '사망의 몸'(7:24)이라고 불렀던 육신은 우리가 죄와 씨름을 벌이는 곳이다(7:23). 그것은 십자가에 못 박힌 우리의 옛 본성이 아니다. 옛 본성은 비록 죽었지만 그것이 죄를 우리 육신에 남겨두었기 때문에 죄는 여전히 우리 속에 남아 있다. 다만 죄가 더 이상 우리의 본성으로 작용하지 않고 있을 뿐이다. 그래서 우리가 새 몸을 입기 위해서는 육신이 죽어야 하는 것이다. 어느 날 하나님이 그 문제도 해결하실 것이다(고후 15:53-54 참조).

회심은 바울이 "그런즉 누구든지 그리스도 안에 있으면 새로운 피조물이라 이 전 것은 지나갔으니 보라 새 것이 되었도다"(고후 5:17)라고 썼을 만큼 파격적인 것이다. 그리스도를 영접할 때 우리의 모든 것이 속속들이 새롭게 된다. 그리고 그 새 생명 또는 새 본성은 우리에게 죄와 자아를 섬기는 대신 하나님을 알고 하나님을 섬길 수 있는 힘과 의지를 갖게 해준다. 아담과 이브가 죄를 범하고 죄의 본성에 감염되있을 때 두 사람은 하나님을 피해 달아났다. 그러나 하나님이 주신 새로운 본성을 받은 사람은 하나님을 향해 달려갈 수 있는 능력과 열망을 갖게 되는데 그것은 새로운 본성이 하나님으로부터 오는 신호를 받아들일 수 있도록 조율되어 있기 때문이다.

이제 그리스도인이라면 내적으로 새로운 사람이 되었다는 사실이 분명해졌다. 이제 그 새 생명이 영적 성장에 어떤 영향을 미치는지 살펴보아야 한다. 지금까지 내가 설명한 내용을 듣고 "내 안에 있는 새로운 본성이 하나님을 알 수 있는 놀라운 능력을 준다고 했는데 그 능력은 어디로 간 것인가?"라는 질문을 하고 싶을 수도 있다. 그것은 그들이 "내 삶 속에서는 당신이 말하는 놀라운 영적 실체와 힘을 찾아볼 수 없다"고 고백하는 것이다.

우리의 새로운 본성에는 자양분이 공급되어야 한다

참 신자라면 그 속에 하나님으로부터 온 새로운 본성이 있다. 그리고 그 사람은 영적으로 성숙하게 자라는 데 필요한 모든 것이 암호화된 완전한 DNA를 가지고 있다. 그 새로운 본성은 생각하고 행동하는 옛 방식 아래 묻혀 있을 수도 있지만, 분명히 존재하고 있어 자양분을 공급받아야 한다. 영적 성장은 하나님이 우리 마음속 깊은 곳에 심으신 새로운 본성을 키우고 개발하는 과정이다.

영적인 출생을 육적인 인간의 탄생에 비추어 살펴보도록 하자. 임신이 되면 어머니의 자궁 속에서 새로운 생명이 만들어지게 된다. 수정된 난자 속에는 성인이 될 모든 요소가 다 들어 있지만 완전히 성숙하지 않아 극히 미세하다. 그래서 어머니들은 임신 몇 주가 지날 때까지 자신의 뱃속에 생명이 존재하고 있다는 사실조차 알지 못한다.

그래서 태아가 자라는 첫 몇 주 동안 아기의 손과 발을 보려고 시도한다면 실망할 것이다. 아기의 팔다리는 태아의 유전자 구조 속에 들어 있기는 하지만 아직 형체를 갖출 정도로 성장하지는 않은 상태다.

우리의 영적 성장도 그와 똑같은 과정을 거치게 된다. 그래서 성경은 어린아이와 같은 그리스도인들과 성인이 된 그리스도인에 대해 이야기하고 있는 것이다. 목표는 요한이 하나님의 '씨'(요일 3:9) 라고 말한, 하나님이 우리 안에 심으신 생명이 어머니의 자궁에서 태아가 자라듯 성장하는 것을 보게 되는 것이다.

그리고 어머니의 태 속에서 아기가 처음 자랄 때처럼 그 성장은 외적으로 잘 드러나지 않는다. 그래서 우리는 우리 안에서 일어나고 있는 영적 성장의 외적 증거들을 찾지 못할 수도 있다. 그러나 그것은 하나님이 우리 안에서 일하시는 동안 달라지게 된다. 예비 엄마들은 출산이 다가오면서 배가 점점 불러와 임신 사실이 곧 입증되게 된다. 우리의 영적 성장 역시 우리가 하나님이 계획하신 성숙한 그리스도인으로 자라는 동안 다른 사람들에게 확실하게 드러나게 될 것이다.

새 생명의 기적은 모든 인간의 결함에도 불구하고 그 속에서도 변화하고 성장한다는 사실이다. 그리스도인들은 여전히 죄와 씨름하고 있으며 그것은 그리스도가 오셔서 우리를 새롭게 하실 때까지 계속될 것이다. 하나님은 우리의 타락한 옛 자아에서 썩은 톱니를 뽑아내고 거친 부분을 다듬으며 우리의 몸에 새로운 페인트를 칠해주는 일 등에 관여하지 않으신다는 사실을 이해하는 것이 중요하다. 왜냐하면 그리스도인의 삶과 영적 성장은 그런 것이라 생각하는 그리스도인이 많기 때문이다.

우리의 옛 자아는 죽었다

하나님은 이미 우리의 타락한 육신에 대해 쓰레기 더미라는 유죄 판결을 내리셨다. 우리의 육신은 우리가 죽은 후 예수님이 다시 오셔서 우리를 그분처럼 되게 하실 때까지 벌레들의 양식으로 전락할 수밖에 없다. 그런데 문제는 하나님이 우리의 옛 본성을 폐기 처분하고 새로운 것으로 교체하는 작업을 하시는 동안, 너무나 많은 그리스도인들이 자신의 옛 본성을 그럴듯하게 수선하여 새것처럼 보이도록 가장하는 일에 몰두하고 있다는 점이다.

사고로 차가 완전히 망가졌다는 결론을 내린 사람은 다른 차를 사야 한다. 그러나 완전히 망가진 것이 아니라면 차 주인은 수리를 맡기고 원 상태와 비슷한 수준으로 복구되기를 희망한다. 하나님은 우리가 죄 중에 태어났기 때문에 완전히 망가졌다고 선언하셨다. 그리고 우리가 하나님이 주신 새로운 본성에 집중하기를 원하신다. 그러나 당신이 불가능한 것을 고치기 위해 여러 해를 보내왔다면 하나님의 말씀과 이 책의 메시지가 그런 좌절감을 느끼게 했던 삶에서 당신을 벗어나게 해주길 바란다.

나는 성도들에게 회심의 파격적인 특성에 대해 가르칠 때마다 애벌레와 나비를 예로 든다. 애벌레는 내게 징그러운 것이지만 일단 그 옛 본성이라는 고치를 깨고 나오면 화려한 나비가 되는 놀라운 변화를 겪기 때문이다. 한때 징그러웠던 것이 아름다운 것이 되고, 기어다닐 수밖에 없었던 벌레가 날아다닐 수 있게 된다는 것, 정말 놀랍지 않은가?

물론 그런 변화에는 성장 과정이 요구된다. 그리고 그 과정이 언제나 쉬운 것은 아니다. 애벌레가 나비로 변화하는 과정에는 수많은 몸부림이 따른다. 그러나 그런 노력을 할 만한 가치가 있는 것이다. 여기서 주목해야 할 사실은 나비는 수리된 애벌레가 아니라 새로운 삶의 능력을 가진 새로운 생명체라는 점이다.

회심의 완전성

우리는 회심이 영적 성장의 기초가 된다는 사실을 강조해왔다. 왜냐하면 성경이 그렇게 말하고 있기 때문이다. 그리고 그 사실을 이해하는 것이 중요한데, 그 이유는 많은 그리스도인들이 이 사실을 둘러싸고 많은 혼란과 오해에 빠져 있기 때문이다.

농장을 물려받았지만, 그 농장을 지키기 못하고 팔아야 할 처지에 놓인 예츠(Yates)라는 사람이 있었다. 그가 농장을 팔기 직전 몇 사람이 찾아와 그 땅 밑에 석유가 매장되어 있을 수 있다고 말했다. 그들은 땅에 구멍을 뚫을 수 있도록 허락해달라는 요청을 했고 그는 기꺼이 허락했다. 그리고 그 땅에서 석유가 쏟아져 나왔다. 그 일로 땅을 잃을 뻔했던 가난한 농부는 별안간 백만장자가 되었다.

그러나 엄밀한 의미에서 예츠는 그 농장을 물려받은 날 이미 백만장자가 되어 있었다. 다만 그 땅 밑에 보화가 들어 있다는 사실을 모르고 있었을 뿐이다. 그래서 그는 자신이 소유하고 있는 것 이상을 얻기 위해 고군분투하면서도 정작 보물을 캐지 않고 농장에만 시간과 에너지를 쏟아부었던 것이다.

우리에게는 성장하는 네 필요한 모든 것이 있나

너무나 많은 그리스도인들이 예츠 같은 삶을 살아가고 있다. 만약 우리의 삶이 그렇다면, 하나님이 우리가 상상할 수 있는 것보다 훨씬 더 많은 것을 주셨다는 사실을 기억할 필요가 있다. 우리는 영적인 성인으로 자라는 데 필요한 모든 것을 가지고 있다. 왜냐하면 우리 안에 거하시는 성령님이 계시기 때문이며 하나님이 우리 마음과 생각 속에서 일하고 계시기 때문이다. 성령님에 대해서는 뒤에서 자세하게 다룰 것이다. 여기서는 우리가 그리스도 앞에 나아갈 때 하나님이 우리 안에서 행하시는 일들에 대해 살펴보기로 하자. 성경은 다음과 같이 말하고 있다.

> "저가 한 제물로 거룩하게 된 자들을 영원히 온전케 하셨느니라 또한 성령이 우리에게 증거하시되 주께서 가라사대 그 날 후로는 저희와 세울 언약이 이것이라 하시고 내 법을 저희 마음에 두고 저희 생각에 기록하리라 하신 후에 또 저희 죄와 저희 불법을 내가 다시 기억지 아니하리라 하셨으니"(히 10:14-17).

하나님은 히브리서 기자가 인용한 예레미야 31장 31-34절에 기록된 새 언약 아래서 하나님의 백성들과 함께 새로운 일을 하신다고 말씀하신다. 옛 언약인 모세의 율법 아래서 하나님은 돌판에 그분의 율법을 새기셨다. 그러나 백성들에게는 그 율법을 준수할 수 있는 내적인 힘이 결여되어 있었다. 한편 새 언약 아래서 하나님은 백성들의 마음과 생각에 하나님의 율법을 새기신다. 그것은 하나님이 우리에게 그분을 순종하고 기쁘시게 할 수 있는 힘과(우리의 생각을 통해) 열망을(우리의 마음을 통해) 주신다는 사실을 의미한다(롬 7:22 참조).

그것은 하나님이 그분의 백성들을 다루시는 방법의 획기적인 변화다. 구약의 이스라엘 백성들은 하나님의 율법을 찾아 그것을 지키기 위해 최선을 다해야 했다. 그러나 우리는 다르다. 우리 마음과 생각 속에 하나님의 율법을 품고 있기 때문에 율법은 우리의 내면에 존재하면서 언제든지 우리를 가르치고 우리의 잘못을 바로잡을 수 있는 준비가 되어 있다. 그래서 바울은 옛 언약의 문제가 완전한 하나님의 율법에 있는 것이 아니라고 말했던 것이다. 하나님은 하나님의 백성들에게 언제나 거룩하고 신실할 것을 요구하신다. 그리고 하나님의 요구에는 결코 변함이 없다. 달라진 것은 하나님의 기준에 따라 살 수 있는 성도들의 능력이다.

하나님이 우리 안에서 새롭게 하시는 작업은 최신 프로그램이나 장치를 통해 영적 성장을 이루시려는 것이 아니라 우리 안에 있는 새 생명에 활기를 불어넣고 풍성해질 수 있게 해주신다는 것이다. 즉, 영적 성장은 마음과 생각에 관한 문제이므로, 하나님이 우리에게 성령으로 새롭게 된 마음과 생각을 주실 때(롬 12:2, 고전 2:11-16 참조) 비로소 우리의 성장이 이루어지게 된다.

새로운 싸움을 하게 될 것이다

그와 동시에 새로운 싸움에 돌입하게 될 것이라고 솔직하게 말하지 않을 수 없다. 우리가 새로운 마음과 생각을 갖게 된다는 것은 하나님을 향한 새로운 열망, 자세, 기호를 갖게 된다는 것을 뜻한다. 이 새로운 것들이 우리의 타락한 육신과 만날 때 충돌은 불가피하게 된다.

바울은 이 충돌에 대해 로마서 6-8장에서, 그 가운데 특히 7장에서 매우 솔직히게 쓰고 있다. 예를 들면 그는 "나의 행하는 것을 내가 알지 못하노니 곧 원하는 이것은 행하지 아니하고 도리어 미워하는 그것을 함이라 만일 내가 원치 아니하는 그것을 하면 내가 이로 율법의 선한 것을 시인하노니 이제는 이것을 행하는 자가 내가 아니요 내 속에 거하는 죄니라"(롬 7:15-17)고 말했다.

익숙한 이야기처럼 들리는가? 바울의 고민이 너무나 격렬하기 때문에 그가 그리스도인이 되기 전의 자신의 삶에 대해 쓰고 있다고 생각하는 성경 주석가들도 있다. 그러나 바울이 그리스도인이 아니었다고 주장할 필요는 없다. 왜냐하면 "우리 주 예수 그리스도로 말미암아 하나님께 감사하리로다"(롬 7:25)라고 승리를 선포하며 그 단락을 마무리하고 있기 때문이다.

바울이 발견한 것은 자신이 그리스도께 나아왔을 때 삶에 대한 자신의 태도가 완전히 달라졌다는 사실이었다. 하나님의 법이 그의 마음에 새겨져 있었기 때문에 그는 죄에 저항하는 새로운 본성이 끊임없이 자신을 그리스도께로 되돌아가게 하는 것을 느꼈고 더 이상 죄를 범할 수 없었다. 하나님이 바울에게 심장 이식을 하셨기 때문에 그가 새로운 마음을 갖게 된 것이다.

그리스도인으로서 우리도 그와 같은 심장 이식을 받았다. 하나님이 우리의 심장을 그대로 남겨 두고 그저 심장에 생긴 문제만을 대충 해결하는 혈관 이식 수술을 하신 것이 아니다. 성경은 고린도후서 5장 17절에서 "그런즉 누구든지 그리스도 안에 있으면 새로운 피조물이라"고 선포하고 있다. 따라서 그리스도를 알고 있다면 당신은 대체 혈관을 덧붙인 옛 심장이 아니라 새로운 심장을 가지고 있는 것이다.

새로운 열망을 가지게 될 것이다

임신을 하게 되었을 때 눈에 띄게 나타나는 큰 변화들 가운데 하나는 임신부의 식욕이다. 그와 마찬가지로 우리가 받게 된 새로운 심장은 영적인 열망 또는 욕구를 드러낸다(히 10:14-16). 우리의 새로운 본성은 하나님과의 친밀한 교제를 갈망하고 그 어떤 것보다 하나님께 순종하고 하나님을 기쁘시게 하기를 원한다. 그리스도인으로서 그 열망이 매우 크기 때문에 죄를 지으며 즐거워한다거나, 믿기 전에 했던 것처럼 양심의 가책을 받지 않고 죄를 지을 수 없다. 물론 옛 육신을 가지고 있기 때문에 여전히 죄를 지을 것이다. 그러나 영적인 것들에 대한 새로운 민감성 때문에 우리 마음속에서 격렬한 싸움이 벌어지게 된다. 그것은 죄를 지을 때 하나님이 우리 안에 두신 새로운 열망을 무시하려 할 때 발생한다.

그러나 하나님이 주신 새로운 열망을 따를 때, 하나님으로부터 오는 엄청난 은총을 누리게 되고 영적으로 성장하기 시작한다. 우리 마음속에 새겨진 하나님의 법이 우리 삶에 가장 실제적이고 생생한 영향을 미치게 된다. 그리고 우리 삶의 더 많은 영역이 그리스도의 주권 아래 있게 된다. 그 과정 속에서 우리는 또 앞장에서 살펴보았듯이 하나님의 백성들을 위한 그분의 간절한 소망인 하나님의 영광을 추구하려는 새로운 열망을 갖게 된다.

중요한 것은 우리 마음속에 있다

영적인 성장은 우리 주변에서 일어나는 일들이 아니라 우리 마음속에서 일어나는 일들에 주로 달려 있다. 성장은 안으로부터 시작되는데 그것은 하나님이 그분이 모든 창조물을 그렇게 성장하도록 계획하셨기 때문이다. 성숙한 참나무는 그냥 나타나는 것이 아니다. 성숙한 그리스도인도 마찬가지다. 그러나 성장에 필요한 모든 것들은 이미 다 가지고 있다.

영적 성장은 안에 가지고 있는 것을 내어놓고 확장시킴으로 외부로 드러나도록 하는 과정이다. 하나님은 그런 일이 일어날 수 있도록 종종 열과 압력을 가하신다. 그래서 영적으로 가장 많이 성장하는 시기는 거의 대부분 가장 어려운 고난을 경험하게 될 때다.

그것은 마치 팝콘이 만들어지는 과정과 비슷하다. 옥수수 알갱이에 열이 가해지면 그 속에 있는 수분 때문에 압력이 높아지게 되고 그래서 옥수수 알갱이가 터져 하얀 속살을 드러내게 된다.

튀겨진 팝콘 알갱이는 열이 가해지기 전의 옥수수 알갱이와는 전혀 다르게 보인다. 열이 가해지기 전의 마른 옥수수 알갱이를 먹으려 했다가는 아마도 이가 부러지게 될 것이다. 그러나 열을 가하게 되면 그 속에 우리가 생각했던 것보다 훨씬 더 많은 내용물이 들어 있었다는 것을 알게 된다. 그리고 튀겨진 팝콘은 먹기 좋고 만족스러운 간식거리가 된다. 왜냐하면 압력을 받으면서 의도한 대로 맛있는 먹을거리가 되었기 때문이다. 이를테면 맛있는 팝콘은 옥수수 알갱이 속에 들어 있던 잠재적 가능성이 실현된 것이다.

하나님은 우리를 구원하시면서 우리 속 깊은 곳에 하나님의 형상대로 만들어진 새로운 본성을 두시고 우리에게 새로운 마음을 주셨다. 그리고 성령님은 우리 안에 있는 새로운 삶의 수증기가 팽창하면서 몸이라 불리는 겉껍질을 터트리고 새로운 모습으로 성장하기를 원하신다. 그래서 그 뽀얀 속살이 잘 드러날 수 있도록 우리의 새로운 본성에 열을 가하기 시작하신다.

지속적인 영적 성장은 외적인 개선뿐 아니라 내적인 변화를 통해 오게 된다. 바울은 "너희는 성령을 좇아 행하라 그리하면 육체의 욕심을 이루지 아니하리라"(갈 5:16)고 썼다. 여기서 중요한 것은 순서다. 왜냐하면 많은 그리스도인들이 그 순서를 뒤바꾸어 놓고 있기 때문이다. 우리는 육체의 정욕이나 욕망을 채우는 일을 멈추면 성령 안에서 살아갈 수 있을 것이라고 생각한다.

그러나 사실은 그 반대다. 우리 안에서 일하시는 성령님은 우리가 외부 세상에서 영적 승리를 거둘 수 있게 해주신다. 승리하는 삶을 살며 그리스도 안에서 성장하기 위해 우리에게 필요한 모든 것은 이미 우리 안에 있다.

여러 해 전 TV에서 흥미롭게 보았던 스파게티 소스 광고가 있다. 내용인즉, 어머니가 부엌에서 스파게티를 만들고 있다. 이윽고 온 집 안에 음식 냄새가 진동하자 아들이 부엌으로 들어온다. 그리고 소스를 들여다보며 "엄마, 송이버섯은 왜 안 보여요?"라고 묻는다. 이어지는 모자의 대화.

"그 소스 안에 다 들어 있어."

"그럼 소시지는요?"

"그것도 그 안에 다 들어 있어."

"토마토도 이 소스 안에 다 들어 있는 거예요?"

"응, 그 안에 다 들어 있어."

하나님도 우리의 영적 성장을 위한 소스를 만들고 계신다. 그 속에는 들어 있어야 할 것들이 다 들어 있다. 승리를 찾고 있는가? 그 속에 들어 있다. 하나님께 순종할 수 있는 힘을 찾고 있는가? 그것도 그 속에 들어 있다. 하나님을 좀더 신뢰하는 믿음과 고난을 감당할 수 있는 은혜가 필요한가? 그것도 이미 그 소스 안에 다 들어 있다.

당신은 그와 같은 소스가 곁들여진 식사를 맞이할 준비가 되었는가?

LIFE ESSENTIALS ❸

정체성

영적 성장의 문을 여는 열쇠

    내가 아이들을 데리고 서커스 구경을 다니던 시절의 이야기다. 우리는 매번 코끼리 쇼가 시작되기 전에 주차장 밖으로 나가곤 했다. 몇 톤씩 되는 코끼리 발목에 한 줄의 사슬을 묶고 그 사슬을 작은 말뚝에 걸어 코끼리들이 다른 곳으로 마음대로 가지 못하게 할 수 있다는 사실이 내게는 언제나 놀랍게 여겨졌다. 코끼리들은 쉽게 그 말뚝을 뽑아내고 도망칠 수도 있었을 것이다. 그러나 그런 일은 일어나지 않았다. 왜냐하면 서커스를 하는 코끼리들은 자신들이 어떤 존재인지를 잊어버리도록 길들여졌기 때문이었다. 코끼리들은 이로 인해 자신의 정체성을 상실했다.

그 코끼리들은 어릴 때부터 다리에 묶인 사슬이 팽팽해지는 것을 느낄 때마다 그 긴장감에 굴복하도록 길들여져왔다. 조련사는 코끼리들이 사슬을 인정하도록 단련시킴으로써 그들을 길들이고 통제하며 관람객들의 눈요깃거리로 그들을 무대 위에 올릴 수 있었다. 이러한 조련 방법은 매우 효과적이었기 때문에 오히려 서커스를 하는 코끼리들이 말뚝을 뽑아 내팽개치고 날뛰는 일이 벌어지게 되면 큰 뉴스거리가 되었다.

서커스를 하는 코끼리들처럼 많은 그리스도인도 그들을 주저앉게 만들고 아무 데도 못 가게 만드는 작은 사슬에 발목이 묶여 있다. 그들은 교회를 찾고 하나님이 그들에게 주시는 영적 권위와 능력에 관한 모든 가르침에 귀를 기울이지만, 그럼에도 불구하고 그들을 속박하고 있는 사슬에서 벗어나지 못하는 것처럼 보인다.

그런 사람들에게 필요한 것은 구원받기 위한 예배에 참석하는 것이 아니라 자신의 신분을 확인하는 것이다. 그들은 그리스도 안에서 자신이 어떤 사람인지를 이해해야 한다. 그리스도인으로서의 자신의 신분에 혼란을 느끼고 있고 지금껏 자신이 어떤 사람인지를 설명해준 사람이 없었다면 이 장이 도움이 될 것이다. 당신이 이 장에서 배우게 될 내용이 당신의 발목에 채워진 사슬을 푸는 열쇠가 되도록 성령님이 역사하시기를 바란다. 하나님은 세상과 육신 혹은 사단이 우리를 결박하고 그들이 원하는 대로 우리를 조종하도록 우리를 구원하신 것이 아니다.

정보에 휘둘리는 현대 사회에서는 특히 신분은 매우 중요하다. 개인 정보는 본인뿐 아니라 개인 정보를 훔쳐 그 사람의 이름과 신용 한도를 사용하려는 누군가에게 큰 상업적 가치가 있다. 얼마 전에 달라스 지역으로 이사한 내 친구의 경우 신용 카드를 신청하자, 은행에서는 누군가 그의 정보를 오용할 수 있는 기회를 최소화해야 한다며, 그의 이름과 주소 외에는 아무것도 기록하지 말라고 제안할 정도였다.

사람들에게는 자신의 신분을 분명히 하는 것이 매우 중요하다. 그들은 부유하게 보이기 위해 유명 디자이너가 만든 옷을 입는가 하면, 누구나 알만한 브랜드의 고급차를 구입하기도 한다. 몇 년 전에는 유명 인사들이 새로운 지위를 얻기 위해 그들의 이력서를 조작한 사건들이 연이어 발각되었다. 세상에서 출세를 보장하는 좋은 자리는 자신이 아닌 다른 사람처럼 보이고, 느끼고, 행동하도록 사람들을 부추기는데, 그것은 우리 사회가 그 구성원들로 하여금 그들의 진정한 신분에 불만을 느끼고 더 높은 지위를 갈망하도록 만들었기 때문이다.

사람들은 신분을 돈으로 사려고 할 뿐 아니라 더 나아가 자신의 신분을 자신의 활동과 연결지어 생각하려는 오류를 범하고 있다. 이는 우리의 직업이나 생업으로 우리 자신이 어떤 사람인지를 규정지으려 할 때 초래된다. 그리스도인들이 특히 이 함정에 빠지기 쉬운데 그 이유는 신앙인이 해야 할 행동과 피해야 할 행동을 정해놓음으로써 진정한 그리스도인의 삶을 간과하도록 만들기 때문이다. 이와 관련해 한 전직 신학 교수는 자신의 경험담을 털어놓았다. 그는 그리스도인들은 담배를 피우거나 술을 마시지 않으며 칵테일 파티 같은 곳에도 가지 않는다고 생각하는 학생들이 모인 일반 대학에서 강의를 하게 되었다. 그는 수업을 통해 기독교의 핵심은 선행이나 공적이 아니라 그리스도와의 관계라는 사실을 학생들에게 납득시키고자 했다. 그러나 그것은 거의 불가능했다.

우리는 진정한 신분에 대한 혼란에 빠지기가 매우 쉽다. 특히 그 혼란은 주님과 동행하고 자라며 성장하기 원하는 그리스도인에게 치명적인 것이 될 수 있다. 극단적인 정체성 혼란에 빠진 한 사람이 정신과 의사를 찾아갔다. 의사는 "어떤 문제로 오셨습니까?"라고 물었다.

"제가 개가 아닌가 하는 의문이 듭니다. 개 먹이를 파는 곳을 지나갈 때마다 그 먹이들을 사서 먹어야 할 엄청난 충동을 느낍니다. 그리고 마루 깔개 위에서 잠을 자고 눕기 전에는 제자리에서 세 바퀴를 돕니다. 달리는 자동차 뒤를 따라 달리고 고양이를 보면 개 짖는 소리를 냅니다. 그럴 때는 정말 제가 개가 된 것 같은 착각이 듭니다."

설명을 마친 그는 불쑥 "전 내내 강아지였어요!"라고 말했다.

나는 자기 인식의 위기를 그렇게까지 심각하게 경험하는 사람을 본 적이 없다. 그러나 하나님의 자녀로서 자신이 가지고 있는 진정한 신분에 대해 기본적으로 모르고 있거나 혼란에 빠져 있는 그리스도인들은 많이 만나보았다. 그리고 신분에 대한 그릇된 인식은 잘못된 성장을 불러온다는 사실을 확인했다.

우리의 신분은 십자가에서 시작된다

앞 장에서 우리는 구원을 위해 그리스도만을 신뢰하기로 하는 순간 그분이 우리 마음속 깊은 곳에 새로운 본성을 심어주셨다는 사실을 살펴보았다. 새 생명이라고 불리기도 하는 그 새로운 본성이 우리의 신분을 보증해준다. 그러나 하나님이 우리에게 새로운 본성을 주시면서 우리의 옛 본성을 죽게 하셨다는 사실도 이해해야 한다. 그 죽음은 예수 그리스도가 십자가에서 세상 죄를 지고 돌아가셨을 때 이루어졌다. 그렇기 때문에 그리스도인으로서 우리 각자의 신분은 십자가에서 시작된다.

갈라디아서 2장 20절에서 그 사실을 분명히 알 수 있다. 그 구절에는 그리스도인으로서 우리의 신분에 관해 알아야 할 모든 것이 포함되어 있다. 성경이 갈라디아서 2장 20절에서 가르치고 있는 것을 받아들이고 적용할 수 있다면 우리는 영적으로 잘 성장할 수 있을 것이다. 왜냐하면 우리의 신분이 영적 성장의 열쇠가 되기 때문이다.

이 장에서는 갈라디아서 2장 20절을 소개하고 그 구절을 구성하고 있는 요소들을 살펴볼 것이다. 바울 사도는 갈라디아 교회에 보내는 편지에서 "내가 그리스도와 함께 십자가에 못 박혔나니 그런즉 이제는 내가 산 것이 아니요 오직 내 안에 그리스도께서 사신 것이라 이제 내가 육체 가운데 사는 것은 나를 사랑하사 나를 위하여 자기 몸을 버리신 하나님의 아들을 믿는 믿음 안에서 사는 것이라"고 썼다.

우리는 그리스도와 함께 죽었다

나처럼 이 구절을 여러 번 읽고 심지어는 외우기까지 했다면 이 구절이 더 이상 그렇게 충격적으로 들리지 않을 수도 있다. '내가 그리스도와 함께 십자가에 못 박혔나니'라고 한 앞 부분만 보더라도 파격적인 일이 일어났음을 알 수 있다. 우리는 '내가'라고 한 부분에 각자의 이름을 넣어 읽을 수 있다.

'십자가에 못 박혔다'는 것은 죽었다는 말이다. 우리는 십자가에 못 박히신 예수님의 죽음이 예수님과 자신을 동일시하는 모든 사람들의 타락한 본성의 죽음을 불러왔다는 사실을 알고 있다. 그리스도를 우리의 구세주로 영접할 때 우리는 그리스도와 온전히 연합되기 때문에 그리스도가 우리 안에 거하시면서 죄로 인해 부패하고 망가진 우리의 타락한 본성을 죽게 하신다. 십자가에서 우리가 경험한 죽음은 아담으로부터 물려받은 죄와 옛 방식에 대한 죽음이다. "그럴 수 없느니라 죄에 대하여 죽은 우리가 어찌 그 가운데 더 살리요"(롬 6:2).

우리의 옛 자아는 그리스도와 함께 십자가에서 죽어 그분이 묻히셨을 때 함께 묻혔다(롬 6:4 참조). 죽은 사람은 성장할 수 없다. 따라서 우리는 다른 곳에서 우리의 신분을 찾아야 한다. 영적인 성장과 그리스도 안에 있는 우리의 신분에 대한 첫 번째 중요한 단계가 있다. 우리의 죄와 옛 삶의 방식이 죽었다는 사실과 투쟁하는 과정이다. 영적인 죽음은 죄가 더 이상 우리가 누구인지를 정의하는 핵심 요소가 되지 않는다는 것을 의미한다. 이제 우리가 안고 있는 죄의 문제는 우리 본질의 문제가 아니라 우리가 살고 있는 집이라 할 수 있는 육신의 문제다.

영적으로 성장하지 못하고 있는 그리스도인들은 하나님이 이미 죽게 하신 것을 소생시키려고 노력하면서 자신의 옛 자아라는 시체가 묻혀 있는 무덤 주위를 떠나지 못한다. 그들은 성경이 '옛 사람'(골 3:9)이라고 일컫는 자신들의 옛 자아가 그리스도 안에서 죽었다는 사실을 알지 못한다.

바울은 로마 그리스도인들에게 보내는 편지에 "만일 우리가 그의 죽으심을 본받아 연합한 자가 되었으면 또한 그의 부활을 본받아 연합한 자가 되리라 우리가 알거니와 우리 옛사람이 예수와 함께 십자가에 못박힌 것은 죄의 몸이 멸하여 다시는 우리가 죄에게 종 노릇 하지 아니하려 함이니"(롬 6:5-6)라고 썼다. 바울은 우리가 그리스도와 함께 십자가에 못 박혔다는 사실을 알아야 한다고 말했다. 그러나 많은 그리스도인들은 그들이 솔직하다면 "나는 그 사실을 모르고 있었다"라고 말해야 할 것이다.

그리스도와의 연합은 십자가에서 이루어진다. 그런데 그 사실을 이해하지 못하고 있기 때문에 사람들은 그리스도와의 연합을 통해 삶의 변화가 일어난다는 사실을 망각하고 있다. 그것은 결혼한 부부에게서 일어나는 일과 비슷하다. 결혼식 날 그들은 혼인 서약을 하고, 그들이 더 이상 두 사람이 아니라 한 몸이 되는 것이라는 주례사에 고개를 끄덕이며 동의한다. 그리고 두 사람의 연합을 상징하는 초에 불을 붙이고, 그들 각자를 상징하는 두 개의 촛불을 불어 끈다.

그러나 결혼식을 마치고 나면 두 사람의 촛불이 각각 다시 타오르기 시작한다. 왜냐하면 한쪽 또는 쌍방이 실제로 하나가 되기 위해 죽을 준비가 되지 않았기 때문이다. 즉, 그들은 여전히 그들이 미혼이었을 때처럼 상대방에 대한 책임감 없이 자신이 원하는 대로 시간과 돈을 쓰면서 마음대로 살려고 하는 것이다. 그러나 결혼을 하고도 미혼의 삶을 포기하지 않은 사람은 결혼으로 연합된 삶을 온전히 누릴 수 없다. 결혼은 전혀 다른 사고 방식과 새로운 삶의 방식에 대한 전적인 헌신을 요구한다.

우리의 죽음은 영적인 죽음이다

예수님이 십자가에서 돌아가신 것은 육체적인 죽음이기도 하지만, 예수님과 연합한 우리의 죽음은 영적인 죽음이다. 그러나 그렇다고 해서 그 죽음이 초현실적인 것도 아니다.

"그렇지만 나는 회심하면서 내가 죽었다고 느끼지 않았다"라고 말할 사람들도 있을 것이다. 영적인 죽음을 둘러싸고 느끼는 감정이나 충격이 육체적으로 사망 진단을 받았을 때 느끼는 것처럼 그렇게 생생하지는 않을 수 있는 것이다. 그래서 그리스도가 우리 삶 속으로 들어오셨을 때 우리가 영적으로 십자가에 못 박혔다고 느끼지 못할 수도 있다. 그러나 고린도후서 5장 17절에 의하면 우리는 새로운 사람이 되고 옛 사람과 관련된 것들은 지나간 것이 된다.

그렇다면 어떻게 그 죽음을 우리 삶 속에서 실제적인 것으로 만들 수 있을까? 로마서 6장 11절은 "너희 자신을 죄에 대하여는 죽은 자요 그리스도 예수 안에서 하나님을 대하여는 산 자로 여길지어다"라고 말하고 있다. '여기다'는 말은 숫자를 더해 답에 이른다는 뜻을 가지고 있는 산술용어다. 하나님은 우리가 그리스도와 함께 죽었고, 그리스도가 다시 살아나셨을 때 우리도 그분과 함께 부활해 새로운 삶을 살게 되었다고 말씀하신다. 그리고 하나님이 그 죽음과 부활을 증거하는 수단으로 세례라는 의식을 우리에게 주셨다.

우리는 로마서 6장 3-4절에서 "그리스도 예수와 합하여 세례를 받은 우리는 그의 죽으심과 합하여 세례 받은 줄을 알지 못하느뇨 그러므로 우리가 그의 죽으심과 합하여 세례를 받음으로 그와 함께 장사되었나니 이는 아버지의 영광으로 말미암아 그리스도를 죽은 자 가운데서 살리심과 같이 우리로 또한 새 생명 가운데서 행하게 하려 함이니라"고 말하고 있는 것을 볼 수 있다. 세례가 구원은 아니지만 예수님이 우리를 위해 하신 일을 공개적으로 선포하는 것이다. 세례를 받으며 물 속으로 들어가는 것은 우리가 그리스도의 죽음에 연합한 사실을 보여주는 것이며, 물에서 나오는 것은 그리스도의 부활에 연합했음을 선포하는 것이다.

하나님이 우리의 옛 자아가 죽었다고 선포하시고 우리에게 새 생명을 주셨는데 왜 우리는 죽음이라는 그늘 속에서 시체 주위를 돌며 빈둥거리며 살아가는 것인가? 하나님은 우리가 옛 자아를 무덤에 남겨두고 하나님의 자녀라는 새로운 신분을 취하기 원하신다. 일단 하나님께 속하게 되면 하나님이 우리를 더 이상 죄인으로 보지 않으신다는 사실을 이해해야 한다. 하나님은 우리를 성도로 그리고 하나님의 아들과 딸로 보신다.

우리는 종종 그리스도인들이 "나는 은혜로 구원받은 죄인일 뿐이다"고 말하는 것을 듣는다. 그러나 그것은 하나님이 우리에게 주신 새로운 본성의 가치를 평가절하하는 것이다. 그리고 우리 신분에 대한 혼란을 야기하는 것이 될 수 있다. 그리스도인은 "나는 동성애자다" 또는 "나는 알코올 중독자다"라고 말해서는 안 되지만, "나는 동성애와 알코올 중독과 씨름하고 있는 예수 그리스도 안에 있는 새로운 사람이다"라고 말할 수는 있다. 우리가 하는 일로 어떤 사람인지를 정의한다면 우리는 심각한 문제를 안고 시작할 수밖에 없다. 때문에 우리는 그리스도의 보혈로 깨끗이 용서받았고, 여전히 특정 영역에 문제를 가지고 살아감에도 불구하고 하나님의 자녀라는 관점을 갖는 것이 중요하다. 그리스도 안에서 우리가 누구인지를 아는 것이 우리의 신분의 변화를 가져다준다.

신분의 변화가 얼마나 파격적인 것인지를 이제 알 수 있겠는가? 내가 생각할 때마다 놀라움을 금할 수 없는 그리스도인의 새 생명에 관한 두 가지 면이 더 있다. 바울은 "우리가 그리스도의 마음을 가졌느니라"(고전 2:16)고 말했다. 그것이 무슨 뜻인지 알고 있는가? 그것은 우리에게 하나님의 생각을 따를 수 있는 역량이 있다는 말이다. 그리고 '그리스도의 마음'에는 우리의 감정, 열망, 태도와 우리 존재의 핵심을 이루고 있는 모든 다른 요소들이 다 포함되어 있다.

우리는 또 새로운 지위를 갖게 된다. 그리스도가 우리를 죽음에서 살리실 때 완전하게 살리셨다. 에베소서 1장 20절에 보면 그리스도가 부활하셔서 승천하셨을 때 하나님이 그분을 "하늘에서 자기의 오른편에 앉히사"

라고 기재하고 있다. 그렇다면 그리스도와 연합한 우리는 어디에 있는 것인가? 하나님은 우리 역시 예수 그리스도 안에서 함께 하늘에 앉히신다. 그저 희망에 그치는 것이 아니라 영적인 실체다. 그리스도의 죽음, 장사지냄, 부활을 통해 그리스도에게 일어났던 모든 일들이 우리에게도 영적으로 일어나는 것이다.

우리 안에서 사시는 그리스도

그리스도와 우리의 연합은 바울 사도가 갈라디아서 2장 20절에서 "이제는 내가 산 것이 아니요 오직 내 안에 그리스도께서 사신 것이라"고 말한 것처럼 완전한 것이다. '내 안에 그리스도가 사신다'는 말에는 상당한 의미가 내포되어 있다. 우리 몸 안에서 영혼을 통해 일어나는 현상은 바로 우리 안에 사시는 그리스도의 생명이 표현된 것이다.

이 구절을 읽은 많은 사람들은 "그렇구나. 그리스도가 내 안에 계시고 나는 그분 안에 있구나!"라고 생각한다. 그것은 맞는 말이다. 우리가 그리스도를 구세주로 영접할 때 그리스도가 우리 안에 거하신다는 것은 그리스도인의 삶에 있어서 가장 중요한 사실들 가운데 하나다. 그러나 갈라디아서 2장 20절은 그리스도인으로서의 우리의 신분에 대해 그 이상의 것을 말하고 있다. 즉, 그리스도가 우리 안에 거하실 뿐 아니라 우리 안에서 사신다고 말하고 있다.

그리스도는 우리 안에서 편안하게 거하시기 원하신다

그리스도가 우리 안에서 사시는 것과 우리 안에서 편안하게 거하시는 것의 차이는 있다. 그것은 우리가 그리스도 안에서 누리는 결코 변하지 않는 보장된 신분과 굴곡이 심할 수도 있는 그리스도인의 삶의 차이다. 성경은 우리가 그리스도 안에 있기 때문에 "약속의 성령으로 인치심을 받았다"(엡 1:13)고 말하고 있다. 그 인치심은 우리에게 천국을 보증하는 그 누구도 깰 수 없는 하나님의 인장을 말하는 것이다.

그러나 그리스도는 그저 우리 안에 거하기만을 원하시지 않는다. 우리 안에서 살고 싶어하신다. 즉, 우리 안에 들어와 자리를 잡으시고 우리의 삶을 통해 자신을 온전히 표현하고 싶어하신다. 그리스도가 우리를 통해 그리스도의 삶을 온전히 사실 수 있게 해드리는 것이 영적 성장의 원천이다. 왜냐하면 성령의 능력을 통해 우리 안에서 일하시는 하나님만이 우리를 지속적으로 성장시키고 또 우리 안에서 변화를 불러일으키실 수 있기 때문이다.

많은 그리스도인들의 비극은 그리스도가 그들 안에 온전히 거하실 수 있게 해드리지 못하기 때문에 이땅에 사는 동안 그분 안에서 성장하지 못한다는 사실이다. 그들은 그리스도를 손님 대하듯 하고 있다. 우리는 손님들에게 "내 집같이 편하게 지내세요"라고 말하지만 정말 그런 뜻은 아니다. 손님이 집 안을 돌아다니면서 책상 서랍과 의약품 상자를 마구 열어보고 냉장고에서 무엇이든 막 꺼내 먹는 것을 허용한다는 의미는 아니다. 그 속뜻은 "정해준 방에서 편하게 지내되 아무것도 엉망으로 만들어 놓지 말라"는 것이다.

그러나 그리스도가 우리 안에서 편하게 지내시기 위해서는 그분이 우리 집을 운영하셔야 한다. 그리스도가 모든 그리스도인들 속에 거하시지만 유독 그것이 다른 사람들에게서보다 더 생생하고 활발하게 드러나는

3. 정체성: 영적 성장의 문을 여는 열쇠

사람들이 있다. 그들은 그리스도가 그들을 통해 그리스도의 삶을 드러내시고 그들의 마음 전체를 소유하실 수 있도록 내어드리기 때문이다.

우리는 그저 살아 있는 것과 활발하게 움직이는 것의 차이를 이야기하고 있다. 전기 장어와 전기 기사는 둘 다 전기와 관계가 있다. 그러나 전기 기사는 단지 전기를 다루는 일을 하고 있는 반면, 전기 장어는 그 몸에 전기가 흐르고 있다. 많은 그리스도인들이 전기 기사처럼 예수님을 다루고 있다. 그들은 교회에 가고 예수님에 관한 책을 읽고 예수님에 관한 정보를 모은다.

그러나 예수님은 그런 것으로는 충분하지 않다고 말씀하신다. 예수님은 우리의 육체와 영혼을 통해 부활하신 예수님의 능력을 표현하고 싶어 하신다. 예수님은 우리 안에서 살고 싶어하신다. 성경은 "우리가 이 보배를 질그릇에 가졌으니 이는 능력의 심히 큰 것이 하나님께 있고 우리에게 있지 아니함을 알게 하려 함이라"(고후 4:7)고 말하고 있다. 또한 우리가 경험하는 모든 것은 "예수의 생명도 우리 몸에 나타나게 하려 함이라"고 적고 있다(10절).

그리스도인의 삶을 살려는 노력을 중단하라

나는 지난 여러 해 동안 좌절감에 빠진 많은 그리스도인들을 만났다. 그들과 이야기하면서 나는 종종 그들이 그리스도인의 삶을 살려고 열심히 노력하지만 아무 효과도 없기 때문에 좌절하고 있다는 사실을 알게 되었다. 당신도 그렇다면 당신의 어깨에서 그 짐을 덜어주고 싶다. 그리스도인의 삶을 살기 위한 노력을 중단하라. 당신은 그것을 할 수 없을 뿐더러 불가능하다. 하나님이 우리에게 원하시는 것을 하려고 노력하면 할수록 점점 더 좌절하고 끝내 넘어지게 될 것이다.

예수님만이 그리스도인의 삶을 성공적으로 살 수 있는 유일한 분이시다. 우리에게 좋은 소식은 예수님이 우리 안에서 그분의 삶을 사신다는 사실이다. 하나님은 우리에게 우리의 힘으로 그리스도인이 될 것을 요구하지 않으신다. 대신 그리스도는 그분의 완전한 사랑, 능력, 거룩함을 우리를 통해 표현하실 수 있도록 우리의 몸을 그리스도에게 산 제물로 드리기를 기대하신다(롬 12:1 참조). 그것이 바로 그리스도와 연합되었다는 뜻이다. 그에 미치지 못하는 것은 차의 기어를 중립에 놓고 액셀러레이터의 페달을 밟는 것과 같다. 요란한 소음을 내기는 하지만 조금도 앞으로 나가지 못하게 될 것이다.

자신의 힘으로 그리스도인의 삶을 살려고 노력하는 것은 내가 농구장에서 '농구 황제' 마이클 조던(Michael Jordon)처럼 활약할 수 있기를 바라는 것과 같다. 조던이 자신의 기술을 총망라한 책을 쓰고 내가 그 책을 사서 읽게 된다면 아마도 그대로 따라해볼 수는 있을 것이다. 그러나 효과는 기대하기 어렵다. 왜냐하면 나는 마이클 조던이 가지고 있는 손과 다리와 신장을 가지고 있지 못하기 때문이다.

행여 마이클이 "내가 당신 몸 속에 들어가서 당신이 뛰어올라 덩크슛을 할 수 있도록 당신의 손과 다리를 사용할게요"라고 말한다면 모를까. 하지만 마이클 조던이나 다른 사람이 우리 안에서 실게 될 것을 바라는 것은 공상에 불과하다. 그러나 예수 그리스도가 우리를 통해 그분의 생명을 드러내실 수 있게 해드리는 일은 허구가 아니다. 예수님은 우리가 자라고 성장하여 하나님을 영화롭게 하는 데 필요한 모든 것을 우리에게 주고 싶어하신다.

바울 사도는 고린도전서 1장 30절에 "너희는 하나님께로부터 나서 그리스도 예수 안에 있고 예수는 하나님께로서 나와서 우리에게 지혜와 의로움과 거룩함과 구속함이 되셨으니"라고 썼다. 다시 말해서 그리스도를 영접할 때 우리는 모든 것을 하나의 패키지로 받았다는 말이다. 그리스도가 우리의 신분을 보장해주신다. 예수 그리스도를 통해 할 수 없는 일은 아무것도 없다(마 19:26 참조). 우리도 바울처럼 "내게 능력 주시는 자 안에서 내가 모든 것을 할 수 있느니라"(빌 4:13)고 말할 수 있다.

모차르트(Mozart)의 손가락이 있다면 연주하지 못할 곡조가 없을 것이다. 아인슈타인(Einstein)의 머리가 있다면 그 어떤 수학 문제도 다 풀 수 있을 것이다. 메이저리그 최다 홈런 기록 보유자인 행크 아론(Hank Aaron)의 팔이 있다면 어떤 공이 날아온다 해도 홈런을 날릴 수 있을 것이다. 예수 그리스도의 생명이 있다면 내가 거두지 못할 승리는 없다.

그리스도는 우리를 통해 사신다

이런 그리스도인의 삶이 너무 다른 세상의 일처럼 여겨진다고 생각하기 전에 갈라디아서 2장 20절로 다시 돌아가보도록 하자. 그 위대한 구절의 하반절에는 "이제 내가 육체 가운데 사는 것은 나를 사랑하사 나를 위하여 자기 몸을 버리신 하나님의 아들을 믿는 믿음 안에서 사는 것이라"고 기록되어 있다.

그리스도인의 삶은 소극적인 삶이 아니다

"될 대로 되라지. 하나님이 알아서 하시겠지"라는 식으로 사는 것은 결코 그리스도인의 삶이 아니다. 예수 그리스도가 모든 걸 다 알아서 하시는 동안 팔짱을 끼고 그저 바라보고 있겠다는 심산이 아니라면 말이다. 그리스도가 우리 안에서 사시지만 우리와 상관없이 사시는 것은 아니다. 우리가 하나님께 받은 새로운 생명은 우리의 몸과 우리의 성품을 통해 움직인다. 하나님은 우리를 공중에 띄워 맴돌게 하다가 그분이 우리를 보내시기 원하는 곳으로 우리가 항상 갈 수 있게 하시지는 않는다. 대신 하나님은 당신이 다른 사람들에게 그리스도에 관해 이야기할 때 그곳에 당신과 함께하실 것이다. 그러나 인형극을 하는 사람이 인형을 사용하듯 그렇게 우리를 통해 말씀하시지는 않는다.

우리는 "하나님은 제가 성경을 읽기 원하신다는 것을 알고 있습니다. 저는 그 사실을 믿고 하나님의 말씀에 대한 진정한 열망을 제게 주시기를 기다리고 있습니다"라는 식으로 말하며 빈둥거릴 때가 많다. 물론 하나님의 말씀에 대한 열망을 갖게 해달라고 기도하는 것은 잘못이 아니다. 그러나 TV를 끄고 성경을 펼치는 결단이 선행돼야 한다. 하나님이 성경을 우리 무릎 위로 붕 띄어 올리신 다음, 그때그때 우리에게 주시고 싶은 말씀의 장을 펼쳐주시지는 않을 것이기 때문이다. 우리는 우리 안에서 일하시는 그리스도와 협력해야 한다.

여러 해 동안 마약을 사용해온 사람은 스스로 그것을 끊지 못한다. 그러나 그가 자신의 몸을 '의의 병기로 하나님께'(롬 6:13) 복종시킬 때 그는 중독이라는 파괴적인 순환 주기를 끊을 수 있는 새로운 힘을 갖게 된다. 그리스도인들도 복종해야 한다. 13절은 12절의 '몸의 사욕을 순종치 말고'라고 시작하면서 그리스도인들에게 명한 명령의 일부다. 마약에 중독된 몸과 마음은 오랫동안 마약을 찾는 데 길들여져왔다. 그러나 중요한

3. 정체성: 영적 성장의 문을 여는 열쇠

것은 그 습관이 아니라 그리스도의 능력이다. 그리스도가 우리에게 필요한 모든 것을 공급해주실 수 있다. 그러나 우리의 마음과 뜻에 상관없이 공급해주시는 것은 아니다.

위조된 신분증을 가지고 다니는 사람들이 많이 있다

많은 사람들이 오랫동안 위조된 신분증을 가지고 다니면서 자신이 실제로 누구인지를 기억하지 못하는 사태가 벌어지게 될까 두렵다. 그리스도인 가운데 율법주의에 얽매인 나머지 자신이 누구인지가 자신이 하는 일과 하지 않는 일에 달려 있다고 말하는 사람들이 있다. 그러나 율법주의는 그리스도인에게 자신의 신분을 잘못 생각하게 한다. 또한 그리스도인들은 그저 담배를 피우거나 술을 마시지 않으며 해서는 안 되는 것들이 많은 사람들일 뿐이라는 결론을 내리기도 한다. 예전에 내 동료 교수도 이와 같은 혼란에 빠졌었다.

물론 우리가 해야 할 일과 해서는 안 될 일들이 분명히 있다. 그리고 그리스도 안에서 새로운 피조물이 된 우리 안에는 여기에 동의하는 성령님이 계신다. 로마서 6-8장에서 바울이 씨름했던 문제는 하나님의 율법이 거룩하고 의로운 것이라는 사실에 동의하면서도(롬 7:12 참조) 자신이 해야 한다고 알고 있는 선을 행할 수 없는 자신을 보게 되는 것이었다.

바울은 하나님께 순종하기 위해 최선을 다하는 것은 자신이 아니라는 것과 죄를 이길 수 있는 힘을 자신에게 주시는 분은 그 안에 거하시는 그리스도시라는 사실을 깨달아야 했다. 그는 "육신을 좇지 않고 그 영을 좇아 행하는 우리에게 율법의 요구를 이루어지게 하려 하심이니라"(롬 8:4)고 하며 그리스도가 육신에 대해 죄를 선고하셨다고 증언했다. 성경에 로마서 6-8장이 들어 있는 이유는 바울 사도와 같은 위대하고 훌륭한 그리스도인조차도 '성령을 따라 행하며' 하나님을 기쁘시게 할 수 있는 것은 자신의 능력이 아니라 그 안에서 살아 역사하시는 그리스도시라는 사실을 이해하는 것이 필요하다는 것을 우리가 볼 수 있게 하기 위해서다.

믿음 안에서 새로운 삶을 살아간다

"그리스도가 나를 통해 사시며 자신을 표현하고 싶어하신다는 사실을 알게 되었다. 그리고 그렇게 되길 바란다. 그러나 그러려면 어떻게 해야 하는가?"라고 묻고 싶은 사람들도 있을 것이다. 그 대답은 "하나님의 아들을 믿는 믿음 안에서 사는 것"이라고 말하고 있는 갈라디아서 2장 20절에서 볼 수 있다.

아쉽게도 나는 이에 대해 깜짝 놀랄 만한 대답이나 손쉬운 공식을 제시할 수 없다. 그리스도인의 삶은 처음부터 끝까지 믿음으로 사는 삶이다. 종교 개혁의 발단은 마틴 루터가 "복음에는 하나님의 의가 나타나서 믿음으로 믿음에 이르게 하나니 기록된 바 오직 의인은 믿음으로 말미암아 살리라 함과 같으니라"(롬 1:17)고 한 성경 구절을 깨닫게 된 사건이다. 우리는 믿음으로 믿음에 이르는 삶, 즉 믿음의 한 단계에서 그 다음 단계로 나아가는 삶을 살아간다.

믿음은 하나님을 그저 믿는 것이 아니라 하나님을 떠나서는 그리스도인의 삶을 살아갈 수 없다고 말씀하시는 하나님을 믿는 것이다. 바울은 정신 분열을 일으키지 않고 그리스도인의 삶을 살 수 있는 유일한 길은 예수 그리스도께 "내 힘으로는 그런 삶을 살 수 없으니 나를 통해 사시는 주님을 믿습니다"고 고백하는 것뿐이라는 사실을 깨닫고 교훈을 얻었다.

그래서 바울은 '너희 안에 계신 그리스도시니 곧 영광의 소망이니라'고 말할 수 있었다(골 1:27).

그리스도인의 삶은 그분을 믿는 믿음으로 사는 삶이다. 그 믿음은 냉철한 학문적 과제가 아니다. 갈라디아서 2장 20절 하반절은 우리에게 '그리스도가 나를 사랑하사 나를 위하여 자기 몸을 버리신 하나님'이라는 사실을 상기시켜주고 있다. 그것은 사랑하는 친밀한 관계를 보여주는 것이다. 예수님은 우리가 예수님을 신뢰하기 원하신다. 그러나 우리가 돈을 맡긴 은행을 신뢰하거나 우리의 차가 우리가 원하는 곳으로 갈 것을 신뢰하는 것과 같은 방식으로 주님을 신뢰하기 원하시는 것은 아니다. 믿음 안에서 사는 것은 그리스도와 온전히 연합되어 있기 때문에 별개가 될 수 없다. 전에는 결코 우리가 이런 사랑을 받아본 적이 없었다.

그리스도 안에서 얻게 된 우리의 '새 신분'은 잘못된 곳에서 사랑을 갈구하는 모든 사람들의 문제를 해결해준다. 사람들은 다른 사람들에게 보다 매력적으로 보이기 위해 성형 수술을 한다. 그렇게 하면 다른 사람들의 사랑을 더 많이 받게 될 것이라 생각하기 때문이다. 그러나 그리스도 안에서 우리가 어떤 사람인지를 알게 될 때 우리는 우주의 주권자이신 하나님이 이미 우리를 받아들이셨고, 그 누구도 우리에게 이보다 더 나은 사랑을 줄 수 없다는 사실을 깨닫게 된다.

우리는 어떤 사람들인가? 우리는 완전히 용서받았고 용납되었으며 무조건적인 사랑을 받고 있는 하나님의 자녀들이다. 그것이 예수 그리스도 안에서 얻게 된 우리의 새로운 신분이다. 그리고 그 사실을 이해하게 될 때 우리는 전에는 결코 경험해보지 못했던 성장을 경험하게 될 것이다.

LIFE ESSENTIALS

죄

영적 성장을 가로막는 방해꾼

왜소발육증은 정상적인 성장에 꼭 필요한 성장 호르몬의 분비를 방해하거나 제한하는 선천적 혹은 외부 환경적 요인에 의해 발육이 정지된 상태를 말한다.

영적인 영역에도 발육을 정지시킬 수 있는 왜소발육증과 비슷한 요인이 있다. 우리가 하나님이 의도하신 대로 자라고 성장하기 위해서는 우리 삶 속에서 일하시는 하나님의 은혜인 '영적 성상 호르몬'이 원활하게 분비되어야 한다. 그것은 우리를 구원하는 은혜이며 우리 속에서 그리스도의 생명을 재생산하는 성령님의 능력을 방출하는 은혜다. 영적 성장 과정의 목표는 그리스도인들의 삶 속에서 거룩함이라는 열매를 맺게 하는 것이다(벧전 1:14-16 참조). 그것은 그리스도의 인격과 성경의 진리에 부합하는 삶을 살아가는 것을 의미한다.

예수님이 초막절 마지막 날에 예루살렘에 서서 "누구든지 목마르거든 내게로 와서 마시라 나를 믿는 자는 성경에 이름과 같이 그 배에서 생수의 강이 흘러나리라"(요 7:37-38)고 외치셨을 때 그것은 하나님의 은혜와 능력을 언급하신 것이었다. 요한은 이어 "이는 그를 믿는 자의 받을 성령을 가리켜 말씀하신 것이라"(39절)고 설명했다.

그런 수준의 영적 성장은 '뛰어난 성자들' 만을 위한 것이라 생각하는 사람들이 많다. 그러나 예수님은 평범한 그리스도인의 삶을 말씀하신 것이었다. 예수님의 약속은 예수님을 믿는 모든 사람들을 위한 것이라는 사실에 주목하라. 하나님은 선택된 엘리트들을 하나님 목록의 맨 위에 두시고 평범한 보통 사람들을 맨 아래 두시는 식의 구분을 하지 않으신다. 넘쳐 흐르는 하나님의 은혜는 차별 없이 모든 사람들에게 주어질 수 있는 것이다.

그러나 그 은혜라는 호르몬이 흐르는 것을 방해하고 우리의 영적 성장을 저해할 수 있는 '장애물'이 있는데 그것은 죄다. 오늘날 우리는 영적 잠재력과 그리스도 안에서 자랄 수 있는 최대한의 성장 수준에 미치지 못하는 영적 난쟁이들의 홍수 시대를 살아가고 있는 것처럼 보인다. 그 이유는 여러 가지가 있을 것이다. 그러나 영적 성장을 저해하는 가장 큰 방해물은 다양한 형태로 나타나는 죄라는 사실을 다시 되새겨야 한다.

죄가 우리 삶에 미치는 영향은 우발적인 것이 아니다. 왜냐하면 일찌감치 우리와 맞서기 위해 소집된 만만찮은 적들이기 때문이다. 그 적들에는 죄를 사용하여 세상과(악한 제도, 요일 5:19) 육신(우리의 악한 욕망, 롬 7:14-15) 그리고 마귀(악한 자, 계 12:9)가 포함된다. 그 적들은 죄를 사용하여 우리의 영적 성장을 방해하려는 목적을 가지고 면밀히 계획된 전투에 힘을 모으고 있다. 그러나 우리는 혼자가 아니다. 그리스도가 세상을 이기셨고(요 16:33, 요일 4:4), 하나님이 우리에게 악한 욕망을 이기게 하셨으며(롬 7:25), 십자가에서 돌아가신 예수님의 죽음을 통해 마귀에게서 그 힘을 제거하셨기 때문이다(히 2:14).

죄는 언제나 우리와 하나님 사이를 갈라놓는다

나는 당신이 이 책에서 사용하는 용어들 때문에 혼란을 느끼지 않았으면 한다. 우리 그리스도인의 삶 속에서 영적 성장과 교제를 방해하는 죄의 문제는 믿지 않는 사람들을 하나님과 분리시켜놓는 죄와는 완전히 다른 문제다. 그러나 우리가 지옥에서 하나님과 영원히 분리되는 것에 대해 이야기하든, 아니면 그리스도인과 하나님의 친밀한 교제가 깨지는 것에 대해 이야기하든 간에 죄가 우리와 하나님 사이를 갈라놓는다는 사실을 인식하는 것이 중요하다.

하나님과 우리의 관계는 영원하다

하나님과 우리의 관계는 우리가 그리스도를 믿는 순간 영원히 맺어지기 때문에 그리스도인들에게 문제가 되는 것은 하나님과의 교제가 단절되는 것이다. 성경은 "우리가 믿음으로 의롭다 하심을 얻었은즉 우리 주 예수 그리스도로 말미암아 하나님으로 더불어 화평을 누리자"(롬 5:1)라고 말하고 있다. 그리고 19절에서 바울은 그리스도의 '순종' 하심을 통해, 즉 십자가에 달려 돌아가시는 희생을 통해 우리가 '의인'이 되었다고 말하고 있다.

신약 성경에서 '의롭다 하심'은 의롭다고 인정받은 또는 선포된 것을 뜻하는 법정 용어다. 우리가 죄를 용서받기 위해 그리스도에게 나아갈 때 하나님이 우리의 죄를 그리스도에게 감당시키시고 그분의 의로움을 우리에게 덧입혀주신다. 그리고 이를 통해 하나님은 우리가 그리스도 안에 있기 때문에 의롭다고 선포하시는 법적 판결을 내리신다.

그에 대해 바울은 "하나님이 죄를 알지도 못하신 자로 우리를 대신하여 죄를 삼으신 것은 우리로 하여금 저의 안에서 하나님의 의가 되게 하려 하심이니라"(고후 5:21)고 설명했다. 그것은 우리가 하나님 나라에 들어가기에 합당한 자격을 갖도록 그리스도의 의와 우리의 죄를 바꾸는 놀라운 교환이다. 나는 당신들이 이 사실을 그저 당연한 것으로 여기지 않기를 바란다. 따라서 만일 구원받기를 원하면서도 그리스도를 신뢰하고 있지 않다면 하나님의 법정에서 이미 죄인으로 선포되었다는 사실과 그 죄를 씻기 위해 할 수 있는 것은 아무것도 없다는 사실을 잊지 않기 바란다. 아무리 많은 선을 행하고 교회에 열심히 참석하며 지역 사회를 위해 솔선수범하여 봉사를 했다 해도 하늘 법정에서 선고된 죄에 대한 형벌을 그것들로 대신할 수는 없다.

나는 개인적으로 그리스도를 믿지 않는 사람은 모든 조직을 오염시키는 '영적 에이즈'를 앓고 있다고 본다. 에이즈에 걸린 사람은 비타민을 아무리 많이 섭취한다 해도 병을 고칠 수 없다. 그와 마찬가지로 믿지 않는 사람이 선한 일을 아무리 많이 한다 해도 하늘 법정에서 선고된 그의 형벌을 면하는 데는 도움이 되지 않는다. 믿지 않는 사람들은 화병에 꽂아

놓은 꽃들과 같다. 아름답게 보이고 향기를 발하며 건강해 보여서 황금기를 구가하고 있는 것처럼 보일 수도 있을 것이다. 그러나 그 꽃들은 생명의 원천에서 끊어져 있기 때문에 죽은 것이다. 그리고 그 꽃들이 죽은 꽃이라는 사실은 시간과 함께 시들어가는 것을 통해 드러난다.

그러나 믿지 않는 사람들이 예수 그리스도에게 나아와 그들의 죄를 용서받기 위해 그리스도만을 바라보게 될 때 그들은 용서를 받고 영원히 의롭다 하심을 얻게 된다. 그 과정의 한 단계로 하나님은 그분을 믿는 죄인에게 새로운 본성을 – 육체적인 생명이 씨의 형태로 시작해서 자라야 하듯이 자라야 하는 씨의 형태로 된 새로운 생명을 – 부여해주신다.

하나님과 우리의 교제는 계속되어야 한다

우리가 다루고 있는 죄는 그리스도인들의 삶을 오염시키고, 하나님과의 교제를 방해하며, 하나님을 위한 삶을 저해하는 죄라는 사실을 분명히 하자. 그리스도 밖에 있는 사람들의 경우 하나님과의 영원한 단절이라는 명백한 죄를 다루어야 한다.

"죄와 더 이상 씨름하지 않아도 된다면 얼마나 좋을까"라고 말하는 그리스도인들을 자주 보았을 것이다. 그런 날은 반드시 온다. 예수님이 죄의 세력뿐 아니라 죄 앞에서 우리를 구원하시는 날이 바로 그때다. 그 순간까지 우리는 죄를 다루어야 한다. 그러나 우리는 하나님의 은혜라는 영적 '성장 호르몬'과 강력한 동맹을 맺고 있다. 은혜는 우리를 통해 흐르면서 우리의 새로운 본성이 – 하나님이 우리에게 심으신 씨앗 속의 생명이 – 활기차게 자랄 수 있게 한다.

요한 사도는 이 새로운 본성에 대해 매우 흥미로운 진술을 했다. "하나님께로서 난 자마다 죄를 짓지 아니하나니 이는 하나님의 씨가 그의 속에 거함이요 저도 범죄치 못하는 것은 하나님께로서 났음이라"(요일 3:9). 이 말씀은 우리를 당황하게 만들 수도 있다. 왜냐하면 우리 모두는 매일 생각과 말, 행동으로 죄를 범하고 있기 때문이다. 그런데 어떻게 요한은 우리가 죄를 짓지 않을 수 있다고 말하는 것인가?

이 구절을 오해하지 말라. 죄를 지을 수 없는 것은 우리가 아니라 하나님이 우리 안에 심으신 새로운 본성, 곧 '하나님의 씨'다. 하나님으로부터 온 본성이 죄에 어떤 식으로든 오염된다는 것은 있을 수 없는 일이다. 하나님의 영적 DNA에는 그 어떤 흠도 없고, 우리의 새로운 본성에도 결점이 없다. 따라서 우리의 새로운 본성은 죄를 범할 수 없다.

그러나 우리는 여전히 죄와 씨름하고 있다. 그것은 우리의 새로운 본성이 죄로 오염된 육신이라는 옛 집에 살고 있기 때문이다. 그 집에 살고 있던 타락한 옛 본성은 없어졌다. 성경은 "우리 옛사람이 예수와 함께 십자가에 못박힌 것은"(롬 6:6)이라고 말하고 있다. 그러므로 우리가 여전히 죄와 씨름하고 있지만 그것이 우리 삶의 중앙 통제 센터 역할은 하지 못한다. 죄가 아무리 우리의 육체를 통해 제조된다고 할지라도 말이다.

기쁜 소식은 새로운 본성이 우리 삶에 주도적인 영향을 미치며 통제하고 있다는 사실이다. 회심에 대해 논의했던 2장을 참조하기 바란다.

어느 날 무덤에 묻히게 될 죄가 극성을 부리는 육신을 가지고 사는 한 우리에게 죄는 끊임없이 골칫덩어리가 된다. 새로운 본성이 옛 육체 속에서 거하는데 그 둘은 서로 정반대이기 때문이다. 그래서 성경은 "육체의 소욕은 성령을 거스리고 성령의 소욕은 육체를 거스리나니"(갈 5:17) 라고 말하고 있는 것이다. 우리가 구원받았다는 것을 입증해주는 한 증거는 우리 속에서 이 전투가 벌어지고 있음을 느끼는 것이다. 구원받지 못한 사람들에게는 이 전투가 벌어지지 않는다. 왜냐하면 그들은 육체의 노예가 되어 있으며 그들에게는 성령님이 거주하지 않으시기 때문이다.

그래서 우리가 그리스도 안에서 성장하는 것이 그렇게도 중요한 것이다. 영적으로 성장하면 할수록 육체가 우리를 무너뜨리고 우리 삶 속에서 성령의 사역을 방해하는 것보다 성령님이 육체를 다스리는 일이 더 많아지게 된다. 어릴 때는 "담배를 피우면 키가 잘 크지 않을 거야"라는 말로 흡연을 금하는 부모나 다른 어른들의 경고를 종종 듣게 된다. 사실 어른들은 아이들이 배우면 좋지 않은 모든 나쁜 습관들에 대해 그와 비슷한 경고를 하곤 한다.

어릴 때는 키가 잘 크지 않을 것이라고 말하는 부모님의 경고가 정확하게 무슨 뜻인지 잘 모를 수도 있다. 그러나 그것이 무엇을 뜻하든 간에 좋은 것처럼 들리지는 않는다. 그리고 그 경고가 의학적으로 맞는 것인지는 문제가 되지 않는다. 왜냐하면 우리의 성장을 방해하는 것이라면 그것이 어떤 것이든지 좋다고 말할 수 없기 때문이다. 그 경고는 죄에도 적용할 수 있다. 죄는 하나님의 은혜와 능력이 우리에게 흐르는 것을 방해함으로 우리의 성장을 저해하기 때문이다.

하나님 앞에서 우리의 죄를 인정해야 한다

죄와의 싸움에서 죄가 우세한 것처럼 보인다 해도 포기하지 말라. 하나님이 죄라는 장애물을 우리의 삶 속에서 제거하시고 하나님의 은혜가 다시 자유롭게 흐를 수 있도록 간섭하신다. 옛날같으면 심장병으로 죽었을 사람들이 오늘날에는 활력 있게 잘 살아가고 있는데 그것은 심장 주변의 동맥 혈관이 막히는 것을 해소하기 위한 방법이 고안되었기 때문이다. 죄라는 장애물을 제거하는 하나님의 방법은 요한일서에 잘 설명되어 있다.

하나님은 죄를 용납하실 수 없는 분이시다

요한은 요한일서 1장 5절에서 그리스도로부터 온 특별한 소식이 있다고 전하고 있다. "우리가 저에게서 듣고 너희에게 전하는 소식이 이것이니 곧 하나님은 빛이시라 그에게는 어두움이 조금도 없으시니라" 성경에서 빛이라는 말이 하나님에게 적용될 때 그것은 그분의 절대적인 거룩하심과 순전하심을 뜻한다. 하나님의 완전한 빛 앞에서는 그 어떤 어둠이나 죄악도 존재할 수 없다. 죄는 하나님에게 마치 썩은 쓰레기와 같다. 그래서 우리가 하나님을 떠나게 만든다. 하나님은 그분의 거룩한 영역에 '출입 금지'라는 푯말을 세우고, 이를 밤낮으로 철통같이 지키신다.

빛나는 불빛 아래 있다고 해서 언제나 편안하게 느껴지는 것만은 아니다. 죄를 용서받고 하나님과 올바른 관계를 맺고 있지 않다면 거룩하신 하나님의 빛이 비추는 곳은 유죄 선고를 받는 고통의 장소가 될 수 있다. 따라서 하나님의 빛 앞에는 그 어떤 악도 존재할 수 없기 때문에 우리가 범하는 죄가 절대적으로 순전하신 하나님과 우리 사이를 갈라놓는 장벽이 된다는 사실을 이해해야 한다.

요한은 빛의 하나님과 죄의 어두움이 얼마나 완벽하게 대조적인지를 우리가 이해하기 원했다. 그래서 앞에서 우리가 읽었던 구절에 '그에게는 어두움이 조금도 없으시니라'는 말을 추가했다. 하나님은 어둠에 결코 순응하지 않으실 것이라고 우리에게 말씀하신다. 따라서 우리 삶 속에 고백하지 않은 죄가 있다면 하나님이 떠나시기 때문에 하나님과의 친밀한 교제는 이루어질 수 없다.

우리는 종종 어둠에 순응한다

그러나 하나님은 어느 곳에나 계신다. 따라서 우리는 하나님이 계시지 않는 곳으로 갈 수 없다는 뜻이 된다. 그러나 하나님과의 교제는 빛 안에서만 이루어질 수 있다. 우리의 문제는 우리가 어둠에 순응할 가능성을 가지고 있고 실제로 순응한다는 사실이다. 어두운 방으로 들어가거나 밤에 밖으로 나가서 어둠 속에 한동안 서 있게 되면 어둠 속에서도 사물들을 볼 수 있게 되는 경험을 해보았을 것이다. 우리는 곧 사물이나 형체를 알아볼 수 있게 되고 곧 어둠 속에서 움직일 수 있게 된다.

그것이 종종 우리가 죄를 다루는 방식이다. 우리는 죄가 그다지 나쁜 것으로 느껴지지 않을 정도로 죄 속에 오랫동안 머문다. 그러나 하나님은 죄를 그렇게 보지 않으신다. 하나님이 말씀하신 것 같은 어둠을 경험하고 싶다면 지하 동굴로 내려간 다음 손전등을 꺼보라. 짙은 어둠 속에 둘러 싸이게 되고 그 어둠이 너무 짙어 소름이 끼치게 될 것이다. 코앞에 있는 자신의 손도 볼 수 없을 것이다.

죄는 하나님의 본성과 전적으로 상반되는 것이기 때문에 하나님과 죄는 완전히 격리되어 있고 결코 서로 용납할 수 없다는 사실을 이제 분명히 알게 되었으리라 생각한다. 죄는 하나님과 우리의 교제를 단절시킨다. 그리고 하나님과의 교제가 단절되면 우리의 성장도 방해를 받게 된다. 왜냐하면 새 생명이라는 씨앗이 제대로 자라는 데 필요한 빛을 받을 수 없기 때문이다. 하나님의 은혜는 빛 속에서 경험된다. 그리고 우리를 자라게 하는 은혜는 우리가 성장하는 곳에 있다. 어둠 속을 헤매며 하나님의 빛을 피하면서 살아가는 사람들 가운데 제대로 크지 못한 영적인 난쟁이가 너무나 많이 있다.

죄는 우리의 생활 방식과 상반되는 것이다

요한일서 1장 5절이 대조적으로 암시하고 있는 것에 주목해보았는가? 요한은 우리가 놓치지 않도록 6절에서 그것을 자세하게 설명하고 있다. "만일 우리가 하나님과 사귐이 있다 하고 어두운 가운데 행하면 거짓말을 하고 진리를 행치 아니함이거니와." 하나님과 깊이 교제하고 있다고 말하면서 점검되지 않은 죄를 우리 삶 속에 허용한다면 우리는 모순된 삶을 살고 있는 것이다. 그리고 요한이 말했듯이 거짓말을 하고 있는 것이다. 어두움 가운데 거하고 있다면 – 죄를 범하고 그 죄를 다루지 않는다면 – 주위를 돌아보아야 한다. 왜냐하면 혼자 걷고 있기 때문이다. 우리가 죄라는 이웃과 함께 살 때 하나님은 자신을 드러내지 않으신다.

6절은 굳이 많은 설명이 필요치 않다. 그러므로 어둠 속을 걸으며 거짓 삶을 사는 것과 상반되는 개념으로 넘어가보자. 요한은 "저가 빛 가운데 계신 것같이 우리도 빛 가운데 행하면 우리가 서로 사귐이 있고 그 아들 예수의 피가 우리를 모든 죄에서 깨끗하게 하실 것이요"(7절) 라고 썼다.

요한이 여기서 하나님과의 교제에서 다른 신자들과의 교제로 그 초점을 옮긴 것은 흥미로운 일이다. 하나님과는 친밀한 교제를 나누고 있지만 왠지 다른 그리스도인들과는 함께할 수 없다고 말하지 말라. 몇 년 전 인기를 끌었던 한 가수가 예수님과 함께 모든 일을 잘 해결해나가고 있으며 예수님과의 개인적인 교제가 잘 이루어지고 있다는 내용의 노래를 발표

했다. 그러면서 그것에 대해 나누고 이야기할 다른 누구도 필요하지 않다고 주장하는 것이 그 노래의 골자였다.

그것은 상당히 잘못된 신학이다. 빛 앞에 서게 되면 우리는 함께 서 있는 다른 그리스도인들을 발견하게 된다. 요한일서는 그리스도인 형제 자매들이 서로 나누는 사랑의 중요성을 강조하고 있다. 하나님은 우리가 자랄 수 있도록 다른 그리스도인들을 사용하고 싶어하신다. 그러나 우리 주위에 있는 모든 사람들과의 사이가 좋지 않다면 하나님이 원하시는 대로 그 일을 하실 수가 없다. 그리스도인의 삶은 '예수님과 나' 둘만의 삶이 결코 아니다.

빛 가운데로 나아가라

요한일서 1장 7절에서 우리를 당황하게 만드는 것이 있다. 그것은 우리가 빛 가운데 행하면 예수님의 피가 모든 죄에서 우리를 깨끗하게 한다는 것이다. 그러나 "잠깐, 하나님이 빛이시고 하나님께 아무 죄도 없다면 그리고 내가 빛 가운데서 하나님과 함께 행한다면 그 어떤 죄도 없어야 하는 것 아닌가? 그런데 왜 죄에서 씻음받기 위해 여전히 예수님이 필요한 것인가?"라고 말하고 싶을 것이다.

빛 가운데 행한다는 것이 죄가 없다는 것을 뜻하는 것은 아니다. 요한은 그런 이의를 제기하는 사람들이 있으리라 예상했던 것이 분명하나. 8절에서 바로 "만일 우리가 죄 없다 하면 스스로 속이고 또 진리가 우리 속에 있지 아니할 것이요"라고 덧붙이고 있기 때문이다. 죄가 없는 완벽함이라는 개념에 속지 말라. 그것은 낡은 교리로 그리스도가 구원과 함께 우리의 타락한 옛 자아를 모두 근절했고 따라서 우리가 죄를 범한다면 우리의 구원을 잃게 됨과 동시에 다시 구원을 받아야 한다고 주장한다.

그 가르침은 성경이나 우리의 경험에 의해서 뒷받침될 수 없는 것이다. 빛 가운데 행한다는 것은 우리가 자신의 죄를 하나님이 보시는 것처럼 보기 때문에 그 죄에 대해 무언가를 할 수 있다는 뜻이다. 어둠이 안고 있는 문제는 우리의 영적 성장을 방해하는 것들을 보이지 않게 감춘다는 점이다. 우리는 어둠 속에서 그것들을 볼 수 없기 때문에 그것들에 걸려 넘어지게 된다.

어둡고 빛이 비치지 않는 뒷마당을 배경으로 외등을 선전하는 익살스러운 TV 광고가 있었다. 그 광고는 시청자들에게 어둠 속에 있는 사물들을 볼 수 있도록 자사의 외등을 설치하라고 역설하고 있었다. 광고의 클라이맥스는 등장 인물이 외등을 설치하고 불을 밝히자 마당에서 으르렁거리고 있던 소름끼치는 괴물들이 모두 드러나는 장면이다.

그 광고는 그리스도인들의 삶 가운데 영향을 미치고 있는 죄의 모습을 잘 보여준다. 빛을 비추고 죄라는 괴물들과 마주하는 것이 그들 속으로 걸어들어가는 것보다 훨씬 더 나을 것이다. 나는 집에서 어두운 방을 지나갈 때가 많다. 그래서 무언가에 발끝이 채이게 되는 것을 예로 들기 좋아한다.

한밤중에 큰 타격을 입지 않고 방을 지날 수 있는 쉬운 방법은 그저 팔을 뻗어 불을 켜는 것이다. 그럼 방 내부가 고스란히 드러난다. 그 날 아내가 가구를 재배치했다는 사실을 알 수 있고 하마터면 당신을 넘어뜨릴 뻔한, 바닥에 나뒹구는 장난감까지 다 볼 수 있다. 하나님과 교제하는 삶을 산다는 것은 모든 것을 있는 그대로 본다는 것을 의미한다.

은혜 안에서 자라고 있는 정말로 영적인 사람들은 죄를 덮으려 하거나 부인하는 대신 자신들이 하나님과 얼마나 다른지를 계속해서 더 많이 깨달아 간다. 우리 안에 있는 어둠은 우리가 거룩하신 하나님의 순전한 빛 앞에 나아갈 때 가장 확실하게 드러난다. 그리스도인의 삶 속에서 볼 수 있는 역설들 중의 하나는 우리가 하나님께 더 가까이 갈수록 죄를 더 많이 깨닫게 된다는 점이다.

이사야는 구약 성경에 나오는 가장 위대한 선지자 가운데 한 사람이다. 그는 그 당시 이스라엘 백성들을 위한 하나님의 사람이었다. 어느 날 이사야는 성전에 올라가 성령님이 인도하시는 천사들의 예배를 목도하게 되었다. 그는 '높이 들린' 보좌에 앉으신 하나님을 보았다. 그리고 거룩한 스랍들이 "서로 창화하여 가로되 거룩하다 거룩하다 만군의 여호와여 그 영광이 온 땅에 충만하도다"(사 6:1-3)라고 말하는 소리를 들었다. 그 예배는 성경에서 성전의 '문지방 터를 요동하며'라고 표현할 만큼 열정적인 것이었다(4절).

우리가 참석하고 싶어할 그런 예배처럼 보인다. 그러나 이사야는 순전하게 거룩하신 분 앞에서 자신의 죄를 깨닫고 두려움에 몸을 떨었다. "화로다 나여 망하게 되었도다 나는 입술이 부정한 사람이요"(5절).

왜 그런 반응을 보였던 것인가? 그 대답을 5절 후반절에서 볼 수 있다. "입술이 부정한 백성 중에 거하면서 만군의 여호와이신 왕을 뵈었음이로다." 이사야는 빛 가운데 거하며 우리가 결코 경험할 수 없는 방법으로 자신의 죄를 분명하게 보았다. 그가 계속 예배를 드리도록 하기 위해서 먼저 천사가 다가와 그를 정결케 해주어야 했다(6-7절).

어릴 때 술래잡기놀이를 해보지 않은 사람은 아마도 없을 것이다. 보통 우리는 밤에 밖으로 나가서 이 놀이를 했다. 어둠 속에서 숨기가 훨씬 더 쉽고 술래에게 발각될 확률도 낮춰주기 때문이었다. 하나님을 피해 숨을 수는 없다. 그러나 우리가 어둠 속에 우리 자신을 숨기면 하나님과 마주치게 될 것이라는 염려는 하지 않아도 된다. 왜냐하면 하나님은 빛 가운데 거하시기 때문이다.

우리 죄를 하나님께 자백해야 한다

하나님의 은혜가 흐르는 것을 방해하고 우리의 영적 성장을 저해하는 죄에 대해 우리는 두 가지 중 하나를 선택할 수 있다. 그 죄를 숨기거나 아니면 자백하는 것이다. 하나님께 우리 죄를 자백하고 용서받게 되면 우리는 대부분의 사람들이 암기하고 있는 요한일서 1장 9절의 놀라운 약속을 받게 된다. "만일 우리가 우리 죄를 자백하면 저는 미쁘시고 의로우사 우리 죄를 사하시며 모든 불의에서 우리를 깨끗케 하실 것이요."

이것은 놀라운 진술이다. 우리가 빛 가운데 행하면 "예수의 피가 우리를 모든 죄에서 깨끗하게 하실 것이요"(요일 1:7)라고 요한이 앞서 한 말을 기억하는가? 이 구절에 사용된 '깨끗하게 한다'는 헬라어는 '계속해서 깨끗하게 한다'는 뜻을 담고 있는 동사의 형태로 되어 있다. 즉, 지속적인 과정을 보여주는 것이다. 그리스도의 피는 천국을 위한 것일 뿐 아니라 이땅에서도 영향을 미치고 있다. 천국에서 법적인 용서를 받게 해주는 그 피가 이땅에서는 죄를 씻는 용서를 받게 해준다. 예수님의 피는 죄의 형벌에서 우리를 해방할(그래서 천국을 보장해줄) 뿐 아니라 죄의 권세에서도 우리를 자유롭게(그래서 성장하고 교제할 수 있게) 한다.

우리 죄를 폭로할 수 있는 권리를 하나님께 드리라

우리가 빛 가운데 행하는 것은 하나님이 우리에게 빛을 비추시고 우리의 죄를 폭로할 수 있도록 그분에게 권리를 드리는 것이다. 우리의 죄가 드러나게 되면 한동안 기분이 좋지 않을 수는 있지만 그것은 궁극적으로 유익한 것이다. 당신의 삶 속에 무언가 옳지 않은 것이 있다는 확신이 들기 시작했는가? 그렇다면 그것은 성령님이 그 문제에 빛을 비춰 바로잡을 수 있도록 역사하고 계신다는 것을 뜻한다.

치과에 예약을 할 때마다 나는 의사를 감동시키기 위해 더 열심히 이를 닦고 치실도 더 많이 사용한다. 그러나 치과 의사는 나의 그런 피상적인 노력을 별로 인정해주지 않는다. 엑스레이로 내 치아를 촬영하고 때로는 염료를 사용해 내가 볼 수 없는 치석이나 좋지 않은 상태들을 보여준다. 의사의 진료를 통해 내 입은 전혀 다른 빛 앞에서 모든 것을 드러내게 되는 것이다.

하나님께 동의하라

치과 의사는 질병들을 치료하기 전에 나에게 어떤 문제가 있는지 알려준다. 나는 의사가 지적한 이상 부위를 비록 볼 수는 없어도 치아에 문제가 있다는 사실에 동의하거나 아니면 부인할 수는 있다. 만약 내가 의사의 말에 동의한다면, 그것은 그가 옳다는 것을 인정하고 내게 도움이 필요하다는 사실을 받아들이는 것이다.

그것이 '자백'의 의미다. 동의하거나 인정하는 것이다. 우리 마음을 엑스레이로 촬영하시고 우리의 죄를 드러내기 위해 하나님의 거룩하심이라는 염료를 사용하시는 하나님께 우리 죄를 자백한다는 것은 그 죄를 모른

채하거나 하나님을 피해 도망가지 않는다는 것을 의미한다. 대신 발각된 채로 서서 "예, 맞습니다. 그것이 죄라는 사실에 동의합니다. 그리고 하나님께 그 죄를 자백합니다"라고 말하는 것이다.

죄라는 말의 복수형이 요한일서 1장 9절에서 두 번 사용되었다는 사실에 주목하라. 그것은 일반적인 죄의 범주가 아니라 우리가 범하는 각각의 죄를 강조하는 것이다. 하나님은 우리가 모든 것을 뭉뚱그려 "하나님, 오늘 제가 지은 죄들을 용서해주세요"라고 말하는 것을 원치 않으신다. 그렇게 하는 사람은 빨랫감을 한 덩어리로 뭉친 다음 옷을 하나씩 분리하는 것이 귀찮아 그냥 덩어리 채 세탁기에 넣어 돌리는 것과 같다. 문제는 그렇게 하면 옷이 깨끗하게 빨아지지 않는다는 점이다.

세탁할 날까지 빨랫감을 모아두었다가 한꺼번에 세탁기에 다 넣고 돌리는 것처럼 우리의 죄도 그렇게 다루려는 사람들이 많다. 그러나 성령님은 우리의 일정에 따르지 않으신다. 종종 즉석에서 우리의 죄를 지적하셔서 말을 내뱉자마자 "그런 말은 하지 말았어야 했는데…"라는 깨달음을 얻게 하실 때가 있을 것이다. 죄를 자백하고 죄를 씻음받는 시간은 죄를 깨닫는 바로 그 순간이 되어야 한다.

하나님의 경보가 울릴 때 바로 자백하라

죄의 자각은 집에 설치한 경보 시스템처럼 작동한다. 대부분의 경보 시스템은 사람이 집에 들어서는 순간 "삐삐" 소리를 내거나 발신음을 작동한다. 그것은 경보 시스템이 작동하고 있다는 사실을 상기시켜주고, 키패드로 가서 경보가 울리기 전에 경보 시스템의 작동을 중단시킬 수 있는 시간적 여유를 준다. 성령님이 죄를 지적하시는 "삐삐" 소리가 날 때 그것은 하나님이 경종이 울리기 전에 우리에게 반응할 수 있는 시간을 주시는 것이다.

"그렇지만 내 죄를 일일이 자백하려면 하루 종일 걸릴 텐데"라고 말하고 싶을 수도 있다. 그것이 요한일서 1장 9절이 말하고 있는 것은 아니다. 하루를 마치고 기도하는 시간까지 또는 다음 날 아침 경건의 시간을 가질 때까지 성령님이 죄를 지적하지 않으실 수도 있다. 그리고 몇 가지 죄를 한 번에 보여주실 수도 있다. 중요한 것은 생각날 때 죄를 자백하는 것이다. 자백할 때 예수님의 피가 그 죄들을 씻겨주신다. 따라서 하나님과 우리의 교제는 계속 유지될 수 있다.

내가 말한 것에 이의를 제기하는 대부분의 사람들은 자백과 회개를 혼동하고 있다. 회개는 어떤 것에 대한 마음을 바꾸고 반대 방향을 향해 가는 것을 의미한다. 순수한 죄의 자백에는 그 죄에서 돌아서는 것이 포함된다. 그러나 회개는 우리 삶 속에 자리를 잡고 있으며 지속적이고 장기적인 주의를 기울여야 할 필요가 있는 죄들을 다루는 것과 좀 더 밀접한 관계가 있다.

모든 죄는 하나님과의 교제를 방해하기 때문에 다 심각한 것이다. 그러나 자백은 어떤 사람이 말했던 것처럼 죄가 지불 시기를 넘긴 연체된 청구서처럼 쌓여 장기적인 주의를 요하는 영적 부채로 우리 삶 속에 자리를 잡지 못하게 하기 위한 장치로, 하나님 앞에서 우리의 죄를 신속하게 다룰 수 있도록 도와준다.

하나님은 우리 죄를 자백할 때 우리 죄를 용서하시는 '미쁘시고 의로운' 분이시다. '미쁘시다'는 것은 하나님을 신뢰할 수 있다는 것을 의미하며 '의로우시다'는 것은 하나님이 그분의 온전하심을 양보하지 않으신다는 것을 의미한다. 용서는 놀라운 하나님의 약속으로, 죄가 더 이상 우리의 빚으로 남아 있지 않게 해주는 것을 의미한다.

십자가에서 이루어진 용서는 하나님 앞에서 우리의 영원한 신분을 보장해준다는 의미다. 그것은 하나님 앞에서 영원히 의롭다 하심을 받는 법적인 것이었다. 그러나 하나님이 우리가 그리스도인으로서 범한 죄를 용서해주시는 것은 그분과 친밀한 관계와 교제를 매일 가질 수 있게 해주는 것이다.

용서에 대한 이해를 돕기 위해 계산기를 예로 들고자 한다. 계산기를 꺼낸 다음 숫자를 잘못 눌렀다고 가정해보라. 예를 들어 5 곱하기 5를 해야 하는데 4 곱하기 5를 눌렀을 경우 자신이 실수했다는 사실을 곧 알게 된다. 그렇다고 해서 잘못 누른 숫자를 취소하기 위해 계산기 뚜껑을 열고 복잡한 전자 회로들을 추적할 수는 없을 것이다.

또 잘못 누른 숫자에 걸려 영원히 수정할 수 없는 것도 아니다. 그 원리는 간단하다. 계산기에는 'C'라고 표시된 단추가 있어서 잘못 입력한 숫자를 바로 지우고 다시 시작할 수 있게 해주기 때문이다. 그것이 바로 자백이라는 'C' 단추를 누를 때 그리스도의 피가 우리를 위해 하는 일이다. 그리스도가 우리의 죄를 용서하신다. 그것이 우리의 삶 속에 역사하시는 하나님의 은혜다. 자백은 하나님의 용서를 불러일으켜 우리 죄를 무효화함으로써 하나님의 은혜가 계속 흐를 수 있게 한다. 그리고 은혜가 흐를 때 성장도 이루어져 영적 난쟁이로 남아 있지 않게 한다.

세속적인 그리스도인은 회개해야 한다

자백은 죄를 지을 때마다 그 죄를 용서받기 위해 해야 하는 것인 반면 회개는 세속적인(또는 육신적인) 생활 방식을 따르고 있는 그리스도인들에게 필요한 것이다. 세속적이라는 것은 그리스도인이 하나님이 아니라 자신을 기쁘게 하는 삶이라는 것을 알면서도 그런 삶을 의도적으로 고집하는 영적 상태라고 정의할 수 있다. 간단히 말하면, 성경이 '육신에 속한 자'(고전 3:3 참조)라고 부르는 타락한 삶의 방식을 따르는 것이다. 그런 경우에 죄를 자백하거나 하나님의 지적에 동의하는 것만으로는 충분하지 않다. 하나님과의 올바른 상태로 되돌아가기 위해서 회개가 반드시 필요하다.

회개는 인생의 방향을 전환하기 위해 마음을 바꾸는 것을 뜻한다. 완고하게 지은 죄에 대한 하나님의 징계를 막기 위해 또는 끝내기 위해 죄를 버리고 하나님을 향해 돌아서는 것이다. 처리하지 않은 죄는 그리스도인의 삶 속에서 영적인 암이 된다. 그리고 시간이 흐르면서 우리 삶의 모든 영역으로 퍼져 영적인 성장을 훼손하는 전이를 일으킨다. 회개는 자라나고 있는 암을 제거하는 수술처럼 영적인 건강과 하나님과의 교제가 회복될 수 있도록 작용한다.

자백하지 않은 죄는 회개를 필요로 하는 육욕을 불러온다. 누가복음 15장에 나오는 탕자는 그 과정을 잘 보여주는 좋은 예다. 그는 돼지우리에서 악취를 풍기는 죄에 뒤덮여 있었다. 그러나 탕자가 그의 잘못을 지적하시는 하나님의 말씀에 동의하고(자백) 돼지우리를 떠나 회개한 후 아버지의 집으로 발길을 돌렸을 때 기적이 일어났다. 그의 아버지는 바로 그를 용서하고 돌아온 아들을 위해 성대한 잔치를 벌였다. 그리고 부자는 친밀하고 온전한 교제를 회복했다. 아버지는 또 아들의 냄새나는 옷을 새 옷으로 바꾸어주었다.

하나님은 거룩한 분이시다. 그리고 악취를 풍기는 죄는 용납하지 않으실 것이다. 그러나 우리가 우리 죄를 회개할 때 하나님 아버지는 우리와의 교제를 새롭게 하시고 유지할 수 있도록 예수 그리스도의 피로 우리의 모든 죄를 씻으신다. 은혜라는 영적 성장 호르몬이 자백하지 않은 죄나 회개하지 않은 죄 때문에 막히는 일이 없게 하라. 죄를 빛 앞에 드러내고 그리스도가 씻어주실 수 있게 해드리라.

나는 우리 아이들이 어렸을 때 기저귀에 똥을 싸는 것을 보면 끊임없이 내게 '죄'를 범하는 듯이 느껴졌다. 나로서는 오물이 묻은 기저귀를 좋아할 리 만무했다. 그 냄새는 내 고개를 돌아가게 했고 나를 한 발짝 물러나게 했다. 우리 아이들과의 교제도 당연히 깨졌고, 나의 관점에서는 배설물이 묻은 기저귀를 갈 때까지 아이들의 모든 성장 과정이 연기되는 것처럼 생각되었다.

아이들은 자기들의 배설물로 인해 불편함을 느끼며 기저귀를 갈아줄 때까지 계속 울어댔다. 그것은 무언가 잘못 되었다고 말하는 내게 동의하며 '자백'하는 것이었다. 그 때 아내가 나와 아이들 사이에 끼어들어 아이들을 씻겨주고 기저귀를 갈아주고 로션이나 파우더를 발라주는 등 모든 것을 깨끗하게 만들고 나서야 아이들과 나와의 교제도 회복되었다.

그와 비슷하게 하나님은 그분의 자녀들 속에 있는 죄 때문에 고개를 돌리신다. 그러나 우리가 우리의 잘못을 뉘우치며 울면서 자백할 때 예수 그리스도가 개입하셔서 그분의 순전하고 보배로운 피로 우리를 씻겨주신다. 그 결과 하나님과의 교제가 회복되고 영적으로 계속 성장하게 된다.

은혜

날마다 영적으로 자라는 환경

어느 날 강태공이 낚시를 하다가 자기 옆에서 작은 물고기는 잡고 큰 물고기는 놓아주는 어부를 보게 되었다. 호기심이 발동한 강태공은 어부에게 물었다.

"왜 큰 물고기는 놓아주고 작은 물고기만 잡으시는 겁니까?"

그러자 어부는 "간단해요. 내 프라이팬이 작아서 큰 물고기는 요리할 수가 없거든요"라고 대답했다.

그 어부와 같은 그리스도인들이 많이 있다. 그들은 하나님이 '큰 것'을 주고 싶어하심에도 그들의 프라이팬이 너무 작다는 이유로 성장하기를 포기하고 하나님이 주시는 기쁨을 온전히 누리지 못하고 있다. 하나님의 은혜에 대한 그들의 이해와 반응이 너무 제한적이기 때문에 은혜 안에서 제대로 자라지 못하는 것이다. 성경은 우리에게 은혜 안에서 자랄 것을 명하고 있다는 점에서 이 문제는 중요하다(벧후 3:18 참조).

우리는 하나님의 은혜를 주제로 한 노래를 좋아한다. 그러나 은혜 안에서 매일 자라는 것은 그것과 별개의 문제다. 은혜 안에서의 성장이 그렇게도 힘든 이유는 무엇인가? 그 이유 가운데 하나는 은혜가 우리에게 익숙한 것이 아니기 때문이다. 그것은 마치 한국인이 중국으로 가서 중국의 언어와 문화에 익숙해지려 하는 것과 같다. 우리가 태어나지 않은 낯선 환경이나 우리가 접하지 못했던 생소한 문화에 적응하기란 쉽지 않다. 성경이 우리에게 '은혜 안에서 성장하라'고 말하는 것은 그렇게 해야만 우리의 일반적인 성향을 뛰어넘을 수 있기 때문이다.

은혜 안에서 자라는 것이 어떤 것인지 모르고 그 안에서 자라지 못한다면 불가피하게 영적인 성장이 방해를 받고 제대로 된 성장을 멈추게 된다. 따라서 은혜 안에서 사는 것을 배우지 못한 그리스도인은 미성숙한 성도다.

우리는 은혜 안에서 태어나는 것이 아니라 죄 가운데 태어난다. 그래서 우리는 타락한 본성을 어떻게 나타내야 할지를 따로 배울 필요가 없다. 그러나 은혜로 산다는 것이 무엇을 뜻하는 것인지 알기 위해서는 평생 배워야 한다. 따라서 우리는 은혜에 대한 모든 것을 배워야 하고 그 은혜라는 배경 속에서 영적 성장을 이루어야 한다.

성경은 우리에게 "율법 안에서 성장하라"고 말하지 않는다. 또한 하나님의 말씀 속에서 "율법을 지킴으로 보다 나은 사람이 되라"고 말하는 구절도 결코 찾아볼 수 없다. 그렇다고 오해하지는 말라. 하나님께 순종하는 것은 선택 사안이 아니다. 예수님은 "너희가 나를 사랑하면 나의 계명을 지키리라"(요 14:15)고 말씀하셨다. 그러나 하나님의 은혜에 반응할 때 우리는 성장하게 된다. 왜냐하면 은혜와 성장은 동전의 양면과 같기 때문이다. 내 목표는 그리스도인들이 하나님의 은혜에 관한 성경의 가르침을 자세히 살펴봄으로 은혜 안에서 성장할 수 있도록 돕는 것이다.

은혜와 관련이 있는 성경의 가장 중요한 부분은 에베소서 2장 1-10절이다. 그 구절에서 바울 사도는 하나님의 은혜가 우리에게 임하기 전에 상태를 은혜가 임한 후 일어나게 된 놀라운 변화와 대조해서 보여주고 있다. 앞서 은혜에 대한 정의를 내렸지만 은혜의 기본적인 정의에 대해 다시 짚어보기로 하자.

은혜는 하나님이 우리를 위해 자유롭게 일하시는 모든 것을 일컬으며 이는 우리를 대신해서 예수 그리스도가 하신 일을 토대로 한다. 그것은 하나님이 우리 힘으로 결코 할 수 없는 것을 우리를 위해 행하심으로써 그분의 선하심을 무한정 공급하시는 것이다. 이는 실로 놀라운 축복이다. 왜냐하면 은혜를 받을 자격이 없는 우리에게 우리 힘으로 취할 수 없고 결코 되갚을 수도 없는 것을 거저 주시기 때문이다.

은혜는 에베소서 2장에서 설명하듯이 하나님이 우리에게 보여주시는 그분의 관대함을 깨닫게 해준다. 그 이유는 하나님의 은혜에 우리가 반응할 수 없도록 훼방놓던 죄의 문제를 십자가에서 돌아가신 예수님의 죽음을 통해 해결하셨기 때문이다. 하나님의 은혜가 우리에게 임하기 전 우리가 어떤 상태였는지를 알게 될 때 우리는 하나님을 찬양할 준비를 갖추게 된다. 그 사실을 깨닫게 된 순간이 바로 "아멘!"이라고 외쳐야 할 때다.

하나님의 은혜가 없다면 우리는 죽은 것이다

지금의 우리 상황에 감사하기 전에 우리가 어떤 상태에 처해 있었는지 되돌아보아야 할 필요가 종종 있다. 우리 사회의 가장 큰 문제 가운데 하나는 여행의 출발 지점을 잊어버리는 사람들이 많다는 점이다. 그들은 태어날 때부터 현재 그들이 누리고 있는 모든 것을 누릴 자격이 있었다고 생각한다. 그래서 감사하지 않고 요구만 해댄다.

하나님은 그분이 택하신 이스라엘 백성이 애굽에서 종살이하던 때와 40년 동안 광야에서 유랑했던 때를 잊지 않게 하시려고 몇 가지 방법을 사용하셨다. 초막절 절기를 지키게 하신 것도 그 방법들 가운데 하나였다(레 23:33-44 참조). 그 절기를 지키는 일주일 동안 이스라엘 백성은 안락한 집을 떠나 나뭇잎으로 만든 초막에서 지냈다. 그리고 행여라도 자녀들이 "아빠, 왜 집을 떠나 이 오래된 오두막에서 지내는 거예요?"라고 물으면 "하나님이 이스라엘을 애굽에서 이끌어내시고, 광야에서 생활하는 동안 우리의 삶을 지켜주신 사실을 기억하기 위해서란다"고 설명해주어야 했다.

어두운 우리의 본성과 대비되는 은혜

은혜가 얼마나 소중한 것인지를 상기하고 우리 후손들에게도 가르치기 위해, 그리스도 앞에 설 수 있게 된 때 이전으로 돌아가 그리스도가 없는 삶이 얼마나 힘들고 절망적이었는지를 기억해보는 '은혜의 축제' 기간을 제정하는 것도 좋다. 은혜에 대한 감사가 솟구치게 될 것이다. 그리고 우리의 영적 성장을 위해 하나님이 우리를 이끌어내셨던 곳으로 돌아가보는 것도 좋다.

"너희의 허물과 죄로 죽었던 너희를 살리셨도다 그 때에 너희가 그 가운데서 행하여 이 세상 풍속을 좇고 공중의 권세잡은 자를 따랐으니 곧 지금 불순종의 아들들 가운데서 역사하는 영이라 전에는 우리도 다 그 가운데서 우리 육체의 욕심을 따라 지내며 육체와 마음이 원하는 것을 하여 다른 이들과 같이 본질상 진노의 자녀이었더니"(엡 2:1-3).

다이아몬드나 다른 보석을 사본 적이 있다면 보석상 주인이 보석을 더 밝게 빛나게 하고 보석의 아름다움을 돋보이게 하도록 검은색 우단 위에 보석들을 놓아둔다는 사실을 알고 있을 것이다. 에베소서 2장 1-3절은 바울이 하나님의 은혜를 우리에게 보여주기 위해 설치한 어두운 배경과 같다.

그 배경은 매우 어둡다. 왜냐하면 구속되지 못한 우리의 본성은 거룩하신 하나님께 결코 용납될 수 없기 때문이다. 우리는 하나님으로부터 단절되고 격리되어 있었다. 문제는 우리가 불순종하여 하나님의 진노를 자초한 죄인들이었다는 점이다. 우리는 죄 속에서 하나님을 거역하며 살았다.

바울은 죄 속에서 '죽었다'는 말로 그런 절망적인 우리의 상태를 요약했다. 나는 앞에서 그리스도 앞으로 나오기 이전으로 되돌아가 그리스도가 어떤 곳으로부터 우리를 구출해주셨는지 회상해볼 것을 제안했다. 그렇게 하면서 우리가 되돌이기 보이야 할 곳은 우리의 옛 집이나 동네가 아니다. 우리가 그리스도 없이 살았던 곳을 정말로 가보고 싶다면 무덤을 찾아가야 한다.

하늘 검시관의 보고

에베소서 2장 1-3절에서 우리가 보는 것은 기본적으로 검시관의 보고와 같은 것이다. 죽은 사람들의 부패 정도는 각기 다르다. 죽은 지 오래된 사람은 그 형체를 거의 알 수 없지만 죽은 지 얼마 안 된 시체는 관 속에서 그 형체를 비교적 잘 유지하고 있다. 그러나 예쁘건 추하건, 또 오래되었건 얼마되지 않았건 간에 그들은 다 똑같이 죽은 사람들이다.

그리스도 안에 있기 전 우리는 유일한 참된 생명의 원천이신 하나님으로부터 단절되어 있었다. 그런데 어떻게 지금껏 생명을 부지할 수 있었을까? 물론, 육체적인 죽음도 죄의 당연한 결과이기는 하지만 여기에서는 영적 죽음에 대해 말하고 있다. 문제는 대부분의 사람들이 육체적인 죽음을 이해하는 것처럼 영적인 죽음을 그렇게 정확하게 이해하지 못한다는 사실이다.

영적으로 죽은 많은 사람들은 자신들이 죽었다고 느끼지 않는다. 그들 주위에 있는 사람들이 볼 때에도 그들이 죽은 것처럼 보이지 않는다. 그러나 하나님 말씀에 의하면 죄 가운데 있는 사람들은 모두 죽은 것이다. 그들은 세속적인 활동들과 오락거리에 몰두하면서 자신이 영적으로 사망했다는 사실을 은폐하려 한다. 그리고 우리도 그와 같은 방법으로 죽음을 보다 매력적으로 포장하여 죽음의 실체와 결말을 숨기려 하고 있다.

옛날 사람들은 죽음을 아름다운 것들로 장식하지 않았다. 가난하게 살다 죽은 사람들은 종종 아무 장식 없는 거친 나무 상자에 눕혀졌고, 그 관은 짐마차에 실려 마을 밖 공동 묘지로 옮겨진 다음 끈에 묶여 무덤 속으로 내려졌다. 그러면 일꾼들이 흙으로 묘지를 다시 메웠고 그것으로 매장은 끝이 났다.

그러나 오늘날에는 호화스럽게 장례를 치른다. 옛날 같은 투박한 물건들은 찾아볼 수 없다. 대신 대저택 같은 영안실에 고인이 안치되고 공단으로 장식한 훌륭한 청동 관에 눕혀진다. 평생 공단 베개를 베고 잠들기를 원했지만 이루지 못했던 사람도 결국은 죽어서 공단 베개를 베는 호사를 누리게 된다. 화장도 마찬가지다. 화장 전문가들은 죽은 시체의 모습을 보기 좋게 치장한다. 그래서 어떤 사람들은 살아 있을 때보다 죽은 후에 더 보기 좋은 모습이 되기도 한다. 납골당도 최신 시설을 갖춘 호텔식으로 지어지고, 외부 조경 또한 여느 공원 못지 않게 아름답다.

이것이 다가 아니다. 늘 누군가와 함께 리무진을 타고 싶어했던 사람은 결국 죽어서 그 리무진을 타게 된다. 그날 리무진은 죽은 사람과 그의 가족들만을 위한 것이다. 사람들의 주목을 한껏 받으며 도로를 빠져나가 묘지에 도착하면 장지에서 니켈로 도금한 기계가 무덤 속으로 관을 쉽게 들어내린다. 또한 무덤을 덮기 위해 쓸 흙조차도 생생하게 보이는 인공 잔디로 덮여 있다.

죽음을 장식하기 위해 그 모든 일들을 거행한다. 그러나 놓치지 말아야 할 핵심은 소나무 관에 실려가건 아름다운 청동 관에 실려가건 죽은 것은 매한가지라는 사실이다. 죄 속에서 죽어 있었을 때 우리는 그리스도가 주시는 영원한 생명으로부터 단절되어 있었다. 영생의 유일한 대안은 하나님과의 영원한 결별 이후에 지옥이 고통을 뜻하는 영원한 죽음뿐이다.

그것이 하나님의 은혜가 우리에게 임하기 전 우리가 처해 있던 상황이었다. 우리는 하나님이 도무지 받아들이실 수 없는 절망적인 상태였다. 매력적이고, 지적이고, 부유하고, 친절할 수도 있을 것이다. 그러나 우리 모두는 하나님께 받아들여질 수 없었고 하나님으로부터 단절되어 있었다. 에베소서 2장 1-3절은 하나님의 은혜를 입지 못한 인류에 대한 하늘 검시관의 보고다.

하나님의 은혜가 죽음에서 우리를 살렸다

하나님 앞에 설 수 있게 되기 전까지 우리의 상태는 절망적이었다. 그러나 감사하게도 그 이후의 상태도 있다. 에베소서 2장 4절은 성경에서 가장 중요하고 흥미로우며 삶을 변화시키는 말씀으로 시작된다. '긍휼에 풍성하신 하나님.' 이 말은 모든 상황을 역전시킬 수 있다. 바로 '긍휼에 풍성하신 하나님' 이 은혜 안에서 우리를 위해 하신 일 때문에 우리는 죽음이 있던 곳에서 생명을 얻을 수 있게 된다.

전체적인 사상을 이해하기 위해서는 4절과 5절을 함께 볼 필요가 있다. 바울은 "긍휼에 풍성하신 하나님이 우리를 사랑하신 그 큰 사랑을 인하여 허물로 죽은 우리를 그리스도와 함께 살리셨고(너희가 은혜로 구원을 얻은 것이다)"고 썼다.

5절 후반부가 이해를 돕는 열쇠가 된다. 당신은 그리스도가 구세주시라는 사실을 알고 있는가? 그렇다면 우리의 결정이나 우리가 행한 일 때문이 아니라 하나님이 주도권을 가지고 은혜로 우리를 구원하셨기 때문에 우리가 새 생명을 얻게 되었다는 사실도 알고 있는가? 그 다음 단계는 우리의 영적 성장과 관련해서 "우리의 노력을 통해 우리 스스로 구원할 수 없다면 그리스도 안에서 독자적으로 성장할 수 있다고 생각하는 근거는 무엇인가?"라는 질문을 제기해보는 것이다. 여기에 대한 해답은 우리의 성장이 우리의 구원 못지않게 하나님의 은혜에 달려 있다는 사실을 이미 살펴봄으로써 확인했다.

은혜는 하나님과 새로운 관계를 맺게 해준다

우리는 하나님이 우리에게 손을 뻗어 구원하시기 전까지 우리가 처해 있었던 곤경과, 하나님이 우리에게 은혜를 베푸심으로 구원받은 자로서 우리가 누리고 있는 엄청난 축복을 대조하고 있다. 다음의 예화는 이 대조를 이해하기 위한 것이다.

만약 당신이 동물원에 아이들을 데리고 갔을 때 어린 양이 다가온다면 전혀 두려워하지 않을 것이다. 왜냐하면 어린 양은 위협적이지 않기 때문이다. 오히려 양이 당신의 손을 핥을 수 있게 내밀 것이다.

그러나 동물원 우리에서 사자가 탈출했다는 경고 방송을 들은 지 얼마 되지 않은 시점에서 당신을 향해 달려오는 사자를 보게 된다면 겁에 질려 도망치기 시작할 것이다. 왜냐하면 사자가 어떤 해를 가할 수 있는지를 잘 알고 있기 때문이다. 그런데 우리에서 탈출한 사자가 달려와 당신을 공원 한쪽으로 몰고 가까이 다가와서는 공격하는 대신 어린 양처럼 그저 손바닥을 부드럽게 핥는다고 상상해보라.

그런 일이 일어난다면 어린 양의 부드러움과 사자의 부드러움 가운데 어떤 것에 더 감사하겠는가? 나의 경우 사자의 부드러움에 더 감사할 것이다. 왜냐하면 정상적인 사자라면 자신의 공격적인 본능을 드리내며 당신을 쉽게 해칠 거라는 사실을 알기 때문이다.

은혜는 하나님이 우리를 죄인으로 낙인찍고 하나님의 거룩하심을 거스르지 않는 방법으로 우리를 멸하실 수도 있었지만, 그렇게 하는 대신 우리에게 사랑과 관대함을 베푸시는 것을 말한다. 하나님은 우리를 하나님의 자녀로 만들고 싶어하셨다. 그래서 우리에게 진노하시는 대신, 죄 없는 아들을 십자가에 달려 돌아가시게 함으로써 그 진노를 쏟아 부으셨다. 예수님이 우리가 받아야 할 형벌을 받으셨기 때문에 하나님이 우리를 품으실 수 있었다. 우리는 은혜를 통해 하나님과 새로운 관계를 맺게 되었다.

은혜에 포함된 '하늘'에서의 재배치 프로그램

하나님의 은혜를 아는 것은 성탄절 아침 예쁘게 포장된 커다란 선물 꾸러미들 가운데 하나를 푸는 것과 같다. 우리는 그 속에 들어 있을 온갖 좋은 것들을 상상하며 기대에 차서 손을 깊이 밀어넣고 한참을 휘저은 후 하나를 끄집어내게 된다.

우리는 이렇게 선물을 찾듯 에베소서 2장에서 하나님의 은혜의 말씀을 찾아내야 한다. 하나님이 "너희가 은혜로 구원을 얻은 것이라"는 놀라운 선언으로 끝내셨더라도 우리는 그것만으로 충분했을 것이다. 그러나 은혜는 거기서 끝나지 않는다. 하나님은 죽은 우리를 그리스도와 함께 살리신 후 예수 그리스도가 죽음에서 부활하셔서 하나님 보좌 우편으로 승천하셨을 때 그리스도와 함께 우리도 하늘로 데려가신다고 약속하셨다.

에베소서 2장 6절에는 "또 함께 일으키사 그리스도 예수 안에서 함께 하늘에 앉히시니"라고 적혀 있다. 은혜에는 하늘에서의 재배치 프로그램이 포함되어 있다. 하나님이 은혜로 구원하신 사람들을 일으키시고 동일한 은혜로 그들을 성경이 '하늘'이라고 말하는 곳에 그리스도와 함께 앉히신다.

이런 재배치가 그저 수사적인 표현일 것이라 생각하거나 어느 날 우리가 경험하게 될 좋은 일이라 생각한다면 동사들의 시제를 살펴보라. 하나님이 '일으키사' 그리스도와 함께 '앉히시니'는 이미 이루어진 일이다. 우리가 이땅에서 살고 있기는 하지만 우리의 진정한 삶은 하늘, 즉 성경이 그리스도와 함께 이미 우리를 앉히셨다고 말하고 있는 곳에 있다.

우리는 그리스도가 하나님 우편에 앉아 계신다는 사실을 알고 있다(히 10:12 참조). 그곳은 호의를 입고 권세를 누리는 자리다. 예수 그리스도는 하나님 아버지께 어떤 요청이라도 할 수 있으며, 또 그 요청이 허락되리라는 사실을 이미 알고 있다는 사실을 의미한다. 그렇다면 유혹 속에서 죄를 이길 힘, 지혜, 능력이 우리에게 필요하거나 다른 영적 축복들이 필요하다면 어디서 그것들을 찾을 수 있겠는가? 예수님이 앉아 계시고 그분과 함께 우리가 앉아 있는 하나님 우편에서 찾을 수 있다.

그리스도인으로서 우리 삶의 실체는 예수님과 함께 하늘에 앉아 있는 것이다. 이땅에서의 삶은 그 실체의 그림자일 뿐이다. 우리는 그리스도 안에서 우리를 위한 모든 축복이 마련되어 있는 새로운 자리를 갖게 되었고 우리는 하나님의 은혜로 그곳에 있다.

은혜는 천국에서의 끝없는 축복을 약속한다

하나님이 우리에게 은혜로 주신 복이 놀랍다고 생각하는가? 그것이 다가 아니다. 에베소서 2장 7절은 '이는'이라는 말로 시작된다. 그 말이 중요한 것은 하나님이 왜 우리를 사랑하시고 구원하시며 그리스도와 함께 일으키셔서 그리스도와 함께 하늘에 앉히셨는지를 우리에게 설명해주기 때문이다. 바울은 하나님이 그 모든 일을 하신 것은 "그리스도 예수 안에서 우리에게 자비하심으로써 그 은혜의 지극히 풍성함을 오는 여러 세대에 나타내려 하심이니라"고 기록하고 있다(7절).

이 구절에서 바울은 현재 우리가 누리고 있는 은혜를 이야기하는 것으로부터 영원을 뜻하는 '오는 여러 세대에' 나타날 은혜를 이야기하는 것으로 넘어가고 있다. 하나님은 우리를 위해 만드신 영원한 세계를 어떻게 운영하실 것이라 생각하는가? 하나님의 '관대함' 곧 하나님의 은혜를 우리에게 풍성하게 베푸시는 것을 통해 우리를 얼마나 사랑하시는지를 보여주실 것이다.

다시 말해서 하나님은 우리를 얼마나 사랑하는지 매 순간 새로운 증표들을 통해 영원토록 보여주실 것이라는 뜻이다. 하나님은 그분의 은혜에 대해 우리에게 보여주시고 싶은 것들이 너무나 많다. 그러나 시간과 공간 그리고 우리의 인간성이라는 제한들 때문에 이땅에서 우리는 그것들을 다 받을 수 없다. 그러나 그 모든 제한들은 우리가 그리스도와 함께 있게 될 때 모두 제거되고 하나님이 우리를 위해 예비하신 모든 것들을 받게 될 것이다.

배우자를 물색 중인 여성이 "매 순간 사랑을 속삭이고 매일 새로운 이벤트와 선물을 준비하며 아내를 감동시키는 남자를 만나고 싶어요"라고 말했다고 가정해보자. 당신은 아마도 "그런 사람이 어디 있어요?"라고 묻고 싶을 것이다.

이땅에서는 그런 일이 일어나지 않을 것이다. 왜냐하면 그런 끝없는 은혜라는 관대함을 베풀 수 있는 사람은 없기 때문이다. 그러나 하나님은 영원토록 '하나님 은혜의 풍성함'을 우리에게 보여주실 것이라고 말씀하신다. 천국이 놀랍도록 영광스러운 곳이 될 수 있는 이유는 바로 그 때문이다.

하나님이 이땅에서 주신 모든 복을 생각해보라. 그리고 죄를 포함한 이 땅에서의 모든 제한이 다 제거되면 하나님의 '관대함' 이 얼마나 커질 지 상상해보라. 하나님의 은혜가 끊이지 않는 샘물처럼 계속 흐르게 될 것이다. 그리고 똑같은 선물은 하나도 없을 것이다. 그것은 하나님이 무한하신 분이기 때문이다.

하나님은 이렇게 하늘에서 우리를 기다리고 계신다. 하나님은 우리에게 그것을 숨김없이 말씀하신다. 이렇듯 천국을 숨김없이 약속하는 종교는 기독교 하나뿐이다. 다른 종교나 기독교를 왜곡한 이단 종파들은 그들의 미래에 대해 모호한 입장을 취하는 것이 일반적이다. 그래서 사람들로 하여금 하나님의 은혜를 얻어내기 위해 관행을 지키고 열심히 수고하게 만든다.

내 말을 오해하지 말라. 그렇다고 해서 그리스도인이 수고하지 않아도 된다는 말은 아니다. 이 문제는 뒤에서 에베소서 2장 10절을 살펴보면서 자세하게 다루게 될 것이다. 그러나 하나님의 값없는 은혜에 감사함으로 하나님을 섬기는 것과 우리의 수고를 통해 하나님의 은혜를 얻으려 하는 것은 전혀 다른 것이다. 우리가 그리스도를 신뢰하는 순간 하나님이 우리를 일으키시고 예수 그리스도와 함께 하늘에 앉히셨다. 그것은 하나님의 은혜라 불리는 꾸러미 속에 천국이 포함되어 있기 때문이다.

하나님의 은혜는 우리의 필요를 채우기에 충분하다

성경을 가르치거나 설교를 할 때마다 나는 학생들이나 설교를 듣는 사람들이 제기할 수 있는 질문이나 반대 의견을 예상해보려 한다. 보통 내가 하나님의 은혜라는 주제를 가지고 설교나 강의를 할 때 몇 가지 공통된 질문이 나온다. 예를 들어 하나님은 무한한 은혜의 모든 것을 가지고 계시지만 그것을 우리가 천국에서만 받을 수 있다면 우리가 그곳에 갈 때까지는 어떻게 되는 것인가? 이땅에서 경험하는 고난들을 인내하고 더 나아가 승리하기 위해서 현재 나에게 필요한 은혜는 어떻게 얻을 수 있을까라는 질문이 나오곤 한다.

즉, 많은 그리스도인들은 "그 풍성하고 무한한 하나님의 은혜는 하늘에서만 경험할 수 있는 것인가? 아니면 이땅에서도 경험할 수 있는 것인가?"라는 질문을 안고 있다.

지금 이땅에서 하나님의 은혜를 입으라

나는 성경에서 은혜에 대해 언급하고 있는 가장 강력한 구절을 통해 그 질문에 대답하고 싶다. 그러나 먼저 우리가 여기서 이야기하고 있는 은혜는 구원받기 위한 은혜가 아니라 구원받은 후 그리스도인의 삶을 살아가기 위한 은혜라는 사실을 분명히 해두고 싶다. 풍성한 은혜에 대한 하나님의 약속을 보여주는 구절을 소개한다. 아직 외우고 있지 않다면 반드시 외워두어야 할 말씀이다. "하나님이 능히 모든 은혜를 너희에게 넘치게 하시나니 이는 너희로 모든 일에 항상 모든 것이 넉넉하여 모든 착한 일을 넘치게 하게 하려 하심이라"(고후 9:8).

성경을 자세히 공부하는 학생이라면 "그렇지만 문맥상으로 볼 때 이 구절은 우리에게 착한 일을 하라고 권하는 것처럼 보이는데요"라고 말하고 싶을 것이다. 맞다. 그러나 이 구절에 '모든' 이라는 단어가 사용된 부분들을 잘 확인해보라. 착한 일을 할 수 있는 우리의 역량은 하나님의 은혜로부터 흘러나온다고 말하고 있다. 내가 강조하고 싶은 것은 하나님의 은혜는 이땅에서도 하늘에서와 마찬가지로 우리에게 넘칠 수 있다는 사실이다. 다만 이땅에서는 우리가 하나님의 은혜를 입지 못하게 방해하는 요소들이 많은 반면, 하늘에서는 그런 장애물들이 없다는 차이가 있다.

하나님은 언제나 은혜로 우리를 대하신다. 그리고 우리에게 필요한 모든 은혜를 공급해주실 수 있다. 그러나 내일의 은혜를 오늘로 앞당겨 받을 수는 없다. 임종에 필요한 은혜는 임종을 맞이할 때까지 받을 수 없다. 유혹을 물리치기 위해 필요한 은혜는 유혹을 받게 될 때까지 받을 수 없다. 그러나 하나님은 모든 상황에서 우리의 필요 이상으로 채워주실 수 있는 은혜를 가지고 계신다. 하나님의 보좌는 '은혜의 보좌'(히 4:16)라 불린다.

우리는 모든 창조 세계가 공통적으로 누리고 있는 은총 속에서 우리를 둘러싸고 있는 하나님의 풍성한 은혜를 볼 수 있다. 예를 들면 우리가 숨쉬는 공기 속에서 산소가 바닥나버린 적이 있는가? 지구상에서 동물들의 먹이가 바닥나버렸거나, 바닷물고기와 고래가 헤엄쳐 다닐 물이 말라버린 적이 있는가? 그런 적은 결코 없다. 그리고 태양이 뜨지 못한 적도 없었다. 이런 은총들은 모든 창조물이 함께 누리며 공유하기 때문에 '일반 은총'이라고 부른다.

하나님이 그분의 창조 세계에 일반 은총을 베푸시듯이 하나님의 백성들에게 특별한 은혜를 베푸신다. 만일 한 그리스도인이 "하나님의 은혜가 다 고갈되고 나 혼자 남게 될 정도로 심각한 상황에 처했다"고 말할 수 있는 상황이 벌어진다면 우리는 곤란하게 될 것이다. 그러나 그런 일은 절대 일어나지 않는다.

은혜가 고난을 막아주지 않는다

대부분의 사람들은 하나님이 정말 그렇게 은혜로운 분이시라면 왜 고난이나 시련이 없게 해주시지 않는 것인지 알고 싶어한다. 이렇게 우리의 삶 속에서 자라는 가시를 견딜 수 있는 은혜는 주시면서 아예 그 가시를 자라지 못하게 막아주시지 않는 이유는 무엇인가?

모든 사람에게 다 적용될 수 있는 대답을 할 수는 없다. 하지만 왜 하나님이 바울 사도에게 가시를 주셨는지에 대해서는 알고 있다(고후 12:7-10). 그는 그것을 자신이 너무 자고(自高)하지 않도록 주신 '육체에 가시, 곧 사단의 사자'라고 불렀다(7절). 바울에게 있었던 가시는 신체적인 문제였을 수도 있고 그에게 고통을 주는 사람이나 해결책을 찾을 수 없는 문제였을 수도 있다. 그것이 어떤 것이든지 하나님은 가시를 바울을 겸손하게 하시는 데 사용하셨다. 그리고 "내 은혜가 네게 족하도다 이는 내 능력이 약한 데서 온전하여짐이라"(9절)는 소중한 교훈을 그에게 가르치기 위해 그 가시를 허락하셨다.

바울은 가시를 제거해달라고 하나님께 세 번이나 간청했다(8절 참조). 그에 대한 하나님의 응답은 가시를 견딜 수 있는 충분한 은혜와 그 가시로 인한 인간적인 연약함에도 불구하고 섬길 수 있는 힘을 주셨다. 바울은 가시로 인한 고통에서 벗어나는 것보다 하나님의 은혜와 능력을 더 원했다. 그래서 "도리어 크게 기뻐함으로 나의 여러 약한 것들에 대하여 자랑하리니 이는 그리스도의 능력으로 내게 머물게 하려 함이라"(9절)는 반응을 보였다.

그러므로 우리가 하나님께 질문할 것이 아니라 그분이 우리에게 질문하시도록 해야 한다. 하나님이 우리에게 던지시는 질문은 이렇다. "너의 삶 속에서 풍성한 능력으로 임하는 나의 은혜를 보기 원하느냐?"

이 질문에 "예, 주님. 그 무엇보다 주님의 은혜를 보기 원합니다"고 대답하려면 하나님이 허락하시는 가시들을 받아들일 준비가 되어 있어야 한다. 문제가 생기면 그것은 하나님이 그분의 은혜를 더 많이 보여주실 채비를 하고 계시다는 뜻이다. 왜냐하면 하나님이 우리를 데려가실 곳은 지금 우리가 살고 있는 곳보다 더 나은 곳이기 때문이다. 우리가 알아야 할 것은 '하나님의 은혜가 족하다' 는 사실이다.

하나님의 은혜에 대한 우리의 반응

하나님 은혜의 풍성함에 대한 중요한 원리를 배우기 위해 잠시 에베소서 2장을 떠나 있었다. 이제 다시 돌아가서 우리가 방금 이야기한 것들과도 매우 잘 조화를 이루는 에베소서 2장 8-10절을 살펴보기로 하자. 이 구절들은 우리가 하나님을 위해 할 수 있는 것은 하나님의 은혜를 되갚는 것이 아니라 그 은혜에 감사하는 것이라는 사실을 우리에게 가르쳐주고 있다.

어느 정도 신앙 생활을 한 사람이라면 아마도 잘 외우고 있을 두 구절이 있다. "너희가 그 은혜를 인하여 믿음으로 말미암아 구원을 얻었나니 이것이 너희에게서 난 것이 아니요 하나님의 선물이라 행위에서 난 것이 아니니 이는 누구든지 자랑치 못하게 함이니라"(엡 2:8-9). 바울이 그를 겸손케 하시려고 하나님이 그에게 가시를 두셨다고 말한 것을 기억하는가? 하나님은 하나님의 은혜를 입은 사람이 이를 교만하게 자랑하기를 원치 않으신다.

하나님의 은혜에 보답하는 길은 '감사' 뿐이다

그러나 오직 은혜를 통한 믿음으로 구원을 얻게 된다는 이 놀라운 진술 뒤에 "우리는 그의 만드신 바라 그리스도 예수 안에서 선한 일을 위하여 지으심을 받은 자니 이 일은 하나님이 전에 예비하사 우리로 그 가운데서 행하게 하려 하심이니라"(엡 2:10)는 설명이 바로 이어진다. 그러나 우리가 원하는 모든 죄를 범하거나 또는 하나님의 호의를 받고 아무 일도 하지 않으면서 은혜라는 하나님의 선하심을 이용해서는 안 된다. 우리가 해야 할 일이 있다. 그러나 하나님은 우리가 하나님의 은혜를 되갚고 우리 힘으로 하나님의 호의를 얻어내기 위해 하나님을 섬기는 것을 원치 않으신다. 그렇게 하는 것은 은혜에 반하는 것이다. 하나님은 우리가 그분과 사랑과 은혜의 관계를 맺고 그에 대한 반응으로 하나님을 섬기기 원하신다.

이 책을 쓰는 동안 나는 하나님께 받은 풍성한 은혜와 호의를 되갚으려 하거나, 자신의 힘으로 얻으려는 헛수고를 하는 사람들에게 딱 들어맞는 이야기를 듣게 되었다. 내 친구는 아들이 보고 싶어하는 달라스 메버릭스 팀의 농구 경기 입장권을 구할 수 없었다. 그래서 메버릭스 팀을 후원하는 회사에 근무하는 교인에게 아들과 자신의 입장권을 어디서 살 수 있는지 알아봐달라고 부탁했다.

일주일 후 그 교인은 내 친구에게 봉투 한 장을 건네주었다. 내 친구는 그 봉투 안에 무엇이 들어 있는지 짐작할 수 없었지만 우선 입장권 값을 그 교인에게 내밀었다. 그러나 그는 그저 미소만 지으며 사양했다. 집에 돌아온 내 친구는 봉투를 뜯어보고 크게 놀랐다. 그 속에는 입장권 2장이 아니라 4장이 들어 있었고 더구나 그 입장권은 한 장에 135불이나 하는 귀빈석 티켓이었다. 여기에 덤으로 무료 주차권까지 동봉되어 있었다. 그래서 내 친구는 아들과 아들의 두 친구를 데리고 경기장에 가서 즐거운 시간을 보낼 수 있었다.

그것은 은혜의 선물이었다. 그러나 이야기는 거기서 끝나지 않았다. 경기 중 메버릭스 본부의 중역이 그들이 앉아 있는 곳으로 다가와 메버릭스의 기념품들과 다양한 기록들 그리고 입장권을 구해준 그 교인이 적은 환영의 메시지가 들어 있는 커다란 가방을 세 명의 대학생들에게 각각 나누어주었다. 내 친구는 그 사람의 관대한 행동에 크게 놀랐고 곧 자신이 받은 선물을 되갚을 수 있는 길이 없는지 고민했다. 그러나 그는 되갚아보려 하는 것조차 무례한 일이 된다는 사실을 깨닫게 되었다고 말했다. 그와 아이들이 할 수 있는 일은 그저 감사를 표하고 그 놀랍도록 풍성한 선물을 마음껏 누리는 것뿐이었다.

우리의 섬김은 완수해야 할 의무가 아니다

바울은 자신이 수고할 수 있었던 것은 "내가 아니요 오직 나와 함께하신 하나님의 은혜로라"고 고백하는 한편 "내가 모든 사도보다 더 많이 수고하였으나"(고전 15:10)라고도 말했다. 바울은 그리스도 안에서 선한 일을 위하여 창조되기는 했지만 하나님을 섬기는 그의 일이 자신이 수행해야만 하는 부담스러운 의무가 아니라는 사실을 알고 있었다. 어떤 일에 있어서니 그의 목표는 그리스도를 더욱 친밀하게 아는 것이었다(빌 3:10 참조). 다시 말해서 바울은 의무감 때문이 아니라 하나님을 아는 사람의 입장에서 그분을 섬기는 일에 힘썼다.

은혜는 규정을 준수하거나 또는 끝없는 영적 운동을 통해서가 아니라 하나님과의 관계를 통해서 배양되고 성장된다. 은혜는 교리일 뿐 아니라 또 인격적인 것이기 때문이다(요 1:16, 딛 2:11-12 참조). 그리스도와 우리의 관계가 깊어질수록 은혜를 더 많이 경험하게 되고 그에 따라 영적으로 더 성장하게 된다.

당신의 아이가 넘어져 무릎이 깨졌다고 가정하자. 이 때 당신은 아이에게 의약품 상자를 건네고 다친 무릎을 치료하기 위해 해야 할 일들을 열거한 뒤 "이것이 내가 널 위해 해야 하는 일이란다"고 말하지 않을 것이다. 그럴 부모가 어디 있겠는가?

보통의 부모라면 다친 아이를 품에 안고 눈물을 닦아주며 약을 발라줄 것이다. 왜냐하면 아이와의 관계가 부모가 반응하는 추진력으로 작용하기 때문이다. 그리고 아이는 부모의 은혜로운 행동에 사랑으로 반응한다. 그것이 하나님이 우리에게 원하시는 반응이다.

은혜는 하나님이 모든 것을 다 하시리라 기대하면서 팔짱을 끼고 앉아 아무것도 하지 않는 것을 의미하지 않는다. 은혜는 하나님이 우리를 통해 무엇인가를 하실 수 있도록 우리를 사용하실 수 있게 순종하는 것을 의미한다.

나는 그리스도인들이 하나님의 은혜에 반응하는 방법을 떠올릴 때마다 텍사스에 있는 우리 집 잔디밭에 물을 주는 작업과 연관지어 생각하게 된다. 무덥고 가문 텍사스의 여름 날씨 속에서 잔디밭을 파릇하게 유지하는 데는 상당한 노력이 필요하다. 그 일을 하는 데는 기본적으로 세 가지 방법이 있다. 어떤 사람들은 호스와 스프링쿨러를 끌어다가 계속 옮겨다니며 직접 물을 준다. 그것은 상당히 많은 노동력과 비용이 소요되기 쉽다. 왜냐하면 종종 비능률적이고 필요 이상의 많은 물을 쓰게 되기 때문이다.

잔디밭에 물을 주는 두 번째 방법은 자동 스프링쿨러를 설치하는 것이다. 그 장치를 하고 난 다음 타이머를 설정해두면 스프링쿨러가 자동적으로 작동한다. 그러나 이 방법도 완전한 것은 아니다. 왜냐하면 물이 새거나 스프링쿨러가 제구실을 하지 못하는 일이 일어날 수 있기 때문이다. 따라서 스프링쿨러를 설치한 다음에도 계속 잘 살펴보며 관리해야 할 뿐 아니라 여전히 수도 요금을 지불해야 한다.

잔디밭에 물을 주는 세 번째 방법은 하나님이 하늘을 여시고 잔디밭에 비를 쏟아 부어주시는 것으로, 이것이 가장 좋은 방법이다. 우리는 그저 내리는 비를 바라보며 하나님께 감사하고 비가 그친 후 자란 잔디를 깎아주기만 하면 된다. 하늘이 열릴 때 비는 온 잔디를 고르게 적셔주면서 비용은 공짜다.

자신이 호스를 끌고 다니며 직접 물을 주는 사람과 같은 그리스도인들이 있다. 그들은 자신이 준수해야 할 선행의 목록들을 들고 다니며 성취한 목록에 체크 표시까지 해가면서 혼자 모든 일을 해내려 한다.

또 다른 부류의 사람들은 앞서 예를 든 사람들이 얼마나 많은 일을 하고 있는지를 보면서 자신들 또한 해야 할 일이 너무 많다고 생각한다. 그래서 그들은 스프링쿨러 같은 자동 은혜 방식을 사용하려 한다. 이들은 교회에 가서 설교를 듣고 찬송을 부르는 것을 통해 자동적으로 성장하기를 바라며 기다린다.

그리고 일한 준비기 된 세 번째 유형의 사람들이 있다. 말하자면 그들은 잔디 깎는 기계를 준비하고 비를 기다린다. 그러나 그들은 하늘이 열리고 자신들에게 비가 내릴 때 가장 잘 성장할 수 있다는 사실을 알고 있다. 그들은 그 모든 것이 은혜로 된다는 사실을 이해하는 사람들이다.

믿음

영적 성장을 향한 거침없는 실행

영국에 외아들을 끔찍이 사랑했던 부유한 남작, 피츠제럴드(Fitzgerald)가 살고 있었다. 그런데 애석하게도 청년이 된 아들이 병으로 세상을 뜨게 되었다. 피츠제럴드 남작의 마음은 사랑하는 아들을 잃은 슬픔으로 갈기갈기 찢기는 듯했다.

세월이 흐른 후 남작도 세상을 떠나게 되었고 그가 수집했던 매우 값진 미술품들이 유품으로 남게 되었다. 피츠제럴드 남작은 그 미술품들이 경매로 팔리기 원한다는 유언을 남겼다. 그에게는 후손이 없었고 그의 아내도 이미 세상을 떠난 상태였다. 경매 날짜가 결정되었고, 전국 각지에서 남작의 전설적인 미술품들에 값을 매길 수 있는 기회를 가지려는 수집가와 업자들이 부푼 기대를 안고 모여들었다.

그러나 경매는 좀 색다른 방법으로 시작되었다. 경매에 붙인 첫 번째 작품은 남작이 사랑했던 아들의 초상화였다. 그 초상화는 경매에 붙여진 다른 작품들만큼 가치가 있거나 훌륭한 작품이 결코 아니었다. 그래서 물건을 사려는 사람들은 남작의 집에서 나온 그 사적인 품목에 어리둥절해했다.

그 초상화는 구매자들이 사기를 원하는 류의 작품이 아니었다. 그래서 경매인이 값을 부를 것을 요구해도 대답하는 사람이 아무도 없었다. 모두들 그 초상화가 치워지고 가치 있는 다른 작품들이 나오길 기다리고 있었다. 그러나 경매인은 그 초상화에 값을 매기도록 계속 요구했고 사람들은 점점 짜증을 내기 시작했다. 그리고 얼마나 시간이 흘렀을까…. 마침내 한 노인이 복도를 따라 들어와 "그 초상화를 원하는 사람이 아무도 없으면 제가 가져가도록 하겠습니다"라고 말했다. 그는 피츠제럴드 남작의 하인으로 일했던 사람이었다.

매매 가격은 아주 작은 금액으로 결정되었고 경매인은 그 노인에게 초상화를 넘겼다. 그런 다음 "경매는 이제 끝났습니다"라고 말했다.

어안이 벙벙해진 사람들이 술렁이기 시작했다. 그리고 한 사람이 "무슨 이런 경우가 다 있어요? 단 하나의 물건만 경매에 붙이고 게다가 그 물건은 별로 중요한 작품도 아닌데 그것으로 경매가 끝났다니 도대체 나머지 경매품들은 어떻게 된 거죠? 그 노인 말고는 그 물건을 원한 사람이 아무도 없었잖아요"라고 따지듯 물었다.

그러나 경매인은 아랑곳하지 않고 "경매는 끝났습니다. 이제 피츠제럴드 남작께서 남기신 유언서를 읽어드리도록 하겠습니다. '내 아들의 초상화를 산 사람에게 내가 수집한 모든 작품들을 그냥 넘겨주십시오. 왜냐하면 내 아들을 내가 사랑했던 만큼 사랑하는 사람에게 보상해주고 싶기 때문입니다.' 그러므로 초상화를 사신 이 신사 분에게 피츠제럴드 남작께서 유품으로 남기신 모든 미술품을 받을 수 있는 자격이 주어졌습니다"라고 말했다.

이 이야기는 우리가 구원을 얻기 위해 예수 그리스도를 믿음으로써 가지게 된 모든 것들을 상기시켜준다. 하나님은 그분의 아들을 사랑하는 사람과 하늘의 보화를 나누고 싶어하실 만큼 하나님의 독생자를 사랑하신다. 성경은 우리를 '하나님의 후사요 그리스도와 함께 한 후사니'(롬 8:17)라고 말하고 있다. 하나님은 "그리스도 안에서 하늘에 속한 모든 신령한 복으로 우리에게 복 주신다"(엡 1:3).

우리가 받은 유산의 일부는 하나님이 우리 안에 주입하신 새로운 본성이다. 그 본성은 하나님의 형상대로 지으시고 하나님께 나아갈 수 있는 능력을 우리에게 주는 것이며, 하나님의 은혜와 하나님을 아는 지식 안에서 자라는 것이다. 내가 말하고자 하는 것은 우리가 그리스도를 믿을 때 하나님이 그리스도와 함께 그 모든 꾸러미를 우리에게 주셨다는 사실이다. 새 생명이라는 점에서 하나님이 우리를 위해 하고자 하신 일은 이미 다 이루어졌다.

그 사실을 이해하는 것이 중요하다. 그래서 새로운 다른 어떤 것을 찾아 뛰어다니는 것이 영적 성장이 아니라 하나님이 이미 우리에게 주신 모든 것들을 발견하는 과정이 영적 성장이라는 사실을 계속 강조하는 것이다. 우리의 성장을 포함해 그리스도인의 삶 속에 있는 모든 것은 기도의 전도체이고 도선이 되며, 우리 안에 거하시는 성령님의 능력을 통해 은혜로 우리에게 주어진 것이다.

이제는 영적 성장을 불러오는 활동인 믿음에 대해 이야기해볼 필요가 있다. 모든 최신식 장치와 편리한 도구들을 장착한 세상에서 가장 성능이 좋은 차를 가지고 있다 해도 차고의 문을 열고 그 차를 탄 다음 고속도로를 달리지 않는 한 그 차가 주는 모든 유익을 누릴 수는 없다. 믿음의 행위는 그 뛰어난 성능을 가진 차를 타기 위해 차고의 문을 여는 것이라 할 수 있다.

믿음은 우리가 오감으로 느낄 수 있는 세계 너머의 영적인 영역과 연결된 하나님이 우리에게 주신 도구다. 그래서 우리의 영적 성장에 매우 중요하다. 하나님을 알고 경험하는 과정들을 믿음으로 실천하는 것이 매우 중요한데, 그 이유는 믿음이 없이는 하나님을 기쁘게 해드릴 수 없고 또한 영적 성장이 불가능하기 때문이다(히 11:6 참조). 그러나 영적 성장을 불러오는 행위로써의 믿음을 말할 때 내가 전하고자 하는 것은 우리 힘으로 모든 것을 다하는 그리스도인들의 경험이 아니다. 이 책을 읽는 내내 그리스도인의 삶은 자기 노력의 문제가 아니라는 사실을 잊지 않기 바란다.

믿음은 또 우리의 뜻을 이루기 위해 하나님을 조종하거나 우리의 환경을 뛰어넘을 수 있게 해주는 마술 지팡이 같은 것도 아니다. 케이블 텔레비전을 통해 설교하는 설교자들 가운데 우리가 해야 할 일은 그저 믿음으로 무언가를 주장하는 것이며, 하나님은 그것을 우리에게 들어주셔야 할 의무가 있는 것처럼 생각하게 만드는 사람들이 많다. 그들은 기적이 일어나지 않는다면 그것은 사람들의 믿음이 너무 작기 때문이라고 생각하게 만든다. 믿음은 우리를 하나님의 초자연적인 자원들과 연결시켜준다. 그러나 하나님은 우리의 뜻이나 계획에 따라서가 아니라 하나님의 뜻과 계획에 따라 그 자원들을 공급해주신다.

그러므로 믿음이 영적 세계로 들어가는 문을 열어주는 수단이 되고 우리의 반응을 요구하는 영적 성장의 중요한 성분이라면, 우리는 무엇보다 먼저 "성경에서 규정하고 설명하고 있는 믿음은 정확히 어떤 것인가?"라는 질문을 던져야 한다.

믿음의 의미

히브리서 11장을 언급하지 않고 믿음의 본질을 논한다는 것은 거의 불가능하다. 앞으로 우리는 모든 교회가 기억하고 사용하는 용어의 한 부분인 위대한 '믿음의 장'을 살펴볼 것이다. 이 장에서는 믿음을 규정하고 그 예들을 생생하게 보여주고 있다.

그러나 그 전에 믿음에 대한 위대한 논의를 기록한 히브리서 11장의 정황을 살펴보도록 하자. 성경을 공부하면서 기억해야 할 기본적인 원칙들 가운데 하나는 모든 성경 본문에는 누군가 잘못된 가르침을 변명하기 위해 그것을 사용하지 못하게 해주는 배경이나 정황이 있다는 사실이다.

하나님의 말씀이 진리임을 아는 믿음

히브리서 11장은 느닷없이 불쑥 나타난 것이 아니다. 히브리서 기자는 그리스도를 따르는 일에서 돌아서고 싶은 마음이 들 정도로 극심한 환난 속에 있던, '유대교 그리스도인들의 공동체(A Community of Jewish Christians)'를 향해 편지를 쓰고 있다. 히브리서의 기본적인 메시지는

'포기하지 말라. 계속 그리스도와 함께하라' 이다.

그 메시지는 그리스도를 저버리고 율법을 따르는 옛 방식으로 돌아가지 말고 대신 그리스도를 가까이 하고 계속 앞으로 나아가라고 충고하고 있으며 히브리서 10장에서 확인할 수 있다. 히브리서 기자는 믿음의 중요성을 강조하는 메시지로 그 경고를 마무리하고 있다. 그는 하박국을 인용해서 "오직 나의 의인은 믿음으로 말미암아 살리라 또한 뒤로 물러가면 내 마음이 저를 기뻐하지 아니하리라 하셨느니라"(히 10:38)고 말하고 있다.

그리고 39절에서 "우리는 뒤로 물러가 침륜에 빠질 자가 아니요 오직 영혼을 구원함에 이르는 믿음을 가진 자니라"는 결론을 내리고 있다. 그리고 우리는 곧 이어 "믿음은 바라는 것들의 실상이요 보지 못하는 것들의 증거니"(히 11:1) 라고 말하고 있는 구절을 읽게 된다. 원문에서는 이 두 구절 사이에 장이나 절의 구분이 없다. 따라서 이 두 구절은 함께 하나의 사상을 이루고 있다.

다시 말해서 히브리서 기자는 "고난에 항복하고 하나님에 대한 믿음을 지키지 못한 채 무익한 삶을 살고 있다면 하나님이 주신 믿음을 구사하고 담대해져야 할 필요가 있다. 그리고 '믿음이란 무엇인가' 라는 생각을 하고 있다면 믿음에 대한 이 정의와 역사 속에서 위대한 믿음을 구사했던 사람들의 예를 보라"고 쓰고 있는 것이다.

앞으로 나가기 전에 분명히 해야 할 것이 하나 있다. 히브리서 10-11장은 구원을 잃게 될 것에 대해 말하는 것이 아니다. 왜냐하면 성경이 그리스도 안에서 우리는 영원히 안전하다는 사실을 분명히 가르치고 있기 때문이다. 그리스도도 하나님도 그 손에서 참다운 그리스도인들이 미끄러져 떨어지지 않게 하실 것이다(요 10:27-30 참조). 하늘에 있는 우리의 미래는 안전한 것이다. 그러나 이땅에서도 하나님 보시기에 유용한 삶을 저절로 살게 되는 것은 아니다. 히브리서 기자는 그리스도인들에게 지옥에서의 영원한 심판을 경고하고 있는 것이 아니라 하나님을 위해 영적으로 성장하지 못하거나 열매를 맺지 못하는 삶에 대해 경고하고 있는 것이다.

믿음과 성장의 관계는 히브리서 5장 11절부터 6장 3절까지 강조되어 있다. 그 구절은 다른 사람들을 오랫동안 가르쳐왔으면서도 성장하지 못하고 있던 히브리인들을 훈계하는 또 하나의 중요한 구절이다. 그들은 '가나다라' 도 잘 배우지 못한 영적 유치원생들이었다. 중요한 것은 영적인 성장과 믿음이 떨어질 수 없게 서로 짜 맞추어져 있다는 사실이다. 하나님 앞에 신실한 삶은 우리가 믿음으로 구원된 것처럼 믿음으로 사는 삶이다.

이제 믿음은 "바라는 것들의 실상이요 보지 못하는 것들의 증거니"라고 말하고 있는 히브리서 11장으로 가보자. 믿음은 우리의 감각으로는 감지할 수 없는 것들과 우리를 연결시켜준다. 믿음은 우리가 보고, 듣고, 느끼고, 맛보고, 만질 수는 없지만 그럼에도 불구하고 매우 실제적인 어떤 것에 대한 흔들리지 않는 신념이다(고후 4:18, 히 11:3 참조). 믿음은 영적인 시각을 가지고 보이지 않는 영역을 볼 수 있게 한다.

구원받는 믿음이란 무엇인가? 그것은 하나님이 우리를 그리스도와 무관한 소망 없는 죄인이라고 말씀하실 때 그 말씀을 사실이라고 믿는 것이다. 그리고 우리가 그리스도만을 온전히 신뢰한다면 하나님이 우리의 죄를 용서하시고, 우리를 하나님의 자녀로 삼으신다고 약속하신 말씀을 지키실 것이라고 확신하는 것이다. 한편 영적인 성장이라는 목적을 이루게 하는 믿음은 하나님이 말씀하신 진리에 따라 행동하는 믿음이다.

히브리서 11장 1절에 나오는 '실상'이나 '증거'와 같은 힘 있는 단어들에 주목하라. 믿음은 일어날 것이라고 막연하게 바라거나 집게손가락 위에 가운뎃손가락을 포개며 행운을 빌거나 별을 보고 소원을 비는 그런 것이 아니다. 성경은 로마서 4장 18절에서 '아브라함이 바랄 수 없는 중에 바라고 믿었으니'라고 말한다. 그러나 그의 믿음은 '하나님의 약속'[20절]을 의심치 않는 견고한 믿음이었다.

성경이 말하는 믿음은 하나님의 말씀에 계시된 하나님의 성품과 약속에 대한 흔들리지 않는 확신이다. 믿음은 하나님의 신실하심을 신뢰한다. 왜냐하면 하나님은 눈에 보이지 않는 실체에 대한 진리를 말씀하시는 분이라고 믿기 때문이다. 믿음은 우리의 감각을 능가하는 초자연적인 영역으로 우리를 데려간다.

참 믿음은 눈에 보이지 않는 하나님을 믿는 것이다

믿음이 우리의 오감을 초월하는 것이라면 우리를 인도하는 우리의 감각을 의지하는 믿음과는 상반되는 것이 아닌가? 우리 앞에 있는 것을 보는 데는 믿음이 필요하지 않다. 그러나 성경은 "우리가 믿음으로 행하고 보는 것으로 하지 아니함이로라"[고후 5:7]고 말하고 있다. 바울은 로마서 8장에서 믿음과 보는 것의 뚜렷한 대조에 대해 보다 분명하게 이야기하고 있다. "우리가 소망으로 구원을 얻었으매 보이는 소망이 소망이 아니니 보는 것을 누가 바라리요 만일 우리가 보지 못하는 것을 바라면 참음으로 기다릴지니라"[24-25절].

많은 그리스도인들이 성장하지 못하고 그리스도의 생명이 우리를 통해 표현되는 것을 더 많이 보지 못하는 이유는 그들의 믿음이 보는 것 그 이

상까지 미치지 못하기 때문이다. 성경은 믿음이 없이는 하나님을 기쁘시게 할 수 없다고 말한다(히 11:6 참조). 하나님을 믿지 않는 것은 본질적으로 하나님을 거짓말쟁이라고 비난하는 것이다. 하나님을 신뢰하지 못하여 하나님을 기쁘시게 하지 못할 때 우리는 우리 삶 속에서 일하시는 하나님을 볼 수 없다. 믿음은 우리의 감각이 끝나는 곳에서 시작된다. 만약 볼 수 있게 된다면, 우리는 하나님을 신뢰해야 할 필요를 느끼지 못한다. 그리고 우리는 그리 멀리까지 볼 수 없기 때문에 우리 눈에 보이는 대로 행한다면 우리는 하찮은 삶을 살 수밖에 없다.

아프리카산 영양은 한 번에 높이 3미터, 넓이 10미터로 뛰어오를 수 있다. 그러나 그 영양은 약 1미터 높이의 우리에 가두어둘 수 있다고 한다. 영양은 그 우리를 부수고 도망칠 수 있을 만큼 높이 뛰어오르는 힘을 가지고 있지만 착지할 곳을 볼 수 없으면 뛰어오르지 않기 때문이다. 즉, 영양은 보이는 것만을 의지해서 살아가는 것이다. 그래서 우리 안에 쉽게 가두어 둘 수 있다.

눈에 보이지 않는 믿음의 요소는 중요한 것이다. 그러나 그것만이 다는 아니다. 믿음의 대상이 무엇보다 중요하다. 산타클로스를 믿는 아이들도 있고, 이를 뽑아 베개 밑에 두면 이의 요정이 날아 들어와 베개 밑에 돈을 두고 간다고 믿는 아이들도 있다.

그러나 문제는 그 대상이 진정한 실체가 아니기 때문에 그런 믿음은 허망한 것이라는 점이다. 산타클로스는 신화적인 인물이다(내가 누군가의 크리스마스를 망치지 않기를 바란다). 이와 관련해 아이들에게 시내 상점가에 있는 산타클로스를 보여주어도 되는 것인지를 알고 싶어하는 부모들이 있다. 아이들이 산타클로스가 실제 인물이 아니라 단지 크리스마스의 한 상징이라는 사실을 이해하기만 한다면 문제가 되지 않을 것이다.

문제는 부모들이 아이들에게 흰 수염을 달고 있는 그 뚱뚱한 사람이 굴뚝을 타고 내려온다고 믿게 만들 때다. 산타클로스를 믿으면서 자란 사람들 가운데 훌륭한 성인이 된 사람들이 많다는 사실을 나도 알고 있다. 그러나 그것은 이와는 별개로 실재가 아닌 대상을 믿는 잘못된 믿음이다. 믿음은 그것의 대상이 참된 만큼만 참된 믿음이 될 수 있다.

한번은 아이오와에서 설교를 하게 되어 있었고 그곳 사람들이 내게 개인 전용 비행기를 보내주기로 했다. 내 아내도 함께 가기로 했지만 아내는 아이오와까지 소형 비행기로 날아가고 싶지 않다고 했다(사실 아내는 대형 비행기로 가는 것조차도 별로 달가워하지 않았다). 그래서 나는 아내에게 "당신 믿음이 너무 작아"라고 말했다.

그러자 아내는 "아니요, 너무 작은 건 비행기에요. 내 믿음은 커요. 하지만 소형 비행기를 믿는 믿음은 아니에요"라고 대답했다. 우리는 결국 대형 비행기를 타고 갔다. 아내의 믿음은 비행기의 크기가 커질수록 그만큼 더 커졌다. 아내의 믿음의 대상은 그녀가 신뢰하기에 합당한 것이어야 했다. 성경이 말하는 믿음은 실제적인 것이다. 왜냐하면 하나님이 그런 분이시기 때문이다. 하나님의 성품과 약속을 더 잘 알면 알수록 우리 믿음은 그만큼 더 실제적인 것이 될 것이다. 그리고 우리의 믿음이 커지면 커질수록 하나님을 더 많이 경험하게 되고 우리 삶 속에서 더 많은 성장이 이루어질 것이다.

믿음은 하나님이 말씀하신 대로 행동하는 것이다

나는 믿음에 대해 하나님이 그렇다고 말씀하셨기 때문에, 그렇지 않을 때에도 된다는 확신을 가지고 그런 것처럼 행동하는 것이라는 정의를 좋아한다. "그렇지만 그건 사실이 아닌 것을 사실처럼 받아들이라는 말처럼 들린다"고 이의를 제기하고 싶은 사람들도 있을 것이다. 그러나 그렇지 않다. 믿음은 그런 척하는 것이 아니다. 우리는 지금 증거가 없을지라도 하나님이 말씀하신 것을 사실이라고 믿는 믿음에 대해 이야기하고 있다. 그리고 그 믿음을 기초로 행동할 때 그 사실을 자신이 진심으로 믿고 있다는 것을 알게 된다.

그 좋은 예로 '많은 민족의 조상'이 될 것이라는 하나님이 약속을 믿은 아브라함을 들 수 있다(롬 4:17 상반절 참조). 아브라함과 그의 아내 사라는 아이를 가질 수 없는 노부부였다. 그러나 성경은 아브라함이 '죽은 자를 살리시며 없는 것을 있는 것같이 부르시는 이'인 하나님을 믿었다고 말하고 있다(17절 하반절 참조). 아브라함에게는 자녀가 없었고 인간적으로 볼 때 자녀를 가질 수 있는 가능성도 없었다. 그러나 그는 하나님이 그렇다고 말씀하셨기 때문에 비록 눈에 보이지 않을 때에도 이루어주실 것을 믿고 그런 것처럼 행동했다.

믿음은 "하나님, 저에게 말씀하실 때마다 그 말씀은 진리이며 그 진리에 제 생명을 걸 수 있음을 알고 있습니다"라고 고백할 수 있게 해준다. 믿음은 하나님에 대해 우리가 생각하고 있는 것을 입증해준다. 그런데 애서하게도 우리들 가운데 많은 사람들이 하나님보다 자기 자신을 더 많이 확신하고 있는 것처럼 행동하고 있다. 믿음이 하나님의 약속과 능력을 가질 수 있게 해주는 행위라면, 우리는 그 믿음이 부족함으로 인해 하나님의 초자연적인 일을 볼 수 없게 될 것이다. 그리고 다른 사람들과 다를 바 없는 삶을 살게 될 것이다.

히브리서 11장에 나오는 믿음의 용사들은 그들이 하나님을 믿고 있다고 말한 그대로 행동한 사람들이었다. 노아는 믿음으로 망치를 꺼내 들고 방주를 만들었다. 아브라함은 믿음으로 우르에 있는 집 마당에 '집 팝니다'라는 표지판을 세웠다. 모세는 히브리 종들과 함께하기 위해 바로의 궁전을 떠났다. 그렇다고 당신 역시 믿음으로 현재 자리에 앉아 있는 것이라고 말하지 말라.

노아, 아브라함, 모세와 같은 사람들은 하나님이 직접 그들에게 말씀하셨기 때문에 오늘날 우리가 그렇게 하는 것보다 훨씬 쉬웠을 것이라고 주장할 수도 있다. 맞는 말이다. 하나님은 그들 앞에 나타나서 말씀하셨다. 그러나 그 때문에 그들이 쉽게 순종할 수 있었던 것은 아니다. 노아는 120년 동안 비가 오지 않았음에도 불구하고 방주를 만들었다. 모세는 '십계'라는 영화를 보지 못했고, 자신이 한 민족의 해방을 이끌리라고는 전혀 예상치 못했다. 그러므로 그들이 우리보다 훨씬 쉽게 믿음을 가질 수 있는 상황이었다는 주장에는 어폐가 있다.

우리에게는 완성된 하나님의 말씀이 있기 때문에 초기 성도들보다 더 유리한 입장에 서 있다. 하나님은 족장들에게 말씀하셨던 것같이 우리에게도 분명하게 말씀하신다. 그리고 우리는 여전히 인생의 난기류를 경험해야 한다. 갑작스러운 난기류를 만나 기체가 흔들리거나 떨어지기 시작하는 비행기에 탑승하고 있었던 경험이 있는가? 그 순간 가슴이 철렁 내려앉고 속이 뒤틀렸을 것이다.

그러나 인터컴을 통해 "기체의 흔들림은 사소한 문제로 인한 것이며, 그 원인은 곧 해결될 예정입니다"라는 기장의 설명이 조용하게 흘러나오는 순간 안도감을 느꼈을 것이다. 얼마나 위험하게 느껴졌든 간에 전혀 위험한 상황이 아니었다는 사실을 알게 될 때 그 사실을 알리는 기장의 말을 믿을 수도 있고 아니면 방금 보고 느꼈던 상황을 믿을 수도 있다. 그 선택에 따라 긴장한 상태로 좌석 팔걸이를 꽉 잡고 남은 비행을 불안하게 하거나, 반대로 좌석에 편안하게 앉아 남은 시간을 즐길 수 있게 된다. 믿음은 우리 감각의 한계 이상으로 우리를 나아가게 한다. 그래서 우리는 하나님이 말씀하신 것이라면 무엇이든지 사실로 믿게 된다. 간단히 핵심만 말하자면, 믿음은 하나님이 진리를 말씀하신 것처럼 행동하는 것이다.

믿음의 메커니즘

믿음의 의미를 아는 것과 함께 믿음이 어떻게 작용하고 어떤 역할을 하게 되는지 믿음의 메커니즘을 이해하는 것은 중요하다. 우리가 믿음의 메커니즘이라는 단어를 사용할 때 일반적으로 의미하는 그런 기계적인 과정을 말하는 것은 아니다. 성경은 우리에게 믿음이 우리 삶 속에서 어떻게 작용하는지를 잘 보여주고 있다.

그 중 하나는 바울 사도가 그의 편지를 읽는 성도들이 영적인 통찰력을 얻을 수 있도록 기도했던 긴 구절 가운데 묻혀 있다. 그 기도는 에베소서 3장 14-21절에서 볼 수 있는데 거기서 바울 사도는 "이러하므로 내가 하늘과 땅에 있는 각 족속에게 이름을 주신 아버지 앞에 무릎을 꿇고 비노니 그 영광의 풍성을 따라 그의 성령으로 말미암아 너희 속사람을 능력으로 강건하게 하옵시며 믿음으로 말미암아 그리스도께서 너희 마음에 계시게 하옵시고"(14-17절 상반절)라고 기도했다.

그리스도가 우리 안에 편안하게 거하시도록 해드린다

내가 위에서 17절 상반절까지만 인용한 것은 그 마지막 부분에 초점을 맞추고 싶기 때문이다. 바울은 우리가 그리스도인으로서 성령의 능력으로 말미암아 우리의 속 사람이 강건해지고, 믿음으로 그리스도가 우리 마음에 계실 수 있게 되기를 기도했다. 여기서 바울이 간구한 것은 우리의 구원 그 이상이다. 물론 구원이 분명히 포함되어 있기는 하다. 그리스도가 우리 안에 처음 거하시게 되는 때가 바로 우리가 구원을 받는 그 때이기 때문이다.

그러나 여기서 '거하다'는 말은 그저 '들어와 주거를 정하다'라는 뜻 이상이다. 자기 집처럼 편안하게 여기며 집을 관리하고 운영한다는 뜻이다. 바울은 에베소 교인들이 그들의 삶을 그리스도께 내어드리고 그분이 그들을 온전히 다스리실 수 있게 해드리길 원했다. 그래서 그리스도가 그들 마음속에서 편안하게 거하시며 성령의 능력을 통해 그들을 성장시키고 영적인 열매를 맺게 하시기를 기도했다.

다시 말해서 믿음은 그리스도가 우리 삶 속에 들어오실 수 있게 문을 활짝 열어드리고, 그 다음 그분이 방마다 들어가셔서 낡은 것들은 버리시고 새롭게 하시는 일 등 그리스도가 원하시는 일은 무엇이든 다 하실 수 있게 자유를 드리는 장치다.

누군가가 그렇게 할 수 있는 자유를 가지게 된다면 환영받고 있다고 느끼고 자기 집에 있는 것 같은 편안함을 느낄 것이다. 그러나 편안하게 느껴지지 않는다면 그 집 안에서 행동하는 것에 제한을 받고 있다는 반증이 된다. 그리스도인으로 자라기 원한다면 그리스도가 마음속에 거하셔야 한다. 이 때 '믿음'만이 그리스도를 편안하게 거하시도록 해드릴 수 있다.

이 원리를 잘 보여주는 예를 소개한다. 인기 케이블 TV 프로그램 가운데 의뢰받은 시청자의 집을 리모델링해주는 내용의 리얼리티 쇼가 있다. 프로그램의 진행 과정을 간단히 소개하면, 두 부부나 두 가족의 동의 하에 서로 집을 바꾸고, 사전 승인이나 약속 없이 서로의 방을 다시 꾸민다. 그 프로그램에 참여하는 사람들은 집 열쇠를 프로그램을 진행자에게 주고 그는 다시 상대편 출연자에게 집 열쇠를 건네준다. 그리고 그들은 상대편 사람이 살던 집의 양탄자를 걷어내고, 커튼과 액자들을 제거하며, 가구들을 버리거나 새롭게 칠을 하는 등 자신들이 바꿔야 할 필요가 있다고 결정한 일들을 거침없이 실행한다.

믿음으로 우리 마음의 열쇠를 그리스도께 내드린다

다른 사람들에게 집의 열쇠를 내주고 내부를 뜯어 고치도록 허락하는 것은 그들에게 내 집처럼 편안하게 지내라고 허락하는 것과 같은 의미다. 우리는 이렇듯 타인에게도 집 열쇠를 맡기는 믿음을 보이면서 하물며 그리스도께 우리 마음 열쇠를 건네 드리고 우리 마음속에 거하시며 마음을 다스리게 해드리는 것이 당연하지 않겠는가? 그렇게 할 때 확실한 것 한 가지가 있다. 집을 개조하는 프로그램에 참여했다가 그 결과를 보고 실망하는 사람들처럼 그렇게 불만스러운 결과는 결코 발생하지 않는다는 사실이다.

믿음으로 그리스도가 우리 안에 거하시게 해드릴 때 그런 일은 일어나지 않는다. 그리스도께 우리 마음이라는 집의 열쇠를 내드리면 그리스도는 사랑, 기쁨, 평안 및 다른 성령의 열매들로 그 집을 '장식'하시고 우리가 성령의 능력을 덧입을 수 있도록 배선을 바꾸신다. 바울은 계속해서 에베소서 3장에서 우리가 "능히 모든 성도와 함께 지식에 넘치는 그리스도의 사랑을 알아 그 넓이와 길이와 높이와 깊이가 어떠함을 깨달아 하나님의 모든 충만하신 것으로 너희에게 충만하게 하시기를 구하노라"(18-19절)고 말했다. 그것이 바로 우리 안에 그리스도가 거하실 수 있게 해드릴 때 우리가 기대할 수 있는 영적 성장이다.

성경은 또 그리스도로 옷 입는 것이라는 유추를 사용하고 있다. "누구든지 그리스도와 합하여 세례를 받은 자는 그리스도로 옷 입었느니라"(갈 3:27). 그것은 이미 이루어진 일이다. 그러나 우리는 또 "오직 주 예수 그리스도로 옷 입고 정욕을 위하여 육신의 일을 도모하지 말라"(롬 13:14)는 명령을 받고 있다. 이것이 그리스도 안에 있는 우리의 신분과 우리의 현재 처지 또는 상태 사이의 차이점이다. 앞에서 설명했던 것처럼 표현하면 '그리스도가 우리 안에 거하시고 또 우리 안에서 집에 있는 것처럼 편안하게 거하고 싶어하신다' 고 말할 수 있다.

믿음의 척도

믿음은 하나님의 보이지 않는 것들에 대한 흔들리지 않는 확신으로, 그리스도가 우리 삶을 전적으로 다스리시게 해드리는 행위라는 것을 알게 되었으므로 이제 믿음의 척도에 대해 이야기해보도록 하자. 우리가 제기하는 질문은 믿음은 행위인데, 예수 그리스도를 아는 지식과 은혜 속에서 성장할 때를 어떻게 알 수 있는가 하는 것이다(벧후 3:18 참조).

행함이 있는 믿음인지 보라

분명히 있다. 하나님의 말씀에 나오는 몇 가지 방법을 보기로 하자. 야고보서 2장에서 우리는 우리 믿음의 크기를 측정할 수 있는 매우 실제적이고 강력한 '척도'를 볼 수 있다. 야고보는 "내 형제들아 만일 사람이 믿음이 있노라 하고 행함이 없으면 무슨 이익이 있으리요"(약 2:14)라는 말로 그의 변론을 시작했다.

먼저 짚고 넘어가야 할 사실은 야고보가 '어떻게 구원을 받고 천국에 갈 수 있는가'가 아닌, '이 땅에서 어떻게 살아야 하는가'라는 관점에서 믿음에 대해 이야기하고 있다는 사실이다. 그렇기 때문에 그는 동료 그리스도인에게 "평안히 가라, 더웁게 하라, 배부르게 하라"(16절 참조)는 빈말만 듣고 빈손으로 돌아가야 하는 헐벗고 굶주린 형제 자매를 예로 들고 있다. 이어 그는 "이와 같이 행함이 없는 믿음은 그 자체가 죽은 것이라"(17절)는 신랄한 비판을 하고 있다.

그러므로 우리를 찾아온 배고픈 사람을 붙잡아 앉히고, 성경을 통해 우리의 필요를 채워주시는 하나님의 약속들을 보여주고 기도해준 다음 그냥 배고픈 채로 돌아가게 해서는 안 된다. 이러한 행위에 대해 야고보는 우리가 그저 시간만 낭비한 것이라고 말한다. 많은 그리스도인들이 교회에 다니며 시간을 낭비한다. 그들은 하나님의 말씀을 귀로 듣지만 이를 행동으로 옮기지 않는다. 그러나 믿음은 행위이기 때문에 이들이 진정한 믿음을 가졌다면 행위로 나타났을 것이다. 그러므로 자신의 믿음을 평가해보고 싶다면 믿음이 행위로 표현되고 있는지 아닌지를 살펴보라.

한 농촌 마을에 오랫동안 비가 오지 않았고 그래서 농사를 짓기 힘든 어려운 상황에 처했다. 그래서 그 마을의 목사들이 기도회를 열기로 하고 그 지역 사람들에게 종교적인 상징물이 될 만한 것들을 가지고 모두 마을 광장에 모이게 했다. 기도회에 참석한 사람들은 성경책과 십자가를 비롯해 그 밖의 여러 가지 종교와 관련된 물건들을 가지고 나왔다. 그들은 모두 하나님께 비를 내려주시기를 간청했다. 그러나 아무 일도 일어나지 않았다. 그리고 얼마 후 모두 집으로 돌아갔다.

다음 날 한 청년이 혼자 마을 광장으로 나가 "하나님, 비가 필요합니다. 우리에게 하나님의 능력을 보여주시고 비를 내려주십시오"라고 짧게 기도했다. 그가 기도하는 동안 하늘이 어두워지고 천둥이 치기 시작하더니 곧 빗방울이 떨어졌다.

비가 내리자 마을 사람들을 기뻐했다. 동시에 그들은 자신들이 할 수 없었던 일을 어떻게 그 어린 청년이 할 수 있었는지 궁금했다. 그들은 비가 오기를 간절히 바라며 모든 종교적인 상징물들을 들고 마을 광장에 모였었다. 그러나 그 청년은 우산을 들고 기도하러 갔다. 그것이 다른 점이었다. 그는 하나님이 기도에 응답하실 것을 기대했고 말뿐 아니라 행동으로 자신의 믿음을 표현했다.

하나님께 비가 오게 해달라고 기도할 때는 우산을 준비하라. 우리는 비가 올 것이라는 기상 예보가 맞지 않을 때가 허다한 데도 불구하고 기상 예보를 보고 우산을 준비한다. 그러나 결코 틀리지 않는 하나님의 말씀을 행동으로 옮기는 데는 종종 실패한다.

신실하신 하나님을 경험하라

우리는 앞에서 아브라함이 가나안을 향해 가기 위해 우르를 떠났다는 사실을 통해 그의 참된 믿음을 확인할 수 있었다. 야고보도 순수한 믿음에는 '눈으로 볼 수 있고 판단할 수 있는 행위'가 따른다는 논지를 입증하면서 아브라함에게 일어났던 또 다른 한 사건을 그 예로 들었다(약 2:21-23 참조).

그것은 이삭을 제물로 바친 일이었다. 그 일은 아마도 인간에게 요구된 가장 위대한 믿음의 행위였을 것이다. 그 사건은 창세기 22장에 자세하게 기록되어 있다. 야고보는 "우리 조상 아브라함이 그 아들 이삭을 제단에 드릴 때에 행함으로 의롭다 하심을 받은 것이 아니냐"(21절)라고 물었다.

아브라함은 하나님을 믿었고 의롭다 하심을 입었다(창 15:6 참조). 그러나 하나님은 여전히 믿음을 드러내는 아브라함을 보고 싶어하셨다. 그분은 이삭을 제물로 바치려는 아브라함을 저지하신 후 "이제야 네가 하나님을 경외하는 줄을 아노라"(창 22:12)고 말씀하셨다.

아브라함의 믿음이 참된 것이라는 사실을 하나님은 이미 알고 계시지 않았을까? 물론 알고 계셨다. 그러나 아브라함도 그 사실을 알 필요가 있었다. 그리고 그 사실을 알게 되는 가장 좋은 방법은 믿음의 시련을 경험하는 것이다. 그래서 하나님은 종종 우리에게 그런 상황을 겪게 하신다. 우리가 하나님을 신뢰하는지를 보고 싶어하신다. 하나님이 이치에 맞지 않는 것처럼 보이는 일을 우리에게 하라고 말씀하실 때에도 우리가 하나님을 신뢰하는지 보고 싶어하신다.

하나님은 또 우리의 믿음을 시험하심으로 시련 속에서 하나님과 동행하면서 그분의 신실하심을 경험하게 하신다. 하나님을 신뢰한다고 말하는 것과 구체적으로 "불 속에서 하나님을 신뢰했고, 하나님이 그 불 속에서 함께하시며 인도해주셨기 때문에 나는 하나님이 실재하신다는 것을 알고 있다"라고 말할 수 있는 것은 천지 차이다. 하나님은 우리가 우리의 친구들이나 감정, 논리보다 하나님을 더 신뢰하기를 바라신다.

영적 성장은 우리의 믿음을 실행에 옮길 것이 요구되는 기로에 서 있을 때 일어난다. 아브라함의 믿음이 이삭의 목숨을 살려주신 하나님을 본 후 더 강해졌다고 생각하는가? 예를 들면 가난한 사람들을 돌보기 위해 자신을 희생하면서 '그리스도 예수 안에서 영광 가운데 그 풍성한 대로'(빌 4:19) 우리의 모든 필요를 채워주시겠다고 하신 하나님의 약속이 현실로 드러나는 것을 보게 된다면 우리의 믿음이 더 강해질 것이라 생각하는가?

풍선을 높이 띄우고 싶으면 헬륨으로 풍선을 채우면 된다. 풍선은 헬륨이 활동하는 하나의 환경일 뿐이다. 하나님은 우리를 더 높은 곳으로 데려가고 싶어하신다. 그러나 하나님은 우리를 그분으로 채우실 수 있을 때에만 그렇게 하실 수 있다. 그리고 우리가 하나님을 신뢰하지 않으면 하나님으로 우리를 채우실 수가 없다. 그리고 믿음으로 말만 앞세우고 믿음으로 살고자 하지 않는다면 우리는 하나님을 정말로 신뢰하고 있는 것이 아니다. 우리의 믿음에 행함이 따르지 않는다면 그 믿음은 죽은 믿음이라고 야고보는 말한다. 지금 하나님을 신뢰해야 할 장소에 있는가? 하나님이 행하기를 원하시는 일을 믿음으로 행하라. 그리고 당신의 영적인 삶이 꽃 피우는 것을 보라.

성령

영적 성장을 진두지휘하시는 분

어느 날 한 상점에서 우리가 상상할 수 있는 가장 놀라운 냉장고를 보았다고 하자. 그 냉장고는 아주 크고 우리가 원하는 모든 옵션들이 부착되어 있을 뿐 아니라 새로운 기능까지 추가되어 있다. 보통 냉장고보다 훨씬 더 비싸지만 당신은 그만큼의 값어치가 있다고 생각했기 때문에 그 냉장고를 샀다고 하자.

당신은 새로 산 냉장고를 주문하고 돌아오는 길에 농수산물센터에 들러 음식물을 많이 구입했다. 냉장고는 당신이 집에 온 시간에 맞춰 도착했다. 새 냉장고를 주방에 들여놓자 금새 분위기가 환해졌고 당신은 한껏 기분이 고조되어 방금 사 온 음식물들을 가지런하게 채워 넣었다. 이윽고 당신은 아침 메뉴를 계획하며 잠자리에 들었다.

다음 날 아침 당신은 기대하는 마음으로 부엌으로 달려가 냉장고 문을 열었다. 그런데 우유는 상해 있었고, 아이스크림은 녹아서 냉장고 바닥으로 흘러내렸으며, 야채들은 색이 변해 있었다. 새로 산 냉장고가 작동을 하지 않았던 것이다. 당신은 당장 냉장고를 산 대리점에 전화를 걸어 최대한 자세하게 상황을 설명했다.

상대방은 깜짝 놀라며 "그럴리가 없는데요. 냉장고 문을 열고 표시등이 켜지는지 확인해 보시겠습니까?"라고 말했다.

냉장고에 가서 문을 열어보았다. 표시등이 들어오지 않았다. "냉장고에 불이 들어오지 않습니다."

그러자 그는 "냉장고에 귀를 가까이 대고 모터가 돌아가는 소리가 나는지 확인해주시겠습니까?"라고 말했다. 그래서 그렇게 해보았지만 아무 소리도 나지 않았다. 그 말을 들은 상점 주인은 "냉장고 뒤에 전기 코드가 있어요. 그 코드가 전원에 연결되어 있는지 확인해주세요"라고 말했다. 냉장고 뒤를 살펴보았더니 판매자의 말대로 플러그가 꽂혀 있지 않았다.

다시 전화기를 들고 "플러그가 꽂혀 있질 않네요. 그렇지만 이 냉장고에 제가 지불한 돈의 액수를 생각해보면 그건 문제가 되지 않아야 하는 것 아닙니까? 어쨌거나 작동해야 하는 것 아닌가요?"라고 말했다.

만일 당신이 그렇게 말한다면 냉장고를 판 사람으로부터 전자 제품들이 어떻게 작동하는지에 대한 간단한 수업을 받게 될 것이다. "아니요. 오해를 하고 계시는군요. 전자 제품들은 정해진 원리대로 작동합니다. 음식을 차게 하거나 얼리는 데 필요한 모든 부품들이 냉장고에 다 구비되어 있어도 전기라는 동력이 없으면 작동하지 않도록 만들어져 있습니다."

아무리 값 비싼 냉장고라 할지라도 플러그를 꽂아 전원을 연결하지 않는다면 무용지물이 되어버릴 것이다. 냉장고는 전기 에너지로 작동되도록 되어 있기 때문이다. 그와 마찬가지로 우리의 영적인 생명도 힘의 원천이 되시는 성령님과 연결되지 않으면 생명력을 가질 수 없다.

우리를 구원하신 하나님은 우리가 영적으로 성장하고 승리하는 데 필요한 모든 요소들을 다 주셨다. 우리는 성경이 우리의 새로운 본성이라고 말하는 것을 우리에게 주셨다는 사실을 앞에서 이미 살펴보았다. 하나님은 우리에게 새로운 마음, 생각, 양심, 감정들을 주셨다. 이들 모두 예수 그리스도의 죽음과 부활에 의해 우리에게 효력을 미치게 된 새 언약을 통해 주어지는 것들이다.

그러나 우리는 의존적인 피조물이다. 우리 힘만으로 일하도록 만들어지지 않았다. 우리 안에 사시는 성령님의 능력을 덧입을 때에만 우리는 우리가 살도록 예정되어 있는 삶을 살게 될 것이다. 그 능력을 의존하지 않는다면, 새로운 본성이라는 우유가 시큼해지기 시작하고 경건한 삶이라는 아이스크림이 녹아 내리기 시작하며 성령의 열매라는 과일이 누렇게 변하기 시작할 것이다.

성령님은 새로운 피조물이 된 우리의 삶을 생생하고 실제적으로 경험하게 만드는 초자연적인 하나님의 선물이다. 성령님은 그리스도인의 삶을 자라게 하고 얼매를 맺게 하는 근원이시다. 그 근원에 연결되어 있지 않으면 우리는 계속 영적인 침체를 겪게 되고 성장을 멈추게 될 것이다.

그러나 일단 성령님과 연결되면 초자연적인 삶의 경이로움을 경험하게 될 것이다. 값비싼 냉장고처럼 우리 영적 삶의 적정 온도를 유지하면서 우리가 상하고 망가지지 않도록 보호해주시는 하나님의 은혜는 우리의 새로운 본성이라는 도관을 통해 흐르게 되기 때문이다.

하나님의 선물인 성령

우리 안에 거하시는 성령님은 우리에게 주신 하나님의 놀라운 선물이라는 사실을 종종 기억할 필요가 있다. 요한복음 7장 37-39절에 보면, 예수님을 믿는 사람들은 "그 배에서 생수의 강이 흘러나리라"고 기록되어 있다.

우리는 곧 그 말씀을 살펴볼 것이다. 그러나 그에 앞서 39절을 먼저 보면 "이는 그를 믿는 자의 받을 성령을 가리켜 말씀하신 것이라(예수께서 아직 영광을 받지 못하신 고로 성령이 아직 저희에게 계시지 아니하시더라)"고 설명하고 있다.

선물은 다른 사람에게 받는 물품이다. 그런데 성령님은 물건이 아닌 인격체이시다. 실제로 삼위 일체 하나님의 서열 세 번째시다. 그러나 예수님은 그분이 우리에게 주시는 풍성한 삶과 성령님을 선물이라고 말씀하셨다. 예수님이 이 말씀을 하실 때 성령님은 아직 임하지 않으셨다. 왜냐하면 성령님은 예수님이 승천하신 후 오순절이 되어서야 임하셨기 때문이다.

안타깝게도 오늘날 많은 그리스도인들이 삼위 일체의 한 분이신 성령님을 잊고 있다. 성령님이 계신다는 것은 알고 있지만 무슨 일을 하시는지 그리고 왜 그분이 중요한지를 모르고 있다. 그러나 우리의 영적 성장이라는 면에 있어서 성령님은 삼위 일체 하나님의 한 위격이신 분으로 가장 활동적이시다. 그러므로 그분에 대해 좀 더 알아보기로 하자.

성령님은 어떻게 일하시는가

십자가 사건과 오순절 사건이 일어난 이후 시대를 살고 있는 그리스도인으로서 우리는 눈에 보이지 않는 예수님과 성령님에 익숙해져 있다. 한편 예수님이 육체를 입고 우리와 함께 사신다는 것이 어떤 것인지에 대해서는 잘 모르고 있다. 그러나 예수님의 제자들은 그 경험을 했다. 그리고 예수님이 십자가에 달리시기 전날 밤 곧 세상을 떠나실 것과 성령님이 오실 것에 대해 말씀하셨을 때 제자들은 상당히 위태로운 고비의 순간을 맞이했다.

그날 밤 예수님은 저녁 식사를 하시며 "너희는 나의 가는 곳에 올 수 없다"(요 13:33)고 말씀하셨다. 그러자 제자들 사이에서는 예수님이 떠나실 것이라는 사실을 이해하기 위한 노력으로 상당한 논란이 벌어졌다. 제자들은 당황하지 않을 수 없었다. 그들은 예수님과 함께 살았고 모든 일에서 그분을 주시해왔다. 그런데 예수님이 그들을 두고 떠나가신다니… 그들은 막막할 수밖에 없었다.

예수님은 제자들이 크게 흔들릴 것을 알고 계셨다. 그래서 "내가 아버지께 구하겠으니 그가 또 다른 보혜사를 너희에게 주사 영원토록 너희와 함께 있게 하시리니"(요 14:16) 라는 약속으로 그들의 질문에 대답하셨다.

이 약속에 나오는 두 개의 중요한 단어가 있다. 이 구절에서 '다른' 이라는 말로 번역된 헬라어 단어는 '같은 종류의 또 하나' 라는 뜻을 가진 단어다. 따라서 이 구절은 하나님이 예수님 대신 그분과 같은 다른 분을 - 그리스도와 같은 본질과 성품을 가지신 분을 - 하나님의 백성들에게 보내실 것이라는 약속이다. 성령님이 삼위 일체 하나님의 한 위격이신 분이라는 사실은 이미 앞에서 언급했다. 그것은 성령님이 삼위 일체 하나님의 두 번째 위이신 예수님과 같은 신적 본질을 지닌 분이시라는 뜻이다.

요한복음 14장 16절에 나오는 또 다른 한 중요한 단어는 도움을 주고 힘을 북돋워주기 위해 동행하도록 보낸 사람이라는 뜻을 가진 '보혜사'라는 말이다. 몇 구절 뒤에서 예수님은 "보혜사 곧 아버지께서 내 이름으로 보내실 성령 그가 너희에게 모든 것을 가르치시고 내가 너희에게 말한 모든 것을 생각나게 하시리라"(26절)고 말씀하셨다.

성령님이 오실 것에 대한 예수님의 약속은 성령님이 그리스도를 따르는 사람들 속에 거하시며 그분의 일을 할 수 있는 능력을 그들에게 부여해주시기 위해 강림하신 오순절 날 이루어졌다(행 2장 참조). 성경은 오순절 사건 이후 우리가 구원받을 때 "다 한 성령으로 세례를 받아 한 몸이 되었고"(고전 12:13)라고 말하고 있기 때문에 예수님의 약속은 모든 그리스도인에게서 이루어진다.

여기서 말하는 세례는 회심 후 우리가 찾아야 하는 특별한 영적, 감정적 경험이 아니라 우리가 그리스도 안에 있게 되는 연합을 말하는 것이다. 모든 그리스도인들은 성령으로 세례를 받고 성령은 모든 그리스도인들 안에 거하신다. 실제로 성경은 "누구든지 그리스도의 영이 없으면 그리스도의 사람이 아니라"(롬 8:9)고 말하고 있다.

성령님은 그리스도를 구세주로 알고 있는 사람의 마음속 깊은 곳에 거하신다. 그리고 성령님은 우리를 통해 다른 사람들에게 흘러 넘치는 능력, 축복, 신선함이라는 큰 강물이 되길 바라신다. 요한복음 7장 37-38절에서 예수님은 "누구든지 목마르거든 내게로 와서 마시라 나를 믿는 자는 성경에 이름과 같이 그 배에서 생수의 강이 흘러나리라"고 말씀하셨다.

우리는 앞에서 예수님이 성령님을 일컬어 우리 안에 새로운 생명의 물이 정체된 채로 있지 않고 계속해서 흘러 넘치도록 해주는 전원 장치 또는 펌프와 같다고 말씀하신 것을 보았다. 정체된 그리스도인은 자라지 않는다. 그러나 내주하시는 성령님이 자유롭게 일하실 수 있게 해드리는 그리스도인은 전혀 생각하지 못했던 방법으로 자라고 무성해질 것이다.

'혼자 힘으로 다 하려는' 방식을 버리라

새로운 생명의 흐름이 계속 될 수 있게 하는 방법을 이야기하기 전에 내가 '혼자 힘으로 다 하려는' 방식이라 부르는 것에 대해 먼저 이야기하겠다. 우리가 우리의 노력을 포기하고, 성령님 없는 우리의 삶이 얼마나 무력한지를 깨달을 때에만 성령님이 우리에게 능력을 덧입혀주신다는 사실을 배워야 하기 때문이다.

나는 집을 개량하는 데 필요한 물건들을 파는 상점에 가는 것을 싫어한다. 그 이유는 그런 상점들은 스스로 모든 것을 다 하는 사람들을 위한 그런 장소이기 때문이다. 보통 내가 그 곳에 가야 한다는 것은 전문가에게 맡겼더라면 훨씬 더 좋았을 일을 내가 직접 하려 하다가 집 안에 있는 무언가를 망쳐놓았다는 뜻이 된다.

잔디 손질이나 간단한 수리 정도라면 혼자 힘으로 처리해도 괜찮을 것이다. 그러나 그리스도인의 삶 속에서는 전혀 괜찮지 않다. 우리가 우리 힘으로 배에서 생수의 강이 흘러나게 할 수 있다면 우리에게 성령님은 필요 없을 것이다. 물론 성령님의 능력도 필요하지 않게 된다. 그러나 예수님은 "나를 떠나서는 너희가 아무 것도 할 수 없음이라"(요 15:5)고 말씀하셨다. 예수님은 우리를 구원하시면서 우리가 기댈 수 있고 우리를 붙잡아줄 수 있는 힘을 가진 분을 우리에게 주셨다. 죄가 우리에게 행한 일을 아시기 때문에 우리에게 성령님을 주셨다. 성령님은 우리가 영적으로 성장할 수 있게 하시는 분이시다.

그 어떤 프로그램이나 종교적인 활동으로도 성령 충만을 대신할 수는 없다. 실제로 성령으로 충만하면 할수록 그런 것들은 덜 필요하게 된다. 그러므로 영적인 삶을 살려고 노력하는 일에 지쳤거나 영적인 삶을 살려고 노력하지만 계속해서 실패한다면 문제는 아마도 힘이 부족하기 때문일 것이다. 성령님은 모든 그리스도인들 속에 거하신다. 그러나 그리스도인 모두가 성령님이 그 능력을 최대한 표현할 수 있도록 허락해드리는 것은 아니다. 그것은 성령님이 우리를 통해 흘러들게 하고 싶어하시는 생수의 원천이 열리게 하는 성령의 충만함을 통해 가능한 것이다.

우리는 성령으로 충만해져야 한다

성령님이 모든 그리스도인들 안에 거하신다 해도 일상 생활 속에서 성령님의 능력과 영향을 거의 경험하지 못할 수도 있다는 사실을 성경은 매우 분명히 하고 있다. 중요한 것은 우리가 성령님을 얼마나 많이 소유하고 있는가가 아니라 성령님이 우리를 얼마나 많이 소유하고 계시는가다. 에베소서 5장 14-17절은 그리스도인이면서도 우매할 뿐 아니라 영적으로 졸고 있는 상태가 될 수 있다고 말하고 있다.

그래서 바울은 "술 취하지 말라 이는 방탕한 것이니 오직 성령의 충만을 받으라"(엡 5:18)고 말했다. 이 구절과 이를 중심으로 한 문맥들에 많은 내용이 들어 있기 때문에, 하나님이 우리에게 무슨 말씀을 하시는지 이해하고 그것이 우리 삶에 어떤 영향을 미쳐야 하는지를 알아야만 한다. 우리가 보다 지속적으로 성령으로 충만하면 할수록 우리는 믿음 안에서 그만큼 더 빠르게 성장하게 될 것이다. 그러나 덜 충만하면 할수록 우리의 성장은 그만큼 느려진다. 성령 충만한 사람들이 어떻게 보이고, 어떻게 행동하며 생각하는지 알아보기 위해서는 '성령으로 충만한 사람'이 뜻하는 바가 무엇인지를 살펴볼 필요가 있다.

충만하다는 것의 의미

'충만을 받으라'는 명령의 기본적인 뜻은 이해하기 어렵지 않다. 지배를 받는 상태가 되라는 뜻이다. 누군가 또는 무엇인가가 우리 삶에 대한 통제권을 가지고 지휘한다는 뜻이다. 그 사람 또는 그것이 우리를 접수하고 압도하기 때문에 우리가 우리 자신을 더 이상 통제하지 않게 되는 상태를 말한다.

성령 충만은 성령님이 우리의 삶을 다스리는 것을 목적으로 한다. 우리는 성경 말씀과 우리의 경험을 통해 사단 역시 우리를 지배하고 싶어한다는 것을 알고 있다. 예수님이 최후의 만찬 자리에서 베드로를 향해 "시몬아, 시몬아, 보라 사단이 밀 까부르듯 하려고 너희를 청구하였으나"(눅 22:31)라고 말씀하셨다. 사단은 베드로를 지배하면서 그리스도를 부인하는 잘못을 범하게 만들었던 것처럼 우리의 감정과 열정을 지배하고 싶어한다. 사단은 우리가 하나님의 통제에서 벗어나 자신의 통제 아래 들어올 수 있도록 우리의 태도와 행동을 지배하고 싶어한다. 당신이 자신의 삶을 온전히 통제하고 있다는 착각 속에 빠지지 말라. 하나님께 우리 자신을 내어드리지 않는다면 그것은 사단이 우리에게 영향을 미치도록 허용하는 것이다.

헬라어 원문에서는 연속적인 과정으로 '계속해서 충만을 받으라'는 의미를 가진 형태를 취하고 있다. 사단에게 한 번 저항하는 것으로 끝나지 않는 것처럼 성령 충만 역시 한 번으로 끝나는 일이 아니다. 충만함은 매일 끊임없이 계속되어야 한다.

여기서 바울 사도는 지배되는 것을 보여주는 한 예로 술에 취한 사람을 예로 들고 있다. 성령으로 충만하게 되는 것이 어떤 것인지 모를지라도 술에 취한 사람이 어떤지에 대해서는 우리 모두 잘 알고 있다. 술은 선전하는 광고를 보고 취하는 것이 아니다. 술은 마심으로써 취하게 된다. 그리고 점점 더 많이 마시면 마실수록 그 마신 술이 그를 점점 더 지배하고 통제하게 된다.

사람이 술에 취하면 그 사람이 아닌 다른 힘이 그 사람을 지배한다. 우리는 그런 사람을 술의 영향 아래 있다고 말한다. 술이 그 사람을 이전의 그 사람과는 다른 사람으로 만들어놓는다. 평소에 친절하고 조용했던 사람이 일단 술에 취하면 소리를 지르며 난폭해지고, 수동적이던 사람도 호전적인 사람이 된다. 또한 몇몇 술에 취한 사람은 자신을 파바로티(Pavarotti)라고 생각하며 노래를 부르기 시작한다.

성령님이 우리의 새로운 본성에 긍정적인 영향을 미치는 것은 술이 사람의 몸에 부정적인 영향을 미치는 것과 같다. 우리가 성령님의 지배 아래 있을 때, 성령님은 우리가 평상시에 걷지 않는 방식으로 걷고 평상시에 말하지 않는 방식으로 말하게 하신다. 성령님이 우리를 다스리실 때 많은 핑계거리들이 무효화된다. 성령님이 우리의 성품을 변화시키실 수 있기 때문이다. 성령님은 우리를 초자연적으로 변화시키신다.

그래서 달라지기 위해서는 우리의 시간과 에너지를 쏟아 부으며 노력하는 대신 성령으로 충만해지기 위해 시간을 보내는 것이 필요하다. 정신이 맑은 사람이 비틀거리며 걸으려고 노력할 필요는 없다. 그저 술을 마시기만 하면 된다. 술이 그 사람을 비틀거리게 만들 것이다. 그는 자신의 성품을 변화시키려 노력할 필요가 없다. 그저 술은 마시기만 하면 된다. 이제 바울 사도가 왜 술에 취한 사람과 성령으로 충만한 사람을 비교했는지 알 수 있을 것이다.

성령 충만으로 나타나는 새로운 힘

나는 성령 충만이 우리의 경험을 훨씬 초월하는 거룩한 삶을 살 수 있도록 능력을 준다는 사실을 이해하도록 돕고 싶다. 화가 난다고 아내를 때리던 남편들이 성령에 취함으로써 그들의 울화통을 길들일 수 있는 힘을 찾게 될 것이다. 성령님이 다스리시면 정욕을 참을 수 없었던 사람들이 부도덕한 행동을 거부하게 될 것이다. 우리의 삶이 성령으로 충만하게 되면 우리는 구원받지 못한 친구들이나 이웃에게 복음을 증거하게 되고, 주일을 의무적으로 지키던 성도들도 하나님의 말씀과 기도로 주님과 함께 보내는 시간을 즐거워하게 될 것이다.

"그리스도인으로 성장하기 위해 열심히 노력하고 최선을 다 할 것이다"라고 말하는 많은 성도들은 그런 수고를 멈추고 성령에 취할 필요가 있다. 고성능 쾌속정을 이용할 수 있는데 왜 노를 저으며 기진맥진해하는 것인가? 성령님에게 통제권을 내어드릴 때 성령님이 우리를 변화시키시고 우리 삶 속에서 그분의 능력을 나타내시고 영향을 미치신다.

소화가 안 될 때 사람들은 두 개의 알약이 들어 있는 약 봉지를 뜯은 다음 물이 담긴 컵에 그 알약들을 떨어드린다. 그러면 그 알약은 소화불량이라는 문제를 해결하기 위한 힘을 발산하며 거품을 일으킨다. 그 힘은 알약 속에 응축된 형태로 들어 있다가 물 속에 들어가게 되면 그 힘이 방출된다. 그리고 그렇게 될 때 컵 속에서 폭발이 일어나고 물 컵은 소화 불량을 치료할 수 있는 힘으로 채워지게 된다.

회심과 함께 성령님이 우리 안에 거하시게 될 때 '응축된 형태의 성령님'으로 거하시게 된다. 그러나 성령님의 능력이 우리의 순종과 성령으로 충만해지려는 의지와 접촉하게 될 때 우리의 영적 소화 불량을 치료하고 큰 일들을 능히 해낼 수 있는 폭발력 있는 힘을 갖게 된다.

성령으로 충만해지는 과정

성령으로 충만해지는 것이 그리스도인의 성장과 능력의 열쇠라면 어떻게 성령 충만을 경험하게 되는지를 알아볼 필요가 있다. 이 중요한 질문에 대한 답은 에베소서 5장 18절의 명령 뒤에 이어지는 구절에서 볼 수 있다.

> "시와 찬미와 신령한 노래들로 서로 화답하며 너희의 마음으로 주께 노래하며 찬송하며 범사에 우리 주 예수 그리스도의 이름으로 항상 아버지 하나님께 감사하며 그리스도를 경외함으로 피차 복종하라" (19–21절).

나는 이 구절이 성령 충만한 결과라기보다는 성령으로 충만해지는 방법을 언급하고 있다고 생각한다. 이 구절을 통해 바울은 어떻게 성령으로 충만해지고 또 충만한 상태를 어떻게 계속 유지할 수 있는지를 – 성령의 다스림을 받을 수 있는지를 – 말하고 있다. 간단히 말해서 우리 삶 전체가 예배가 되게 할 때 성령으로 충만하게 된다.

예배의 생활화

주일 아침 '더할 나위 없이 행복한 마음으로' 교회를 향해 떠났던 때를 기억하는가? 영적으로 충만했다. 그날 아침 교회에 도착했을 때 어떤 기분이었는가? 당신은 구원받은 거룩한 하나님의 백성들로 둘러싸여 있었다.

그 속에서 무엇을 했는가? 하나님의 말씀으로 충만해졌다. 찬양에 감동했고 천국을 경험했다. 하나님께 마음을 쏟아놓고 고요함 속에서, 때로는 축제의 시간 속에서 하나님과 교제하며 하나님의 거룩하신 임재로 충만해졌다.

그 모든 것들이 합해져 예배가 된다. 주일날 한 시간 혹은 두 시간 동안 하나님의 백성들이 함께 모여 예배를 드리며 서로를 섬기고 하나님을 섬긴다. 하나님의 말씀을 듣고 하나님께 말씀드린다. 하나님을 예배하고 받든다.

그런데 그 예배가 주일 오전으로 끝나야 한다고 말한 사람은 누구인가? 성령으로 충만한 삶을 살아가는 방법을 배우기 위해서는 주일날 예배를 드린 것처럼 월요일부터 토요일까지 그런 삶을 지속하기 위해 노력해야 한다.

주일 예배를 일상 생활 속에서 이어나간다

주일 오전, 교인들이 성령으로 충만하여 교회를 나설 수 있는 이유는 하나님과 교제하며 그분 앞에서 그분의 백성들과 함께 있었기 때문이다. 그러나 월요일에 회사에 출근해서 죄로 물든 사람들과 병든 세상과 씨름하기 시작하면서 성령 충만의 경험은 빠른 속도로 고갈된다. 성령님이 우리에게 임재하시고 우리를 통해 일하시려면 우리에게 계속 연료가 공급되어야 한다.

주유소에 차를 몰고 들어가 기름통을 채운 다음 바로 시동을 걸고 다시 도로를 달리게 될 때 어떤 일이 벌어지는가? 기름통을 꽉 채웠던 휘발유가 고갈되기 시작한다. 그러나 주유소를 떠나지 않고 멈추어 서 있는다면 기름통은 연료가 꽉 찬 상태로 유지된다. 그러나 누가 그렇게 하겠는가? 마찬가지로 언제나 교회에만 머물러 있을 수만은 없다는 사실을 우리는 잘 알고 있다. 물론 교회 문 밖을 나오고 싶어하지 않는 사람들도 있다.

그러나 그럴 수는 없다. 우리 차에 기름을 채우는 이유는 어디론가 가서 해야 할 일이 있기 때문이다. 주일날 교회에서 찬양대와 예배 인도자들과 목사가 하나님의 말씀을 우리 기름통에 채워줄 때 우리는 영적으로 충만해진다. 그러나 그 기름통은 가족들이나 직장 동료들, 다른 사람들에 의해 고갈되어 화요일 정도 되면 이미 다 말라버린 듯한 느낌을 받게 된다.

이는 기름통을 다시 채우기 위해 다음주 주일까지 아주 길고 힘든 한 주를 보내야 한다는 뜻이 된다. 내 경우 일주일에 한 번씩만 내 차에 기름을 채운다면 나는 손에 기름통을 들고 많이 걷게 될 것이다. 우리는 일상 생활 속에서 성령으로 충만해지는 법을 배워야 할 필요가 있다. 그리고 매일 드리는 예배 속에서 어떻게 하나님을 만나야 하는지를 알아야 한다. 에베소서 5장 19-21절에 따르면 하나님의 말씀과 마음속에서 나오는 찬양, 하나님께 드리는 감사, 다른 그리스도인들을 향한 겸손한 자세, 이들과 일치하는 결정을 내리는 것을 통해 하나님과 계속 교제함으로써 그것을 배우게 된다.

이제 성령으로 충만해지는 것과 차에 기름을 채우는 것의 중요한 차이점을 지적하고 싶다. 차의 기름통에 휘발유가 다 떨어지면 다시 채워야 한다. 그러나 성령으로 충만하지 않은 것은 성령님이 떠나셨기 때문이 아니다. 성령님은 우리를 떠나지 않으신다. 우리가 말하는 성령으로 충만하지 못한 상태는 우리의 일상 생활 속에서 성령님으로부터 오는 최대한의 유익을 경험하고 누리지 못하는 상태를 말하는 것이다. 앞에서 말했듯이 성령 충만은 한 번으로 끝나는 것이 아니라 계속 새롭게 채워나가는 것이다.

성령을 좇아 행하는 것의 중요성

우리의 영적 성장을 가능하게 하시는 성령님에 대한 이야기로 넘어가기로 하자. 갈라디아서 5장 16-17절에서 바울 사도는 "내가 이르노니 너희는 성령을 좇아 행하라 그리하면 육체의 욕심을 이루지 아니하리라 육체의 소욕은 성령을 거스리고 성령의 소욕은 육체를 거스리나니 이 둘이 서로 대적함으로 너희의 원하는 것을 하지 못하게 하려 함이니라"고 말했다.

에베소서 5장이 누가 지배할 것인가라는 문제를 다루고 있다면, 갈라디아서 5장은 누가 싸움에서 이기게 될 것인가라는 문제를 다루고 있다. 자신이 그리스도인이라는 것을 알 수 있는 한 방법은 육체의 소욕과 성령님이 전투를 벌인다고 느끼는지 확인해보는 것이다. 그것을 느낄 수 없다면 자신의 영적 맥박을 점검해보는 것이 좋을 것이다. 왜냐하면 육체의 소욕에 맞서 싸움을 벌이는 성령이 없는 사람들은 버림받은 사람들이기 때문이다.

성경은 하나님과 육체의 소욕은 서로 상반되기 때문에 결코 어울릴 수 없다고 거듭 말하고 있다. 그것이 바울 사도가 로마서 6-8장에서 "오호라 나는 곤고한 사람이로다 이 사망의 몸에서 누가 나를 건져 내랴"(롬 7:24)고 외치며 이야기했던 골자였다. 그 질문에 대한 대답은 '그리스도 예수 안에'(롬 8:1) 있는 승리다. 그곳이 성령님이 우리를 두고 싶어하시는 곳이다.

그러나 우리는 여전히 우리의 타락한 육신 속에 있고 그리스도가 돌아오셔서 우리에게 새로운 몸을 입혀주실 때까지 계속 그 속에 있을 것이기 때문에, 싸움이 벌어질 수밖에 없다. 그래서 바울은 육체의 욕심을 따르지 않기 위해 성령을 좇아 행하라고 권고했던 것이다. 갈라디아서 5장 16절이 "성령을 좇아 행하라 그리하면 육체의 욕심을 이루지 아니하리라"고 말하고 있는 것처럼 오해하기 쉽다. 우리는 그렇게 되길 바라겠지만 성경은 그렇게 말하고 있지 않다.

우리 육체의 욕심은 결코 바르게 행동하지 않을 것이다. 그래서 바울은 24절에서 "그리스도 예수의 사람들은 육체와 함께 그 정과 욕심을 십자가에 못박았느니라"고 말했던 것이다. 성령으로 충만해진다고 해서 육체의 욕심이 없어지는 것이 아니다. 성령이 통제하실 때 육체가 우리 삶 속에서 최종 결정권을 갖지 못하게 되는 것이다.

24절의 순서를 바꾸어 육체의 욕심을 죽게 함으로 성령을 좇아 행하게 되기를 바라기가 쉽다. 그러나 그 정반대다. 성령님을 좇아 행할 때 그분이 육체의 욕심을 이길 수 있는 힘을 우리에게 주신다.

성령을 좇아 행하는 것은 매일 매일의 과정이다

성령을 좇아 행하는 것의 개념은 성령으로 충만하게 되는 것과 유사하다. 또한 좇아 행하는 것은 성령님이 하시는 일의 지속적인 속성을 보다 쉽게 보여주는 그림이 될 수 있다. 그것은 우리가 매일매일 계속해서 하는 일이다. 좇아 행하는 것에는 우리가 일반적으로 잘 생각하지 못하지만 영적 삶에 관해 이야기할 때 도움이 되는 세 가지 요소가 있다.

첫째, 좇아 행하는 것에는 목적지가 포함되어 있다. 좇아 갈 때는 그것이 그저 다른 방으로 옮겨가는 것이라 할지라도 어딘가에 도착하게 된다. 이처럼 성령님은 언제나 우리를 하나님의 영광이라는 목적지를 향해 이끌어 가신다. 예수님이 성령님을 가리켜 '그가 내 영광을 나타내리니'(요 16:14) 라고 말씀하시며 성령님의 목적지를 설명하셨다. 성령을 좇아 행할 때 우리는 어딘가로 가는 것이다. 그러나 육체의 소욕은 언제나 우리를 하나님을 기쁘시게 하는 것과는 반대 방향으로 – 우리 자신을 기쁘게 하려는 방향으로 – 데려가려 한다. 따라서 우리가 어디를 향해 가고 있는지를 잘 살펴보는 것이 중요하다.

둘째, 좇아 행하는 것에는 헌신이 요구된다. 대부분의 사람들은 그냥 조금 가다 말지 않는다. 그렇게 하는 사람은 그리 멀리 가지 못한다. 왜냐하면 진전을 보이려면 계속 좇아 행해야 하기 때문이다. 그것은 정기적으로 새롭게 반복되어야 하는 성령으로 충만해지는 것과 같은 이치다. 좇아 행하는 일은 계속되어야 한다.

좇아 행하는 것의 세 번째 요소는 의존이다. 좇아 행하려면 한쪽 다리에 힘을 주고 다른 쪽 다리를 앞으로 내밀어야 한다. 만약 다리가 제대로 움직이지 않는다면 그 때 목적지에 도달하기 위해 누군가를, 혹은 무언인가를 의지해야 한다.

고등학교 시절 나는 축구를 하다가 다리가 부러진 적이 있다. 구급차가 운동장으로 달려와 나를 병원으로 실어다주었다. 그리고 곧바로 수술실로 옮겨졌고 의사는 지금도 남아 있는 판금을 내 다리에 끼워 넣었다. 하지만 당시 나는 혼자 힘으로 걷기에는 너무 약한 상태였기 때문에 의사로부터 목발을 사용하라는 처방을 받았다.

내가 자존심을 내세우며 "그런 목발을 의지하는 건 창피한 일이에요. 목발을 짚으면 약해 보이고 무력해 보일 거예요. 전 축구 선수라고요. 혼자 힘으로 걸을 수 있어요. 목발 같은 건 필요 없어요"라고 말했다고 생각해보라. 그랬더라면 더디게 회복되었을 뿐 아니라 내 다리에 더 큰 손상을 입히게 되었을지도 모른다.

교만은 성령님을 의지하지 못하게 할 것이다. 왜냐하면 교만은 "내 힘으로 다 할 수 있다"라고 말하기 때문이다. 만일 내가 수술을 받은 후 부러진 다리로 퇴원을 하려 했다면 그 자리에서 넘어져 내가 얼마나 약한지를 알게 되었을 것이다. 하나님은 때때로 우리가 하나님을 바라보며 "하나님, 저의 힘으로는 불가능해요. 성령님을 의지하고 하나님의 방법을 따르겠습니다"라고 말하기 전에 우리가 코를 박고 꼬꾸라지는 경험을 하게 하신다. 우리는 의지하지 않을 수 없는 자신의 모습을 인식하게 될 때 비로소 성령님을 좇아 행하는 것이 어떤 것인지를 배울 준비가 된다.

그리고 우리가 이 사실을 깨닫고 하나님을 의지하게 될 때 우리가 더 약해지는 것이 아니라 더 강해진다는 사실이다. 육체의 소욕과 우리를 넘어뜨리려 하고 잘못된 길로 가게 하려는 사단을 거부할 수 있는 힘을 성령이 우리에게 주신다. 그래서 성령의 능력을 덧입기 때문에 사단과 육체의 욕심을 짊어지고 갈 필요가 없다는 것을 알게 된다.

성령을 좇아 행할 때 성장하는 것을 보게 된다

우리는 모두 어머니의 자궁이 태아를 더 이상 품고 있을 수 없을 만큼 태아가 자랐을 때 무슨 일이 벌어지게 되는지를 알고 있다. 아기가 이제 세상으로 나갈 때가 되었다고 결정하고 어머니의 자궁에서 벗어나 세상에 모습을 드러내려 할 때 아기를 막을 수 있는 것은 아무것도 없다. 어머니는 물론 주변의 환경까지 곧 태어날 아기에게 모든 것을 맞추게 된다.

그것이 우리가 성령을 좇아 행할 때 영적인 세계에서 일어나는 일이다. 육체가 아니라 성령을 좇아 행하는 것에 대해 말하고 있는 갈라디아서 5장 16-17절에 뒤이어 성령의 열매를 설명하고 있는 22-23절이 이어지는 것은 우연이 아니다. 열매가 막 맺히기 시작할 때는 그 열매가 무슨 열매인지 잘 알 수 없다. 그러나 일단 열매가 나무나 가지에 달려 다 자란 후에는 달콤하게 익은 열매를 볼 수 있을 뿐 아니라 모든 사람이 먹고 즐길 수 있게 된다. 성령의 열매는 우리 자신뿐 아니라 다른 사람들도 누릴 수 있는 것이다.

더 빨리 좇아 행하면 더 빨리 자랄 것이냐

영적 성장에 있어서 놀라운 사실 한 가지는 우리가 얼마나 빨리 자랄 수 있는지에 또는 그리스도인의 삶 속에서 얼마나 멀리까지 갈 수 있는지에 아무런 제한이 없다는 것이다. 한 예를 통해 설명해보겠다.

얼마 전 아내와 나는 공항에 있었고 비행기를 갈아타기 위해 먼 길을 걸어가야 했다. 나는 아내에게 장난을 치려는 요량으로 아내가 계속 걸어가는 동안 자동길에 올라탔다. 나는 자동길 위에 내 몸을 맡기고 '성령을 따라' 행하고 있었지만 아내는 자신의 노력으로 '육체를 따라 행하고' 있었다. 그 결과 나는 훨씬 더 짧은 시간 내에 훨씬 더 먼 거리를 갈 수 있었을 뿐만 아니라 신선한 바람까지 만끽하며 편안하게 갈 수 있었다(이 예가 아주 훌륭한 예라고 말하는 것은 아니다). 반면 아내는 가쁜 숨을 몰아쉬며 힘겹게 걸었지만 나에게 한참이나 뒤쳐질 수밖에 없었다.

나는 자동길 위에서 아내에게 손을 흔들어주기 위해 돌아섰다. 그러나 아내는 있어야 할 곳에 없었다. 내 시야에서 완전히 사라져버렸다. 나는 "이렇게까지 뒤쳐질리가 없는데…"라고 의아해하며 다시 뒤를 돌아다보았다. 하지만 어느 곳에서도 아내의 모습은 보이지 않았다.

그런데 내 앞쪽에서 나를 부르는 소리가 들렸다. 두리번거리며 살펴보았더니 아내였다. 아내가 나보다 앞서 가고 있었다. 아내는 공항 운반 차를 타고 내 옆을 바람처럼 스치고 지나갔던 것이다.

성령님은 우리가 얼마나 많이 성령님을 의지하는가 그리고 우리 힘으로 그리스도인의 삶을 살려는 노력을 얼마나 빨리 포기하는가에 따라 그만큼 더 멀리 그리고 그 만큼 더 빨리 우리를 데려가실 것이다.

LIFE ESSENTIALS 8

성경

영적 성장에 필요한 양식

신경성 식욕 부진증은 날씬한 몸매에 집착하는 사람들에게 흔히 나타나는 이상 식이 장애다. 그런 사람들은 음식을 먹고 싶은 식욕을 무시하며 굶는다. 왜냐하면 그들은 건강보다 외모를 더 중시하기 때문이다. 그들 가운데 대다수는 생명을 유지하는 데 필요한 최소량의 음식까지도 거부하면서 스스로에게 위협을 가한다.

많은 그리스도인들도 하나님이 그분의 말씀으로 풍성한 영적 양식을 공급해주시는데도 불구하고 이를 거부하고 굶기를 선택하는 신경성 식욕 부진증에 시달리고 있다. 그들은 세상 사람들에게 매력적으로 보이고 싶기 때문에 영적 성장에 꼭 필요한 양식조차 먹지 않는다. 성경은 영혼의 양식이다.

예수 그리스도는 "사람이 떡으로만 살 것이 아니요 하나님의 입으로 나오는 모든 말씀으로 살 것이라"(마 4:4)고 말씀하시며 영적인 건강과 하나님의 말씀 사이의 관계를 분명히 보여주셨다. 오늘날 성경이 맛있게 먹을 수 있는 영양가 높은 음식으로 간주되기보다는 공부해야 하는 식단표와 같이 여겨지게 된 것은 성경이 우리의 영적 성장에 미치는 영향을 고려해 볼 때 상당히 불행한 일이다.

성경을 배우는 것이 단순히 학문적 활동이 될 때 실제로 우리의 성경 지식은 늘어나는 반면 우리의 영적 이해는 줄어들게 된다. 예수님은 그 당시 사람들에게 그들이 성경을 열심히 공부하지만 그것이 그들에게 아무런 유익도 되지 않는다고 말씀하셨다. 왜냐하면 그 공부가 예수님을 믿는 자리로 나아가게 해주지 못했기 때문이었다(요 5:30-40 참조).

성경은 성령의 감동으로 기록된 오류가 없는 하나님의 계시라는 점을 분명히 해두어야 한다(딤후 3:16, 마 5:17-18, 사 55:8-9 참조). 그러나 성경의 목적이 그저 우리에게 정보를 제공해주기 위한 것은 아니다. 우리가 영적으로 최대한 성장할 수 있도록 우리의 새로운 본성이 먹어야 할 음식을 제공해주는 것이 성경의 목적이다. 성경은 그저 읽고 이해하는 것으로 끝나지 않고 먹고 소화해야 하는 책이다(겔 3:1-3 참조).

영적인 젖의 중요성

베드로 사도는 그리스도인들에게 하나님의 말씀을 사모하라고 말하면서 어떤 그림을 보여주어야 하는지를 알고 있었다. 베드로전서 2장 2절에서 우리는 "갓난 아이들같이 순전하고 신령한 젖을 사모하라 이는 이로 말미암아 너희로 구원에 이르도록 자라게 하려 함이라"는 익숙한 구절을 읽을 수 있다. 젖이 아기를 위한 것처럼 하나님의 말씀은 영혼을 위한 것이다. 건강한 영적 성장의 연료가 되는 것이 바로 음식이다. 어머니들이 늘 이야기하는 것처럼 자라고 싶으면 먹어야 한다.

나는 베드로가 사용한 이미지를 좋아하는데 그 이유는 그가 하나님의 말씀을 그저 가끔씩 먹는 간식처럼 여기고 있지 않기 때문이다. 아기는 배고픔이 채워질 때까지 쉬지 않고 젖을 요구한다. 아기들은 그것이 엄마를 힘들게 하고, 중요한 일을 방해하는 것이 될지라도 아랑곳하지 않는다. 갓난아기는 엄마가 밤새 잠을 못 자서 피곤한 것에 전혀 신경 쓰지 않고 새벽 3시라도 기어이 엄마를 호출한다. 아기가 배가 고프다면 엄마의 다른 모든 일은 멈추어져야 한다.

나에게는 아직 이러한 젖먹이 손자가 없지만, 교회에서 설교를 할 때마다 매번 젖을 달라고 소란을 피우기 직전의 아기를 본다. 이때 어머니들은 아기에게 젖을 먹이기 위해 조용히 밖으로 나간다. 우리 교회에는 예배당 뒤에 '우는 방(cry rooms)'이라 불리는 공간들이 있는데 그 곳에서 어머니들은 다른 사람들의 간섭을 받지 않고 아기에게 젖을 먹이면서 예배를 드릴 수 있다.

때때로 나는 고무 젖꼭지를 빠는 얌전한 아기를 품에 안고 예배 드리는 어머니들을 볼 수 있다. 사실 그 고무 젖꼭지는 아기에게 무언가를 먹고 있다고 생각하도록 만든 가짜 음식이다. 어떤 아기들은 한동안 조용히 그 고무 젖꼭지를 빨 것이다. 그러나 곧 고무 젖꼭지가 가짜라는 것을 알고는 그것을 뱉어내며 큰 울음으로 "난 진짜를 원해요"라는 외침을 대신할 것이다. 그렇게 되면 어머니는 곧 그 자리를 떠나야 한다. 우리 교회의 '우는 방'은 배고픔을 빨리 채우지 못한 아기들이 큰 소리로 울며 자신의 배고픔을 알리는 곳이기 때문에 그 용도에 아주 잘 어울리는 이름이다.

순전한 젖의 중요성

베드로는 하나님의 말씀을 '순전한' 젖이라고 했는데 그것은 희석하지 않은 진짜 젖이라는 뜻이다. 그것은 오래된 광고 속에 등장했던 카피처럼 '대용품을 받아들이지 않는다'는 것을 뜻한다. 순전한 젖은 아무 자양분도 공급해주지 않지만 진짜처럼 보이는 고무 젖꼭지와는 정반대되는 것이다. 교회에서 아기들에게 젖을 먹일 수 없었던 옛날에는 아기들이 울지 않도록 어머니들이 헝겊에 사탕을 싸서 빨게 했다는 이야기를 들었다.

오늘날 많은 그리스도인들이 대용품에 의존하고 있기 때문에 영양 실조에 걸린다. 그들은 하나님의 말씀이라는 순전한 젖을 먹는 대신 고무 젖꼭지를 물고 있다. 고무 젖꼭지나 헝겊에 싼 사탕을 젖 대신 먹으면서 자라는 아기는 아무도 없다. 나는 〈텍사스 주 공진회(the Texas state fair)〉에 가기를 좋아한다. 그리고 그곳에 갈 때면 언제나 사과 모양의 사탕들을 볼 수 있다.

그런데 최근에 텍사스 공진회를 방문했을 때는 그 사탕을 보기만 하고 먹지는 않았다. 그 사탕은 몸에 좋은 과일 모양을 하고 있지만 사실 건강에 좋은 양양분들을 모두 무효로 만드는 설탕으로 덮여 있기 때문이다. 말하자면 하나의 모순이라 할 수 있다.

사과에 설탕을 입히게 되면 같이 섞어서는 절대 안 되는 두 가지를 혼합함으로써 사과의 기본적인 영양분을 다 파괴시키는 결과를 가져온다.

겉에 입히는 설탕은 보기 좋고 단맛을 느끼게 만들며 일시적으로 기분이 좋아지게 하기 위한 것으로 사과가 건강에 미칠 수 있는 좋은 영향마저 감소시킨다.

텍사스 공진회에서만 그런 일이 생기는 것은 아니다. 하나님의 말씀이 있는 많은 교회들에서도 일어나고 있다. 그 결과 성도들은 그들의 입에 닿는 달콤한 설탕 맛 때문에 자신들이 영양 실조에 걸려 있다는 사실조차 모르게 된다. 설탕을 입힌 설교와 기분을 좋게 하는 정보들을 나누어주는 교회들이 많다. 하나님은 우리에게 성경의 희석되지 않은 참 진리 외에 다른 것을 받아들이는 어리석음에 빠지지 말라고 경고하신다. 성경의 진리가 우리 삶 속에서 실천되지 않을 때 성경의 진리는 약화된다. 하나님의 진리가 그 진리를 덮고 있는 나쁜 성분 때문에 우리에게 자양분을 주지 못하고 있다.

섭취 일정을 준수하라

또 어떤 그리스도인들은 대용물을 섭취하기 때문이 아니라, 어린 아기가 젖을 간절히 원하듯이 그렇게 하나님의 말씀을 매일 사모하지 않기 때문에 하나님의 말씀을 통해 얻을 수 있는 유익을 얻지 못하고 있다. 그들은 영적 성장을 위해 정기적으로 음식을 섭취해야 하는 일정의 중요성을 잊고 있다.

주일 예배를 드리는 두 시간 동안 그들이 먹을 수 있는 양의 우유를 다 마셨다고 해서 한 주 동안 우유를 먹지 않고 지낼 수 있는 아기는 없다. 아기들은 몇 시간에 한 번씩 우유를 먹고 싶어한다. 그 이유는 아기들의 몸은 한 번에 일정 한도의 양만을 저장해두고 사용할 수 있기 때문이다. 그것은 우리에게도 마찬가지다. 그래서 우리는 규칙적으로 식사를 해야 한다. 그러나 많은 그리스도인들이 영적으로 그렇게 하고 있다. 그러면서 그들은 왜 자신들이 성장하지 않는 것인지를 의아해한다.

아기들은 배가 고프다는 단순한 이유 때문에 정기적으로 먹는다. 그런데 우리는 하나님의 말씀을 왜 우리가 다른 음식을 먹는 것보다 좀 더 많이 먹지 않는 것인가? 그 이유는 배고프지 않거나 배고픔을 고무 젖꼭지나 달콤한 사탕으로 대신 채우려 하기 때문이다. 우리는 배가 부르다고 생각하지만 그 상태는 우리의 필요한 영양이 채워진 것처럼 위장된 것일 뿐이다. 욥은 "내가 그의 입술의 명령을 어기지 아니하고 일정한 음식보다 그 입의 말씀을 귀히 여겼구나"(욥 23:12) 라고 말했다.

하나님의 말씀을 정기적으로 먹지 않는 그리스도인들은 영양 실조에 걸린다. 매주 성경 공부 모임에 참석하는 것만으로는 충분하지 않다. 매일 스스로 하나님의 말씀을 먹어야 한다. 우리가 먹기 원하는 양보다 하나님의 말씀을 더 들으려는 열심을 가질 때 우리는 성경에 대한 건강한 열망을 갖게 된다.

신앙의 기초를 닦으라

아마도 당신은 지금 이런 의문이 생길 것이다. 그리스도인들이 사모해야 한다고 베드로가 말한 젖은 실제로 어떤 것인가? 아기들이 먹는 젖에 비유한 것은 그것이 기독교 신앙의 기본이라는 것을 우리에게 말해준다. 그것은 히브리서 기자가 믿음이 자라지 못하고 있는 히브리인들을 책망하고 있는 히브리서 5장에서 잘 설명하고 있다.

그들은 다른 사람들을 가르칠 수 있을 정도로 오랫동안 그리스도인으로 살아왔음에도 불구하고 여전히 '하나님 말씀의 초보'(히 5:12)를 – 본문이 '어린 아이'(13절)나 먹는 '젖'이라 부르는 것을 – 누군가에게 배워야 하는 수준이었다.

성경이 말하는 젖은 종종 신앙의 기초라 불리는 것을 의미한다. 사실 히브리서 6장에서 이 진리가 잘 요약된 것을 볼 수 있다. "우리가 그리스도 도의 초보를 버리고 죽은 행실을 회개함과 하나님께 대한 신앙과 세례들과 안수와 죽은 자의 부활과 영원한 심판에 관한 교훈의 터를 다시 닦지 말고 완전한 데 나아갈지니라"(히 6:1-2).

이 구절이 열거하고 있는 내용들에는 아무 잘못도 없다. 우리 모두 신앙의 기초가 되는 이 기본적인 교리들을 알아야 한다. 초등학교 과정을 마치지 않고 중·고등학교나 대학에 갈 수는 없다. 적어도 학문의 기본적인 원리들은 습득해야 한다.

초등학교에서 글을 배운다. 그러나 그저 글자를 보고 그 글자를 읽을 수 있게 되는 것이 글을 배우는 목표는 아니다. 글을 배우는 것은 다른 사람들과 의사를 소통하고 그들을 통해 배우고 자신의 아이디어를 표현할 수 있는 단어와 문장을 만들기 위한 것이다.

"나는 기역자를 쓸 줄 안다"라고 자랑스럽게 말하며 과시하는 어른을 나는 한 번도 본 적이 없다. 물론 보다 복잡한 의사 전달을 가능하게 하는 학습 과정의 기초가 되기 때문에 기역자를 익는 깃은 중요하다. 마찬가지로 성경은 새 신자가 젖을 – 곧 신앙의 기초가 되는 것들을 – 필요로 하는 것에 대해 결코 꾸짖지 않는다. 그런 것들은 우리를 바로 세우는 데 필요한 것들이기 때문이다. 아이에게 글자를 가르치지 않는다면 그 아이는 나중에 심각한 장애를 안게 될 것이다. 아기들은 딱딱한 음식부터 먹지 않는다. 다른 음식들을 소화시킬 수 있게 될 때까지 아기들에게는 젖이 필요하다. 젖은 새 신자가 먹어야 하는 중요한 음식이다. 그러나 언제까지 젖만 먹을 수는 없다. 성경이 '고기' 또는 '단단한 식물'이라 말하는 성인식의 단계로 넘어가야 한다.

말씀이라는 단단한 고형식을 맛본다

성경은 젖과 단단한 식물의 차이점을 그 내용물과 먹기 힘든 정도에 따라 구분하고 있다. 하나님은 또 단단한 식물을 먹는 과정이 우리 안에서 일어나야 한다고 말씀하신다. 두껍게 썬 고기와 감자로 된 식사는 하나님 안에서 성장하고 성숙하는 것을 돕기 위한 음식이다.

성인이 되어서도 젖을 먹는 사람들

하나님 말씀의 더 깊은 진리에 대한 논의를 시작하기 전에, 널리 보급되어 있을 뿐 아니라 쉽게 접할 수 있는 그리스도인들의 영적 기능 장애와 성경에 대한 그들의 식욕 부진에 대해 먼저 알아볼 필요가 있다. 그것은 성인이 되어서도 여전히 젖을 먹는 사람들에게서 나타나는 병폐다.

베드로는 단단한 음식을 소화할 수 있을 만큼 영적 소화 기능이 성숙하지 못한 그리스도인들에게 요청하고 있다. 생후 세 달 된 갓난아기가 젖을 먹는 것은 전혀 잘못된 일이 아니다. 그러나 서른 살 된 어른이 젖병을 물고 돌아다니는 것을 보게 된다면 누구나 분명히 무언가 잘못되었다고 생각할 것이다. 성인이 되어서도 아기들이 먹는 음식을 먹는 사람들은 심각한 감정적 문제를 안고 있거나 아니면 단단한 음식을 먹을 수 있는 그들의 소화 능력에 이상이 생겼기 때문이다.

성경은 믿음 생활의 년수로만 따져 볼 때는 이미 성인이라 할 수 있지만, 성장은 더디기 때문에 여전히 말씀의 젖을 먹고 있는 그리스도인들의 몇 가지 예를 보여주고 있다. 그 첫 번째 예는 히브리서에서 볼 수 있다. 히브리서 기자는 히브리서 5장에서 히브리 그리스도인들을 위해 두툼하게 썬 맛있는 영적 고기를 석쇠에 굽고 있다. 그는 구약의 제사장이었던 멜기세덱과 비교하며 예수님의 제사장직에 대해 가르치고 있다.

그러나 갑자기 기자는 그의 당신들이 그 고기를 맛있게 먹을 수 있을 만큼 성장하지 못했다는 사실을 깨닫고 가르치던 것을 멈추고 "멜기세덱에 관하여는 우리가 할 말이 많으나 너희의 듣는 것이 둔하므로 해석하기 어려우니라"^(11절)고 썼다. '듣는 것이 둔하다' 는 말은 원래 '노새 머리를 가지다' 라는 헬라어를 번역한 것이다. 다시 말해서 그들은 젖을 먹어야 하는 어린 그리스도인이기 때문이 아니라 배우고 자라기를 고집스럽게 거부하는 완고한 그리스도인이기 때문에 성장하지 못하고 있다는 뜻이다. 그 히브리 그리스도인들은 젖병을 들고 다니는 어른, 혹은 글자를 배우기 위해 초등학교 교실의 작은 책상 앞에서 삐걱거리는 소리를 내며 앉아 있는 서른 살 된 성인들과 같다.

고린도교회 신자들도 이미 어른이 되어 있어야 했지만 여전히 성숙하지 못한 행동을 했던 또 한 무리의 사람들이었다. 바울은 그들에게 "형제들아 내가 신령한 자들을 대함과 같이 너희에게 말할 수 없어서 육신에 속한 자 곧 그리스도 안에서 어린 아이들을 대함과 같이 하노라 내가 너희를 젖으로 먹이고 밥으로 아니하였노니 이는 너희가 감당치 못하였음이거니와 지금도 못하리라"^(고전 3:1-2)고 말하지 않을 수 없었다. 이 구절은 부연 설명을 따로 할 필요가 없다. 고린도교회 신자들은 하나님과 하나님의 진리에 대한 열망이 부족했던 것이 분명하다. 그리고 그들의 영적 소화 기관들 역시 심각하게 미숙한 상태였다.

단단한 식물을 먹고 싶은 욕구

나는 그리스도인들이 젖을 먹는 그리스도인의 삶에서 벗어나 하나님의 거룩한 말씀이라는 고기를 맛있게 먹기 원한다고 생각한다. 그래서 예수 그리스도를 아는 지식과 은혜 안에서 계속 자라기를 바랄 것이다. 나는 그런 가정을 하면서 이 장을 시작했고 사실 이 책 전체를 그 가정 하에서 쓰고 있다. 그러므로 이제 젖을 먹는 것에서 한 단계 나아가 성령님이 우리에게 먹여주고 싶어하시는 성경의 단단한 식물을 어떻게 먹고 소화시킬 것인지를 알아보기로 하자.

성경은 고기 또는 단단한 음식에 해당하는 교리의 목록들을 제시해주지 않는다. 교리는 젖에 불과한 것으로 성경의 기본적인 진리들을 그리스도인들에게 알게 해주는 성경에 대한 정보다. 그렇기 때문에 단단한 식물은 교리 그 이상이다. 단단한 식물은 성경을 이해하고 성경의 진리가 그리스도인의 삶 속에 영향을 미칠 수 있도록 그 진리를 적용하는 것을 말한다. 그래서 히브리서 5장 14절은 "단단한 식물은 장성한 자의 것이니 저희는 지각을 사용하므로 연단을 받아 선악을 분변하는 자들이니라"는 중요한 진술을 하고 있는 것이다. 성숙한 그리스도인들에게는 영적인 본질들을 파악하고 이를 기초로 선택한 후 자신의 역할을 수행할 수 있는 능력이 있다. 교리(젖)를 영적인 분별력과 진리의 실천(단단한 식물)에 보다 잘 연결시키면 시킬수록 우리는 그만큼 더 성숙하게 된다. 그리고 경험적으로 하나님의 관점을 가지고 모든 것을 바라볼 수 있는 역량이 점점 더 커지게 된다.

단단한 식물을 먹을 준비가 되었는지 아는 방법

히브리서 5장 14절의 후반부는 우리가 젖병을 내려놓고 단단한 식물을 먹을 수 있을 만큼 영적으로 성장했다는 것을 어떻게 알 수 있는지 말해 준다. 그 대답은 성경 구절들을 충분히 많이 외우게 되었거나 어느 정도의 성경 지식을 쌓게 되었을 때가 아니다. 성경 지식이 영적 성장의 한 구성 요소가 되는 것은 분명하지만 성경을 아는 것 그 이상이 요구된다.

히브리서 5장 14절에 따르면 하나님 말씀의 진리를 깨닫고 그 진리를 우리 삶 속에서 능숙하게 활용하며 성경이 말하는 관점을 가지고 의사 결정을 할 수 있을 때 단단한 음식을 먹을 준비가 된 것이다. 우리에게 일어나는 모든 일을 하나님의 말씀에 비추어 걸러내고 우리를 향하신 하나님의 뜻을 분별하며 하나님이 말씀하시는 것에 순종할 때, 그것은 영적 성장에 필요한 음식을 바라는 성숙한 욕구가 우리에게 있음을 입증하는 것이다. 성숙한 그리스도인들은 교리적인 사실들을 알고 전달할 수는 있어도 영적 진리를 받아들이고 이해하며 해석할 수 있는 힘은 아직 개발하지 못한 미성숙한 그리스도인들이 지나치는 영적 신호들을 포착할 수 있다.

일상 생활 속에서 그 한 예를 들 수 있다. 우리가 어린 딸을 둔 부모라고 가정해보자. 부모로서 우리는 딸을 얼마나 사랑하는지를 보여주고 싶다. 그리고 그렇게 할 수 있는 한 가지 방법은 딸아이에게 좋은 것들을 주는 것이다. 그리고 딸아이가 우리에게 사랑으로 반응하고 부모인 우리를 신뢰하며 우리가 딸에게 줄 것이 있을 때 그 아이가 부모인 우리에게 달려오기를 바랄 것이다. 그러나 차를 타고 가는 낯선 사람이 딸에게 차창을 통해 사탕이나 과자를 줄 경우에는 딸이 그 사람을 한 번쯤 의심하고 덥석 받지 않기를 바란다.

부모는 아직 딸아이가 자신을 사랑해줄 사람과 해를 끼칠 사람을 구분할 수 있을 만큼 성숙하지 못했다는 것을 알기 때문이다. 그래서 부모들은 딸아이에게 계속해서 관련 정보와 행동 지침을 가르쳐준다. 그러나 아직 미성숙한 상태인 딸은 그 정보를 실제 생활 속에 잘 적용하지 못한다.

한편, 부모들은 아이들이 낯선 사람을 함부로 따라가지 않도록 가르치는 동시에 어른들을 무조건 두려워하거나 부당하게 경계하지 않도록 교육하기 위해 상당한 노력을 기울일 것이다. 부모라면 그렇게 해야 하는 이유는 어린아이들의 경우 좋은 상황과 나쁜 상황을 언제나 분별할 수 있는 것이 아니기 때문이다. 일부 학교들에서는 경찰관에게 강의를 의뢰해 낯선 사람이 다가와 무언가를 주려고 할 때 아이들이 어떻게 반응해야 하는지를 가르치기도 한다.

그러나 어른들에게 낯선 사람들이 주는 사탕을 받지 못하도록 경고하는 사람은 없다. 어른들은 선한 것과 악한 것을 충분히 분별할 수 있을 만큼 판단력을 개발해왔기 때문에 그런 상황에서 일반적으로 위험에 빠지지 않기 때문이다.

즉, 성숙한 사람들은 정보를 처리하고 걸러내야 할 것들을 걸러내며 올바른 결론을 내릴 수 있다는 말이다. 이를 하나님의 말씀에 적용하면 단단한 식물을 먹을 수 있는 사람들은 생활 속에서 부딪히는 문제들에 세속적으로 반응하기보다는 진리를 소화해서 경건하게 반응할 수 있는 사람들이다. 그들은 그 영양분을 섭취해 영적으로 견고하게 성장할 수 있다.

우리의 영적 성장에 젖과 단단한 식물 중 어느 것이 더 중요한지를 가려내려는 것이 아니다. 서로 다르기는 하지만 성장 시기에 따라 둘 다 각기 중요한 역할을 하기 때문이다. 젖을 먹어야 하는 성장 단계에서 젖은 우리가 받아들이는 교리적 진리, 즉 성장하기 위한 기초를 놓는 데 필요한 기본적인 것들이다. 우리 교회에는 모든 새 신자들이 기본적인 것들을 배울 수 있도록 마련된 기초 학습 과정이 있다. 그 과정에는 성경이 말하고 있는 중요한 주제들과 교리들이 모두 포함되어 있다.

우리는 그들이 하나님의 말씀이라는 젖을 먹은 후 계속 성장하길 바란다. 목표는 '신령한 자는 모든 것을 판단'(고전 2:15)할 수 있는 것과 같은 영적인 성숙에 이르도록 하는 것이다. 우리는 우리 교회 성도들이 영적인 분별력을 개발할 수 있기 바란다.

그것이 히브리서 기자가 그의 독자들에게 바라던 것이었다. "그러므로 우리가 그리스도 도의 초보를 버리고… 완전한 데 나아갈지니라"(히 6:1-2). 단단한 식물을 먹을 수 있게 되기 전까지는 신앙적으로 성숙한 것이 아니다. 그리고 성경이 우리를 그 단계로 끌어올려줄 수 있다. 왜냐하면 "하나님의 말씀은 살았고 운동력이 있어 좌우에 날선 어떤 검보다도 예리하여 혼과 영과 및 관절과 골수를 찔러 쪼개기까지 하며 또 마음의 생각과 뜻을 감찰하나니 지으신 것이 하나라도 그 앞에 나타나지 않음이 없고 오직 만물이 우리를 상관하시는 자의 눈앞에 벌거벗은 것 같이 드러나느니라"(히 4:12-13)고 말했기 때문이다.

좌우에 날선 검은 양면에 날이 있어 어느 방향에서나 자유자재로 벨 수 있다. 하나님의 말씀은 날카롭고 예리하기 때문에 우리 마음속 가장 깊은 곳까지 파고 들 수 있다. 영혼은 우리가 어떤 사람인지를 결정하는 우리의 개성을 말한다. 우리의 영혼은 회심 당시 하나님이 우리에게 심어주신 새로운 성품을 의미한다. 말씀은 우리의 감각으로는 분별할 수 없을 만큼 혼란스럽고 복잡한 상황 속에서도 그 속사정을 다 드러낼 수 있다. 다시 말해서 성령님이 우리가 분리할 수 없는 것들을 분리할 수 있도록 우리를 돕기 위해 하나님의 말씀을 사용하실 수 있다. 성경에 대한 강한 욕구를 개발할 준비가 되었다면 앞으로 살아가는 데 필요한 모든 자양분을 성경 속에서 찾게 될 것이다.

젖을 먹는 상태에서 단단한 식물을 먹는 상태로의 성장

하나님의 말씀이 어떻게 젖을 먹는 그리스도인에서 단단한 식물을 먹을 수 있는 그리스도인으로 성장하는 데 필요한 영적 양식이 될 수 있을까? 하나님은 우리가 배운 교리들(젖)을 활용하지 않을 수 없도록 우리를 단련시키기 위해 고난을 사용하신다. 이를 통해 우리의 영적 관점은 자동적으로 강화되고, 그 결과 성숙하게 되며, 하나님과 우리의 관계는 깊어지게 된다. 젖을 먹는 데서 고기를 먹을 수 있는 단계로 자랄 수 있는 방법 또한 예수 그리스도와 우리의 관계를 깊게 하는 일에 하나님 말씀이라는 진리를 적용하는 것이다. 그리스도와의 친밀한 관계는 특히 고난 속에서 우리를 크게 성장시킨다. 자연 세계에 있어서나 영적인 세계에 있어서나 관계와 음식물이 밀접하게 연결되어 있다.

핵심은 그리스도와 우리의 관계

그 둘의 관계는 아기들이 먹고 자라도록 계획하신 하나님의 방법에서 가장 쉽게 볼 수 있다. 유아용 유동식과 젖병과 그 밖의 여러 가지 아기 용품들의 개발로 오늘날 어머니들은 아기들에게 모유를 먹일 필요가 없게 되었다. 그러나 과거 우리 조상들에게는 모유를 수유하는 것이 아기에게 음식을 먹일 수 있는 유일한 방법이었다. 아직도 많은 어머니들은 영양이라는 측면에서뿐 아니라 아기와 어머니 사이의 유대 관계를 위해서도 모유 수유를 선호하고 있다. 아기는 자신이 배가 고프다는 사실을 어머니에게 알리기 위해 큰 소리로 울면서 보챈다. 그러면 어머니는 곧 아기에게 달려가 젖을 물리고 아기가 젖을 먹는 동안 아기를 안고 흔들어주고 사랑스러운 말로 아기와 이야기를 나눈다.

　어머니가 아기에게 젖을 먹이는 동안 둘 사이에는 친밀감이 싹튼다. 아기는 젖을 먹을 수 있을 뿐 아니라 따뜻한 애착 관계 속에서 어머니와 가까워지게 된다. 그러므로 아기는 배고픔이란 고통을 겪는 과정을 통해 영양적인 측면에서뿐 아니라 관계라는 측면에서도 충족되고 있는 것이라 말할 수 있다.

　이것을 감상주의에 불과한 것이라 생각하는 사람들을 위한 연구 결과가 있다. 몇 년 전 고아원에서 어린 아기들이 숨지는 사건이 일어났다. 아이들에게 우유를 규칙적으로 먹였음에도 불구하고 그 아기들이 사망한 이유는 수적으로 부족한 보모들이 너무 많은 아기들을 돌보느라 각 아기에게 충분한 스킨십을 해줄 수 없었기 때문이다. 즉, 아기들을 자주 안아주고 어루만져주어야만 형성될 수 있는 친밀한 관계가 부족했기 때문에 아기들이 숨졌다는 말이다.

　영아기를 넘긴 아이들에게도 가족이 함께 모여 식사하는 시간은 매우 중요하다. 가정은 애정이 넘치는 가족 관계 속에서 아이들이 음식을 먹을 수 있도록 해주는 역할을 해야 한다. 같은 맥락에서 가족이 함께하는 식사는 가족들이 사랑과 관심을 나눌 수 있는 가장 중요한 시간이라고 말하는 사람들이 많다. 예수님이 제자들과 가장 친밀한 시간을 나누었던 때 역시 '마지막 만찬'이라 알려진 식사 자리에서였다.

나는 가끔 인터넷을 통해 만나 직접 대면하기도 전에 사랑에 빠진 사람들의 이야기를 듣는다. 내게는 좀 이상하게 느껴지지만, 한편으로는 흥미로운 질문 하나를 제기하게 된다. 서로 본 적도 없는 사람들이 서로의 글을 통해 깊은 사랑에 빠지고 결국 결혼까지 할 수 있다면, 그리스도인들 또한 마음속에 새겨진 하나님의 살아 있는 말씀을 통해 눈에 보이지 않는 하나님과 사랑에 빠질 수 있는 것 아닌가?

서로 멀리 떨어져 있는 사람들 사이에서 맺어지는 사랑의 관계는 눈에 보이는 것이 아니라 말이 미치는 영향에 따라 달라진다. 이 경우 두 사람은 그저 정보만을 주고받는 것이 아니라 그 정보 뒤에 숨어 있는 의미까지 서로 주고받는다. 성경을 공부하고 배워야 하는 정보의 샘 정도로만 간주하는 그리스도인들이 아주 많다. 나는 성경 공부를 매우 중요하게 생각하는 사람이다. 그러나 성경책 뒤에 있는 하나님의 실체를 알려는 의도를 가지고 말씀을 먹을 때 모든 것이 달라지게 된다.

나는 의학 서적(두꺼운 책들을 제외하고)에 쓰여 있는 글들을 읽을 수는 있지만 그뿐이다. 정작 몸이 아플 때는 그 어려운 의학 용어들이 뜻하는 바가 무엇인지 그리고 내가 나으려면 어떻게 해야 하는지를 의사에게 직접 듣기 위해 병원에 가는 쪽을 택한다. 또한 레스토랑의 메뉴판도 요리를 선택할 때 편리하기는 하다. 그러나 나는 그보다는 웨이터가 내 옆에 서서 그 다양한 요리들이 어떤 것이며 그가 먹어본 것들 가운데 어떤 것이 가장 맛있었는지를 말해주기 바란다.

다시 말해서 나는 내가 얻은 정보를 구체적으로 설명해줄 수 있는 사람과 이야기하고 싶다. 치료를 받는 것은 질병 관련 용어들을 술술 읽을 수 있게 되기 위한 것이 아니라 건강을 회복하기 위한 것이기 때문이다. 그리고 레스토랑에 가는 것은 메뉴판을 보기 위해서가 아니라 식사를 하기 위한 것이기 때문이다. 정보를 넘어 인격적인 친밀감으로 나아갈 때 우리는 영적인 성숙의 길로 들어서게 된다.

나는 현재 가지고 있는 차를 몇 년 동안 몰고 있다. 그러나 처음 2년 동안에는 차 주인을 위한 안내서를 한 번도 읽어본 적이 없다. 그런데 차가 고장이 나서 정비소를 찾게 되었을 때 사정이 달라졌다. 정비사는 내게 차의 부품들을 설명해주었고, 나는 그 부품들 중에서 거의 반 이상을 모르고 있다는 것을 깨달았다. 그 때까지 안내서를 읽어보지 않은 탓이었다. 예를 들면 그는 나에게 전화를 할 수 있도록 내장된 스피커가 달려 있다고 말해주었다. 그리고 필요할 때 카폰을 사용할 수 있는 방법도 알려주었다.

나는 그 모든 설명에 놀라면서 사용자를 위한 안내서를 꼭 읽어보리라 마음먹었다. 그러나 내가 몇 장이나 읽었는지 또는 얼마나 많은 부품들을 외웠는지를 확인하기 위해 그 안내서를 읽은 것은 아니었다. 내가 차를 샀을 때 차를 제조한 사람이 내장해놓은 모든 좋은 기능과 장치들을 사용하고 누리기 위해 읽은 것이었다. 그 안내서가 버려질 위기 속에서 정비사와 내가 맺은 관계가 그 안내서를 살려냈다. 그리고 나는 좀 더 안전하게 차를 몰게 되었을 뿐 아니라 다른 유익들도 누리게 되었다.

다른 사람과 맺고 있는 관계의 깊이는 우리가 받는 정보의 깊이를 달라지게 한다. 그때그때마다 예수님 주변에는 예수님을 따르는 무리들이 많았다. 한동안 많은 사람들이 예수님을 따르기도 했다. 그러나 예수님은 그들 대부분이 잘못된 이유 때문에 그렇게 한다는 것을 알고 계셨다. 그래서 그들과 개인적인 시간을 많이 보내는 대신 많은 무리를 대상으로 가르치기만 하셨다.

한번은 예수님이 70명의 제자들을 보내셨다(눅 10:1 참조). 그러나 그들 모두와 친밀한 관계를 맺고 계셨던 것은 아니었다. 예수님은 열두 사도와 가장 가까우셨다. 그리고 그 가운데 베드로, 야고보, 요한과 특별히 가까우셨다. 그리고 그 셋 중에서도 마지막 만찬 때 예수님 품에 의지하여 누울 수 있었던 요한만이 그리스도와의 친밀한 관계를 누릴 수 있었다(요 13:23-26 참조). 요한이 예수님께 예수님을 배반할 자가 누구인지를 물을 수 있었던 것은 그렇게 예수님과 가까이 있었을 때였다. 베드로는 요한에게 그 곤란한 질문을 예수님께 해보라는 신호를 보냈다. 그것은 베드로 또한 요한이 예수님께 질문할 수 있는 가장 좋은 자리에 있다는 사실을 알고 있었기 때문이었다. 예수님은 그 대답을 요한의 귀에 대고 속삭여주실 만큼 둘 사이는 가까웠다.

시험을 통해 자신뿐 아니라 다른 사람들도 먹일 수 있게 된다

어린 자녀를 둔 엄마들은 매일매일이 전쟁이다. 그래서 이러한 엄마들에게 "당신이 가장 원하는 것은 무엇입니까?"라는 질문을 하면 백이면 백 다음과 같은 공통된 답변을 내놓는다. "내게 '엄마'라고 부르지 않고 스스로 밥을 먹을 수 있는 그런 사람들과 점심을 먹고 싶어요." 그렇게 엄마들은 아이들이 젖병을 빠는 상태에서 하루속히 수저를 이용할 수 있을 만큼 자라기를 바란다. 그리고 드디어 아기가 젖병을 손으로 잡기 시작하고 숟가락질을 하게 되는 순간, 엄마들은 기쁨을 감추지 못한다. 아이들이 혼자 힘으로 밥을 먹을 수 있도록 가르치는 일은 상당한 인내를 요하는 성가신 일이 될 수 있지만 – 서른 살이 된 자녀가 젖병을 들고 다니는 것을 보고 싶지 않다면 – 그 일은 노력한 만큼의 대가가 따른다.

대가족이라면 부모들이 직접 나서지 않아도 된다. 혼자서 밥을 먹을 수 있을 만큼 장성한 자녀가 어린 동생들을 돌봐주기 때문이다. 그것은 하나님이 그분의 백성들에게 기대하시는 것이기도 하다. 성경은 성숙한 그리스도인의 특징으로 다른 사람들을 가르칠 수 있는 능력을 들고 있다(히 5:12 참조). 다른 성도들이 숟가락으로 떠먹여주는 것을 받아먹는 대신, 자신의 힘으로 하나님의 말씀을 먹을 수 있게 될 때 자신이 영적으로 어디를 향해 나아가고 있는지를 알게 된다.

영적으로 성숙하기 위해서는 하나님의 말씀을 읽고(계 1:3), 그 의미를 알기 위해 공부하며(딤후 2:15), 필요할 때 사용할 수 있도록 외우고(시 119:11), 하나님의 말씀을 기초로 올바른 결정을 내리기 위해 최대한 배워야 한다(히 5:13-14). 우리가 성경에 이런 주의를 기울일 때 영적으로 성장하지 않을 수 없다(예수님은 요한복음 4장 32절에서 말씀을 '먹을 양식' 이라고 표현하셨다).

하나님의 말씀을 먹는다고 해서 그 먹는 말씀이 모두 입에 달지는 않을 것이다. 때때로 하나님의 말씀은 꿀처럼 달 수도 있다. 그러나 때로는 약처럼 쓰고 먹기 힘들 수도 있다.

우리 어머니는 아주까리 기름을 만병 통치약처럼 여기셨다.

"엄마, 배가 아파요."

"아주까리 기름을 가져오너라."

"엄마, 머리가 아파요."

"아주까리 기름을 가져오너라, 애야."

어디가 아프건 간에 어머니는 아주까리 기름을 사용하셨다. 나는 역겨운 그 맛을 싫어했다. 그러나 어머니는 내 그런 기호나 주장에는 아랑곳하지 않으셨다. 어머니는 내 건강에 더 마음을 쓰셨기 때문에 언제나 "어서 먹어. 몸에 좋은 거야"라고 나를 달래셨다.

하나님의 말씀은 우리에게 좋은 것이다. 지금 건강한 상태라면 그것은 영혼에 자양분을 주는 꿀처럼 달콤할 것이다. 반대로 마음이 쓰라리고 혼란에 빠져 있는 상태라면, 또는 사람들과의 관계가 어그러져 있다면 역시 말씀을 먹으라. 무슨 이유로 고통스럽든지 간에 하나님의 말씀은 우리에게 좋은 것이기 때문이다. 우리는 하나님의 말씀을 좋아할 수도 있지만 때로는 듣고 싶지 않을 만큼 싫어할 수도 있을 것이다.

그러나 오류가 없는 하나님의 순전한 말씀의 젖을 마시고 그리고 단단한 식물을 먹는 데까지 나가게 된다면 우리 주 예수 그리스도를 아는 지식과 은혜 안에서 자라게 될 것이기 때문에 하나님의 말씀이 우리에게 좋다는 것을 알게 될 것이다. 그리고 예레미야가 말했던 것처럼 "만군의 하나님 여호와시여 나는 주의 이름으로 일컬음을 받는 자라 내가 주의 말씀을 얻어 먹었사오니 주의 말씀은 내게 기쁨과 내 마음의 즐거움이오나"(렘 15:16)라고 말할 수 있게 될 것이다.

LIFE ESSENTIALS ❾

기도

영적 세계로 나아가는 통로

앞장 서두에서 든 예를 확대함으로써 기도에 관한 논의를 시작하고자 한다. 구원 당시 하나님이 우리에게 주신 새로운 성품을 최신 기능과 옵션을 갖춘 값비싼 냉장고라고 가정하자. 그러면 우리 안에 내주하시는 성령님은 새로운 '전자 제품'이 제작된 대로 작동하게 만드는 전기가 되고, 기도는 전기가 흘러 새로운 성품을 구성하고 있는 부품들에 도달할 수 있게 연결해주는 전선과 커넥터와 같은 것이 된다.

또는 이렇게 말할 수도 있다. 기도는 그리스도인 삶의 모든 부분들이 서로 적절하게 연결될 수 있도록 해준다. 왜냐하면 기도는 우리가 하나님과 이야기하는 중요한 수단이기 때문이다. 실제로 이 장에서 우리가 다루게 될 기도는 하나님과의 인격적인 대화를 의미한다.

기도는 한 사람은 말하고 다른 사람은 듣기만 하는 일방통행식 대화가 아니라 서로 친밀한 관계를 맺고 있는 두 사람 사이에서 이루어지는 쌍방향 대화다. 기도는 순서대로 말해야 하는 의식이나 잠자리에 들기 전 이를 닦는 것과 같이 하루를 마치기 전에 매일 해야 하는 허드렛일이 아니다. 예수님은 그런 외적이고 의식적인 것들을 기초로 한 기도를 분명히 물리치셨다(마 6:5-7 참조). 기도는 계발되어야 할 하나님과의 관계를 구성하는 한 부분이다.

우리는 기도하면서 종종 미사여구를 많이 사용한다. 그러나 문제는 많은 사람들에게 있어서 기도가 실제 생활과 특별한 연관이 없다는 점이다. 어떤 사람들은 기도를 경기 시작 전에 부르는 국가와 같은 것으로 – 실제로 경기장에서 일어나는 일과는 무관하지만 개막을 알리는 좋은 의식이 될 수 있는 것으로 – 생각한다. 또 어떤 사람들은 기도를 행운을 불러오는 주문과 같은 것으로 생각한다. 그들은 하루에 한 번씩 기도하면 사단을 멀리 쫓아낼 수 있을 것이라고 생각한다.

그리스도인들조차도 이렇게 피상적인 방법으로 기도에 접근하고 있다. 그것은 우리들 가운데 왜 많은 사람들이 주님과 동행하는 삶 속에서 별로 성장하지 못하고 있는지를 설명하는 데 도움이 될 수 있다. 하나님은 기도라는 전선을 통해 성령의 능력이 흐르도록 우리를 만드셨다. 따라서 기도는 절대적으로 중요하고 영적 성장을 포함한 우리 삶의 모든 부분에서 중심이 된다. 성경이 "쉬지 말고 기도하라"(살전 5:17)고 말할 정도로 기도는 그렇게 중요한 것이다.

성경이 기도를 어쩌다 한 번씩 하는 행사나 위기에 맞딱뜨려 쏘아 올리는 신호탄과 같은 것이라 말하는 것처럼 보이지 않는다. 기도가 얼마나 중요한지를 설명하기 위해 기도하라는 말 대신 '숨쉬라'는 말을 넣어보면 '쉬지 말고 숨 쉬라'는 말이 된다. 좋은 시도라 생각되지 않는가? 내게도 그렇게 보인다.

우리는 우리가 숨쉬고 싶을 때만 숨쉬는 것이 아니다. "오늘은 산소에 별 흥미가 없다"라고 말하며 숨쉬기를 멈추는 사람은 없다. 숨쉬는 일에 욕구불만을 느끼며 "아무리 숨을 쉬어 봐도 소용없어. 더 이상은 숨을 쉬지 않을 거야"라고 선전포고하는 사람도 없다. 이와는 반대로 우리는 숨쉬는 것에 목숨을 건다. 왜냐하면 숨을 쉬는 행위는 우리가 이 세상을 살아가는 데 필수 불가결한 것이기 때문이다. 하나님은 기도가 우리 삶 속에서 '숨쉬기'와 같은 것이 되기를 바라신다. 숨쉬는 과정이 이땅에서의 삶과 우리를 연결시켜주듯이 기도는 하늘에서의 삶과 우리를 연결시켜준다. 기도는 우리의 영적 성장과 성령님의 능력을 연결시키기 때문이다.

기도는 하늘로 나아가는 통로가 된다

우리는 '그리스도 안에서 하늘에 속한' 삶을 살고 있다는 것을 알고 있다. 하나님이 그렇게 말씀하셨기 때문이다(엡 1:3). 그뿐만 아니라 하나님은 우리를 그리스도와 함께 하늘에 앉히셨다(엡 2:6 참조). 하늘은 하나님 아버지가 사시는 곳이고 기도는 우리가 하나님 아버지를 만나 대화하는 수단이다. 기도는 자녀들이 아버지로부터 사랑받고 있다는 사실을 알고 아버지를 신뢰하며 아버지를 마주 대하는 것처럼 하나님 아버지가 계시는 곳으로 나아가는 것이다.

기도는 하나님과의 인격적인 대화라는 점에서 놀라운 것이다. 그러나 우리는 솔직히 이따금씩 영적인 세계가 생소한 곳처럼 느껴진다는 사실을 인정하지 않을 수 없다.

우리는 영적 세계로 들어가고 있다

외국에 나가면 우리는 불편함을 느끼고 또 약간 어리둥절해진다. 그 나라 말을 할 수도 없고 모든 것이 낯설기 때문이다. 하늘나라의 언어는 기도다. 그리고 하늘나라가 우리의 능력, 승리, 평강, 기쁨과 우리가 성장하는 데 필요한 모든 것들의 원천이기 때문에 기도의 언어를 마스터해야 한다. 기도는 우리가 새로운 나라에 – 이미 우리가 그 일부가 되어 있는 그 나라에 – 들어갈 수 있는 통로가 된다.

좋은 소식은 우리에게 완전한 스승이신 성령님이 계시다는 사실이다. 성령님이 하시는 일들 가운데 한 가지는 우리에게 기도의 언어를 가르쳐 주시고 어떻게 기도해야 하는지를 배울 수 있도록 우리를 인도해주신다는 것이다. 우리가 무엇을 기도해야 할지 모를 때에도 성령님은 우리의 기도를 하나님께 통역할 수 있다고 성경이 말하고 있다. 이는 성령님이 그만큼 그 일을 잘 하신다는 의미다.

바울 사도는 "우리가 마땅히 빌 바를 알지 못하나 오직 성령이 말할 수 없는 탄식으로 우리를 위하여 친히 간구하시느니라"(롬 8:26)고 말했다. 성령님은 우리가 적절하게 표현하지 못하는 기도들과 우리 자신도 잘 이해하지 못하는 생각들을 이해하신다. 성령님은 기도의 언어를 아시고 그 언어를 우리에게 통역해주실 수 있기 때문이다. 기도는 물질적 세계와 영적 세계를 이어주는 통로다. 영적 세계는 현재 우리가 살고 있는 물질적 세계를 통제한다. 따라서 우리는 영적인 세계와 연결되기 위해 쉬지 않고 기도해야 한다.

기도는 관계를 통해 이루어지는 것이기 때문에 성령님이 우리 인간의 영과 연합하심으로 하나님의 마음을 우리에게 전달해주실 수 있다. 그래서 우리와 이야기하시는 하나님의 음성을 우리의 가장 깊은 곳에서 들을 수 있게 해주신다. 이 때문에 기도는 급히 서둘러 할 수 없는 동시에 묵상이 중요하다. 묵상은 하나님의 생각을 성령님이 우리에게 알려주실 수 있게 해준다. 그래서 우리 마음속에서 하나님의 생각을 하기 시작한다^{고전 2:12-13 참조}.

기도는 우리의 인식을 변화시킨다

하나님과의 영적인 대화는 낯선 황무지를 놀라운 신세계로 바꾸는 데 도움이 된다. 다시 말해서 기도는 하늘 영역에 대한 우리의 인식을 변화시킨다. 처음에는 약간 이상하게 들릴 수도 있는 한 가지 예를 들어보고자 한다.

가족과 함께 놀이공원에 가면 환상의 세계가 펼쳐진다. 우리는 그 공원이 우리의 일상 생활과는 전혀 다른 세계로 우리를 안내해줄 것이라는 사실을 안다. 놀이공원의 사소하고 작은 소품 하나까지도 관람객들에게 전달하고자 하는 테마들을 상기시켜준다. 모든 것들이 밝게 번쩍이고 많은 사람들이 공원의 테마에 어울리는 옷차림을 하고 있다. 그리고 동화 속 다양한 캐릭터들이 실물과 같은 크기로 재현되어 있다. 놀이공원에서 제공하는 모든 것들에는 즐겁고 환상적인 분위기 속에서 관람객들이 자기 자신에 대한 생각을 잊게 만들려는 운영자 측의 의도가 숨어 있다.

이 예는 완벽하지는 않지만 그것이 성령님이 우리를 위해 하고 싶어하시는 것이다. 그리고 다른 세계로 인도하는 연결 고리가 바로 기도다. 기도할 때 우리는 우리가 살고 있는 세계와는 전혀 다른 세계 속으로 옮겨가게 된다. 테마 공원은 환상적인 것이며 꾸며놓은 것이다. 그리고 우리는 그 가상 세계에서 하루나 이틀 정도 머물다 다시 현실 세계 속으로 되돌아온다.

그러나 기도는 그렇지 않다. 기도는 우리를 영적인 세계로 데려간다. 그곳에서는 예수님이 하나님 우편에 계시고 우리도 예수님과 함께 앉아 있다. 기도는 하나님의 말씀을 듣는 자리에 우리를 서게 한다. 그래서 우리의 새로운 영적 본성이 하나님의 말씀을 들을 준비가 되고 그분의 말씀을 우리의 구체적인 필요와 환경에 따라 적용할 수 있게 해준다.

사단은 우리가 기도의 효력이 어떤 것인지를 알게 되는 것을 원치 않는다. 일단 우리가 그것을 알게 되면 사단은 우리를 탈선시킬 수 있는 그의 능력을 상실하게 되기 때문이다. 사단은 우리가 기도하는 것을 방해할 수는 없다. 그러나 기도하면서 불편함, 좌절감, 무기력감을 느끼게 만들어 우리가 보다 쉽게 기도를 포기하게 만들 수는 있다.

실제로 기도는 힘든 일이다. 효과적인 기도는 놀이동산을 뛰어다니며 즐거운 시간을 보내는 것처럼 그렇게 쉽지 않다. 최선의 의도를 가지고 무릎을 꿇고 기도하려 하지만 몇 분 후에는 자신도 모르는 사이에 졸고 있거나, 할 말이 다 떨어지거나, 다른 생각을 하고 있는 자신을 보게 된다. 이 때 어떤 기분이 드는지 우리 모두 잘 알고 있다. 기도가 변화를 불러온다는 것은 확실한 진리다. 그러나 우리가 살고 있는 세상에 대한 우리의 관점을 전환함으로써 우리 자신을 먼저 변화시켜야 가능해진다. 기도는 우리 자신에게 맞추었던 초점을 하나님께 맞추고 하나님의 뜻을 행하는 데 도움이 된다.

예수님은 어떻게 기도해야 하는지 가르쳐주셨다

세상에서 사역하시는 동안 예수님은 기도에 대해 많은 말씀을 하셨다. 그 가운데 하나가 산상 수훈 중에 나오는데 거기에서 예수님은 기도의 매우 중요한 원리들을 가르쳐주셨다. 그 원리들은 이국 땅에서 아버지와 자녀가 만나는 친밀한 세계로 우리의 기도를 전달해주는 데 도움이 된다. 예수님은 다음과 같이 말씀하셨다.

> "또 너희가 기도할 때에 외식하는 자와 같이 되지 말라 저희는 사람에게 보이려고 회당과 큰 거리 어귀에 서서 기도하기를 좋아하느니라 내가 진실로 너희에게 이르노니 저희는 자기 상을 이미 받았느니라 너는 기도할 때에 네 골방에 들어가 문을 닫고 은밀한 중에 계신 네 아버지께 기도하라 은밀한 중에 보시는 네 아버지께서 갚으시리라 또 기도할 때에 이방인과 같이 중언부언하지 말라 저희는 말을 많이 하여야 들으실 줄 생각하느니라"(마 6:5-7).

이 말씀은 예수님 당시 사람들이 가지고 있었던 기대에 대한 일반적인 생각을 보여준다. 예수님은 기도가 우리의 경건함을 사람들에게 드러내기 위한 것이 아니며, 올바른 말을 정해진 순서에 따라 해야 하는 것도 아니라고 말씀하셨다. 골방에 들어가 문을 닫고 하는 기도를 통해 하나님과 나누는 대화의 친밀감을 설명했다. 그렇다면 왜 문을 닫아야 하는 걸까? 하나님과 단 둘이 대화하기 위해서다.

하지만 이것이 사람들 앞에서 기도할 수 없다는 뜻은 아니다. 예수님이 책망하신 기도는 다른 사람들을 감동시키고 그들의 찬사를 받기 위해 하는 기도였다. 또 특정한 말들은 정해진 순서대로 하는 의식적이고 상투적인 문구로 기도를 전락시키는 것 역시 기도에 대한 잘못된 견해를 가지고 있기 때문이다. 개신교 신자들의 경우 책에 적힌 기도문을 읽으며 기도하지 않기 때문에 문제가 되지 않는다고 생각할 수도 있다. 그러나 우리 역시 뜻을 알 수 없는 말로 횡설수설 기도하는 잘못에 빠질 수 있다. 나는 성도들이 어떻게 기도해야 하는지 모른다고 토로하는 이야기를 많이 들었다. 그러나 나중에 나는 그 진짜 뜻은 다른 교인들처럼 기도하는 방법을 모른다고 말하는 것이라는 사실을 알게 되었다. 즉, 그들은 신앙 생활을 오래 한 사람들이 사용하는 용어들에 익숙하지 않고 그런 용어들을 사용해서 기도할 줄 모른다고 말하는 것이다.

예수님은 말을 잘해야 한다는 걱정은 하지 말라고 말씀하시며 "구하기 전에 너희에게 있어야 할 것을 하나님 너희 아버지께서 아시느니라"(마 6:8)고 말씀해주셨다. 하나님은 여전히 우리가 구하기를 원하신다. 그러나 우리 아버지이시기 때문에 우리가 말하는 것 그리고 그 이상으로 우리 마음의 소리를 들으신다. 히브리서 기자가 기도를 하나님께 가까이 나아가는 것으로 설명했는데 그것은 친밀감과 교제를 뜻한다는 것을 나중에 살펴보게 될 것이다. 우리 아버지에게 기도하는 것을 수줍어할 필요는 없다. 그분은 우리가 우리 자신을 얼마나 잘 표현하는지에 따라 우리를 평가하지 않으시기 때문이다.

앞에서 우리는 기도를 숨쉬는 것에 비유했다. 왜냐하면 성경이 쉬지 말고 기도하라고 말하고 있기 때문이다. 우리는 우리가 숨을 쉬고 있다는 사실을 거의 의식하지 못한 채 숨을 쉰다. 그것은 우리가 매 순간 산소를 의지하며 살아가고 있음을 자연스럽게 말해주는 것이다. 하나님은 우리가 하나님과의 교제를 그렇게 여기기를 바라신다. 하나님은 기도가 우리가 숨쉬는 공기가 되고 우리가 살아가는 환경이 되길 원하신다.

다양한 형태로 기도할 수 있다

성경에는 공식적이고 비공식적인 모든 종류의 기도를 보여주는 예들이 있다. 솔로몬은 성전을 지어 하나님께 봉헌하면서 이스라엘 백성들을 불러모으고 봉헌 예배를 드리며 무릎을 꿇고 성경에 나오는 가장 설득력 있는 기도들 가운데 하나인 기도를 드렸다(왕상 8:1-54 참조). 베드로는 물 위를 걸어 예수님께 다가가려다가 물에 빠져 허우적거리게 되자 "주여, 나를 구원하소서"(마 14:30)라고 외쳤다. 그 기도는 공식적인 기도가 아니었다. 그러나 그 기도를 하는 순간 그는 구출되었다.

기도에는 소리를 내지 않고 하는 기도를 포함해 다양한 형태의 기도가 있다. 소리를 내지 않고 마음과 생각으로 기도할 수 있다는 사실을 알게 되면 쉬지 않고 기도하는 것이 어떻게 가능한지를 이해할 수 있게 된다.

우리는 말로 표현되지 않는 의사 소통의 힘을 잘 알고 있다. 우리들 가운데 부모님이 말 한 마디하지 않고도 그 뜻을 분명하고 확실하게 전달하는 가정에서 자란 사람들이 많이 있다. 그들은 부모의 눈짓이나 고개를 드는 모습이나 그 밖의 다른 신호들을 통해 부모가 무슨 말을 하고 싶어 하는지 그리고 자신에게 어떤 반응을 기대하고 있는지를 정확하게 안다.

설교하면서 내가 아내의 이야기를 하거나 아내의 이야기를 예로 들어야 할 경우 나는 그 누구보다 먼저 아내의 반응을 살핀다. 그리고 그 이야기를 시작하면서 나는 아내의 눈썹이 어느 방향으로 움직이는지 또 아내의 입술이 뒤틀리거나 코가 약간 실룩거리지는 않는지를 확인한다. 아내가 고개를 숙이고 나를 바라보지 않을 경우에는 그 이야기를 급히 중단할 수 있는 방법을 모색한다. 왜냐하면 아내가 아무 말도 하지 않았지만 너무나 확실하게 아내의 뜻이 내게 전달되었기 때문이다.

그것은 가깝고 친밀한 사람들 사이에서 오고 가는 대화의 한 종류를 보여준다. 또한 그것은 하나님과 나누는 인격적인 대화로서의 기도를 중요하게 만드는 것이다. 기도의 목적은 어떤 상황에서든지 하루 중 어느 때이든지 간에 하나님과 대화를 주고받을 수 있는 그런 친밀한 관계를 유지하는 것이다. 따라서 큰 소리로 말하거나 말을 잘해야 할 필요는 없다. 왜냐하면 우리의 마음과 하나님의 마음이 조율되어 있기 때문이다.

하나님과의 관계는 우리가 조심하지 않으면 깨질 수도 있다고 생각하는 그런 관계와는 거리가 멀다. 성탄절 선물로 자전거를 받고 싶어했던 한 소년이 있었다. 그 소년은 어느 날 기도하면서 목소리를 높여 자신이 원하는 자전거의 모양과 특징들을 하나님께 말씀드렸다.

그 기도 소리를 들은 어머니는 "애야, 왜 그렇게 소리를 지르며 기도를 하니? 하나님은 그렇게 큰 소리로 기도하지 않아도 다 들으신단다"라고 말했다.

그러자 소년은 "나도 알아요, 그렇지만 할머니가 내 목소리를 듣고 성탄절에 자전거를 사주시게 하려면 큰 소리로 기도해야 해요"라고 말했다.

그 소년과 같은 목적이 있어서가 아니라면 우리는 큰 소리로 기도할 필요가 없다. 예수님은 하나님 아버지가 우리가 구하기 전에 우리에게 필요한 것이 무엇인지를 아신다고 말씀하셨다. 하나님은 우리가 그분이 들으실 수 있도록 큰 소리로 말하기 때문이 아니라 우리와 하나님과의 관계 때문에 우리의 기도에 응답하신다.

그리스도 때문에 효과적인 기도가 가능하다

기도 생활에 대한 이야기에서 확장하여 그리스도인으로서 경험하는 모든 삶의 영역에서 성장할 수 있도록 힘을 북돋아주는 기도에 대한 격려의 말을 해주고 싶다. 히브리서 4장 14-16절은 여기에 가장 적합한 구절이라고 생각한다. 그런데 얄궂게도 기도에 관한 놀라운 요소들을 담고 있는 그 세 구절은 영적 성장을 멈추고 사실상 영적 경험에서 후퇴하고 있는 그리스도인들을 위해 쓴 것이다.

히브리서 기자는 히브리서 4장 1-13절에서 믿지 않거나 하나님께 등을 돌리는 사람들에게 그 일의 위험성을 경고하고 있다. 히브리 그리스도인들은 거의 포기할 지경에 이르렀다. 그러나 히브리서의 메시지는 포기하지 말고 앞으로 나아가며 하나님으로부터 물러나는 대신 하나님께 더 가까이 나아가라고 격려하고 있다. 그런 정황 속에서 우리는 다음 구절을 읽게 된다.

"그러므로 우리에게 큰 대제사장이 있으니 승천하신 자 곧 하나님의 아들 예수시라 우리가 믿는 도리를 굳게 잡을지어다 우리에게 있는 대제사장은 우리 연약함을 체휼하지 아니하는 자가 아니요 모든 일에 우리와 한결같이 시험을 받은 자로되 죄는 없으시니라 그러므로 우리가 긍휼하심을 받고 때를 따라 돕는 은혜를 얻기 위하여 은혜의 보좌 앞에 담대히 나아갈 것이니라"(히 4:14-16).

이 구절 속에서 우리는 정체된 기도 생활을 활성화할 수 있는 네 개의 위대한 진리를 볼 수 있다. 그 진리들은 우리의 대제사장으로 우리의 기도를 도우시는 그리스도와 그리스도의 사역을 중심으로 하고 있다.

우리의 중재자가 되어주시는 예수님

히브리서 기자는 예수님의 직분인 대제사장에 관한 중요한 사실을 우리에게 숨김없이 밝혀주고 있다. '하나님의 아들 예수'는 그리스도의 중요한 직위로 예수라는 이름을 가진 사람으로서의 인성과 하나님의 아들로서의 신성을 둘 다 보여주는 것이다. 예수님은 하나님이신 동시에 사람이셨던, 인류 역사를 통틀어 그리고 영원토록 유일한 분이시다. 인간으로서 예수님은 우리가 느끼는 것을 느끼실 수 있고 하나님으로서의 예수님은 우리의 잘못된 느낌들을 해결하실 수 있는 분이시다.

나는 욥이 한 말을 좋아한다. 친구들에게 비난을 받으면서 자신을 변호하려 했던 그는 "하나님은 나처럼 사람이 아니신즉 내가 그에게 대답함도 불가하고 대질하여 재판할 수도 없고 양척 사이에 손을 얹을 판결자도 없구나"(욥 9:32-33)라고 말했다. 욥은 자신의 편에 서서 자신에게 손을 들어줄 사람을 찾고 있었다. 반면 그에게는 하나님 편에 서서 하나님의 손을 들어주고 하나님과 그를 맺어줄 수 있는 누군가도 필요했다.

욥에게 하나님은 그가 닿을 수 없는 먼 곳에 계신 분처럼 느껴졌다. 그러나 지금의 우리는 예수님이 하나님과 사람 사이의 공백을 이어주셨기 때문에 그렇게 느낄 필요가 없다. 예수님은 우리가 부르짖을 때 느끼는 기분과 감정을 이해하실 수 있는 분이시다. 그리고 행동을 취할 수 있는 하나님의 능력을 지닌 분이시다. 구약 시대의 제사장은 하나님 앞에 백성들을 대신하고 백성들에게는 하나님을 대신하는 사람이었다. 그리고 우리에게는 그 두 편을 완전하게 이해하실 수 있는 대제사장 예수님이 계신다.

그리스도를 통해 하나님께 나아갈 수 있다

예수님은 그 많은 직분에서도 유일한 분이시다. 예수님은 '승천하신 자' 이시다(히 4:14). 이스라엘의 대제사장은 옛 언약 아래에서 일년에 한 번씩 돌아오는 대속죄일에 백성들의 죄를 속죄하기 위해 휘장으로 가려져 있는 성전 안쪽의 지성소로 들어갈 수 있었다. 많은 제사장들이 있었지만 지성소에는 대제사장만이 들어갈 수 있었다.

성경은 예수님이 우리 죄를 영원히 대속하기 위한 제사를 드리기 위해 하늘 성전의 지성소로 들어가셨다고 말하고 있다(히 9:24-26 참조). 예수님은 첫 번째 하늘인 대기권을 통과해 우주 또는 별들이 떠 있는 두 번째 하늘을 지나신 다음, 하나님이 영광 중에 거하시는 세 번째 하늘로 승천하셨다.

이땅에 살고 있는 우리가 기도를 통해 이루고 싶은 것은 하나님의 보좌가 있는 세 번째 하늘에 도달되는 것이다. 문제는 누군가 우리를 데려가지 않는다면 그 곳에 도달할 수 없다는 사실이다. 그 이유는 우리의 대제사장이며 승천하셔서 하나님의 성전과 보좌가 있는 세 번째 하늘에서 지금 우리를 위해 기도하고 계시는 예수님을 제외하고는 이땅에서 세 번째 하늘로 간 사람이 아무도 없기 때문이다.

그러므로 우리의 대제사장이시며 중재자이신 예수 그리스도가 우리가 성령의 능력 안에서 기도할 때 우리의 기도가 가야 할 곳, 즉 우리의 필요와 관심사들이 알려질 수 있는 하나님 앞에 도달할 수 있게 하신다. 하나님의 아들이신 예수님이 하나님 아버지를 대하시기 때문에 우리를 방해하는 모든 장애들을 넘어가실 수 있다. 그래서 기도할 때 우리는 예수님의 이름으로 기도하는 것이다.

고난을 통해 우리와 공감할 수 있는 대제사장이 계신다

히브리서 4장에서는 예수님의 대제사장 직분과 관련된 세 번째 요소로 우리를 향한 예수님의 동정심을 말하고 있다. 15절에서 "우리에게 있는 대제사장은 우리 연약함을 체휼하지 아니하는 자가 아니요 모든 일에 우리와 한결같이 시험을 받는 자로되 죄는 없으시리라"고 적고 있다.

시험을 받고, 피곤에 지치고, 배고프고, 슬프다고 느끼는 등 우리가 경험하는 여러 가지 감정과 기분들이 어떤 것인지를 아는 대제사장이 필요한 이유는 무엇인가? 우리의 그런 기분들을 하나님께 표현하고 전달할 수 있어야 하기 때문이다.

하나님은 실제적인 것이나 잠재적인 것이나 모든 것을 다 알고 계신다. 하나님이 모르시는 사실은 하나도 없다. 하나님은 모든 것을 완벽하게 알고 계신다. 그러나 하나님이 모든 것을 다 아신다 해도 그 모든 것을 경험하신 것은 아니다. 예를 들면 하나님은 우리가 시험을 받는 것과 같은 방법으로 시험을 받은 적이 없으시다. 즉, 하나님은 죄에 대해 알아야 할 모든 것을 다 아시지만 사단을 따르게 만드는 유혹을 경험하신 적은 없으시다.

그러나 하나님은 감정적인 차원에서 우리를 대하고 싶어하신다. 그래서 하나님의 보배로운 아들을 이땅에 보내시고 우리 가운데 거하시며 우리가 느끼는 모든 것을 느낄 수 있도록 우리와 같은 몸을 입게 하시고 우리와 같은 감정을 가지게 하셨다. 그리고 예수님은 그렇게 하셨기 때문에 우리의 감정과 필요를 하나님께 알릴 수 있게 되셨다.

그러므로 우리가 기도하며 우리의 마음을 하나님께 쏟아놓을 때 예수님은 우리의 대제사장으로서 하나님 아버지 앞에서 "아버지, 저들의 마음이 어떤지 저는 알고 있습니다. 죄를 범하게 된 그 압박감이 어떤 것인지 저는 알고 있습니다. 상실감과 기아의 고통이 어떤 것인지 저는 잘 알고 있습니다. 우리의 도움을 필요로 하는 아버지의 자녀들과 공감할 수 있습니다"라고 말씀하신다. 우리에게는 우리의 연약함을 아시는 대제사장이 계시다. 그분은 우리의 눈물과 노력을 보시는 분이시다.

당신은 지금 이 순간 "맞아요. 예수님은 죄가 없으셨어요. 그래서 제가 제 죄에 대해 느끼는 것처럼 정말 그렇게 느끼실 수는 없을 거예요"라고 말하고 싶을 수도 있을 것이다. 그러나 예수님은 느끼실 수 있다. 실제로 예수님은 순전한 분이시기 때문에 죄의 고통을 누구 못지 않게 통렬하게 느끼신다.

한 예를 들어보자. 평범한 일상 생활 속에서 우리는 우리 주위에 있는, 그리고 우리 몸에 붙어 있는 세균들과 늘 함께 살고 있나. 우리는 살균된 환경 속에서 살지 않기 때문에 세균들을 별로 의식하지 않는다. 그리고 세균들과 함께 사는 것을 배운다.

그러나 병원 수술실에서는 이야기가 전혀 다르다. 그곳에서는 그 어떤 세균이나 박테리아의 오염도 용납되지 않는다. 그래서 수술실에서는 아주 미세한 세균이라도 모든 의료진의 주의를 요하는 가장 심각한 문제가 된다. 이 때문에 수술실에 가면, 모든 것이 철저하게 살균 소독된다. 수술실의 무균 상태를 유지하기 위해서는 환자의 생명을 위협하는 감염을 불러올 수 있는 약간의 불순물에도 주의를 기울여야 한다. 이와 같이 예수님께 죄가 없으시다는 사실은 우리와 공감하실 수 있는 예수님의 능력을 오히려 강화시킨다.

그리스도의 중재를 통해 보좌 앞에 나아갈 수 있다

마지막으로 히브리서 4장 16절은 "우리가 긍휼하심을 받고 때를 따라 돕는 은혜를 얻기 위하여 은혜의 보좌 앞에 담대히 나아갈 것이니라"고 말하고 있다. 기도하면서 우리는 아무것도 가릴 필요가 없다. 기도하면서 시간을 낭비하고 있는 것은 아닌가라고 생각하거나, 기도한다고 무슨 소용이 있을 것인가라고 의심할 필요도 없다.

하나님의 보좌 바로 앞에까지 나아갈 수 있는 초대를 받는다는 것이 어떤 것인지를 알고 있는가? 구약 당시 하나님의 백성들은 그렇게 할 수 없었다. 대제사장만이 일년에 한 번씩만 그렇게 할 수 있었다. 그 외에 모든 사람들은 뒤로 물러나 있었다. 그리고 하나님이 대제사장이 드리는 제물을 받으시고 그들의 죄를 한 해 동안 덮어주실 것인지를 확인하기 위해 기다려야 했다. 그러나 예수님은 하나님의 요구를 모두 만족시키셨기 때문에 우리는 하나님께 곧바로 나아갈 수 있게 되었다.

2002년 대학 럭비 경기가 진행되고 있을 무렵 나는 베일러 대학 베어스 팀에 속한 아들 조나단의 경기를 관람하러 갔다. 조나단은 터치다운을 했고 25야드 패스 볼을 잡았다. 아주 멋진 경기였다. 나는 그 경기가 있기 전에 베일러 팀에게 격려의 메시지를 전해달라는 초청을 받아 두 친구와 함께 경기장에 갔다. 그런데 그 두 친구는 특별 경비 때문에 출입이 제한된 탈의실에 들어갈 수 없었다.

그러나 내가 경비 요원들에게 내 출입증을 보여주면서 두 사람이 나의 일행이라고 말하자 그들은 두 사람의 이름을 출입자 명부에 기록했고, 나와 함께 탈의실로 들어갈 수 있게 해주었다. 두 사람은 나와 함께 있었기 때문에 나와 동등한 위치에서 편안하게 탈의실로 들어갈 수 있었다. 선수들이 모인 방으로 내가 들어갈 때 그들도 나와 함께 들어갔다. 그리고 내가 감독실로 들어갈 때도 나와 함께 들어갔다. 내 친구들은 그들 앞에서 그들이 가는 길을 열어줄 수 있는 정당한 권한을 가진 나와 함께 있었기 때문에 자유롭게 다닐 수 있었다.

하나님은 우리가 그리스도와 연합한 덕분에 하나님의 보좌가 있는 방으로 정당하게 들어갈 수 있다고 말씀하신다. 그리고 그 보좌는 은혜의 보좌라는 사실에 주목하라. 우리에게 심판을 내리는 보좌가 아니라 은혜와 자비를 베푸는 보좌다. 그 자리가 보좌인 것은 그 자리에 앉아 계신 분이 우주의 주권자이시기 때문이다. 그곳은 우리에게 필요한 모든 권세와 능력이 귀속되어 있는 자리다. 하나님이 그분의 자녀들에게 그들 스스로의 힘으로는 결코 얻을 수 없는 것들을 주시는 그런 자리다. 그 모든 것은 우리가 담대히 보좌 앞에 나아가도록 우리를 초청하신 예수 그리스도가 우리에게 공급해주신다.

하나님은 우리가 받을 자격도 없고 우리 힘으로 얻을 수 없는 것을 결코 고갈되지 않는 그분의 보좌로부터 우리에게 주신다. 그리고 그것은 기도를 통해 그 보좌에 가까이 나아가는 것과 밀접하게 연관되어 있다. 하나님께는 우리를 돕는 데 필요한 모든 은혜가 있다. 우리는 그 은혜를 구하기 위해 그 보좌 앞으로 나아가야 한다. 그러므로 기도를 덜 하는 그리스도인은 은혜를 덜 입는 그리스도인이다. 기도를 삶의 한 방식으로 받아들이지 못한 그리스도인들은 영적으로 성장하지 못한다. 그들은 은혜가 주어지는 보좌 가까이 나아가지 않기 때문이다. 그들은 자신들의 새로운 본성이 가장 편안하게 느낄 수 있는 영역으로 나아가기를 거부하고 있다.

하나님의 보좌에서 우리가 받는 은혜는 '때를 따라' 도울 수 있도록 계획된 것이다. 은혜는 그것이 필요할 때 주어진다는 사실을 앞에서도 말했지만 다시 기억할 필요가 있다. 하나님은 내일이 될 때까지는 내일의 은혜를 우리에게 주지 않으실 것이다. 그러나 염려하지 말라. 그리스도 안에서 우리에게 베푸시는 은혜는 결코 바닥나지 않기 때문이다. 하나님께 아무리 자주 나아간다 해도 결코 문제가 되지 않는다. 예수님은 우리가 예수님을 구세주로 알고 우리의 대제사장이신 그분께 가까이 나아갈 수 있도록 이땅에서 그 모든 일을 다 이루셨다.

우리에게 필요한 은혜는 응급 환자를 처치하기 위해 그 환자가 있는 곳으로 달려가는 구급차를 생각나게 한다. 진료 보조사들이 환자가 누워 있는 자리까지 가서 도움을 준다. 그리고 그들은 가장 심각한 증상들에 대한 조처를 취하는 은혜를 즉각 베푼다. 그런 다음 환자를 들것으로 실어 여러 가지 의료 장비가 갖추어져 있는 구급차로 옮긴다. 그리고 구급차가 더 많은 의료 장비가 갖추어져 있는 병원으로 가는 동안 구급차 안에서 환자를 돌본다. 일단 병원에 도착하게 되면 환자는 치료를 받고 집으로 돌아갈 수 있게 된다.

어느 날 예수 그리스도가 "저는 죄인입니다. 제게는 구세주가 필요합니다"라고 외치는 우리의 긴급 요청에 귀를 기울이셨다. 그리고 세상에 오셔서 죄로 죽어가는 우리를 구원해주셨다. 그리고 우리의 대제사장으로서 우리가 살아가는 동안 부활로 온전히 회복되어 하나님과 함께 본향으로 돌아가게 될 때까지, 필요한 모든 은혜가 갖추어져 있는 곳으로 우리를 옮겨주셨다.

이런 구세주와 대제사장이 계시는데 어떻게 기도로 그분께 나아가지 않을 수 있겠는가? 기도의 능력을 이끌어내기 시작하면 우리의 새로운 본성이 거하도록 만들어진 영적 환경 속에서 점점 더 강해지면서 급속도로 성장하게 될 것이다.

"그렇지만 난 피곤해요"라고 말할 수도 있을 것이다.

괜찮다. 그냥 가까이 다가가기만 하라.

"저를 이해 못하실 거예요. 전 상처를 입었고 그만 포기하고 싶어요."

나는 이해하지 못할 수도 있다. 그러나 예수님은 이해하신다. 예수님께 나아가라. 예수님이 만나주실 것이다. 그리고 은혜를 베푸시는 보좌 앞으로 이끌어주실 것이다.

남북 전쟁 중 한 병사가 백악관 밖에 있는 의자에 고통스런 표정으로 앉아 있었다. 한 소년이 그에게 다가와 무슨 일이 있었는지를 물었다. 그 병사는 링컨 대통령을 만나야 하는데 경호원들 때문에 백악관 안으로 들어갈 수가 없다고 말했다.

그 말을 들은 소년은 그 병사의 손을 잡고 경호원들 사이를 지나 대통령 집무실까지 그를 안내했다. 그리고 "아버지, 이 병사가 아버지를 만나 꼭 할 말이 있대요"라고 말했다. 그 소년은 언제든지 아버지를 직접 만날 수 있는 대통령의 아들이었다.

하나님의 아들 예수님은 우리가 살아가는 동안 무슨 일이 일어나든지 우리의 필요를 채울 수 있는 무한한 은혜가 있는 하나님 앞으로 친히 우리를 이끌어가실 채비를 하고 서 계신다.

교회

개인의 영적 성장을 돕는 공동체

자연 현상과 동물의 생태를 다루는 많은 TV 프로그램들이 있다. 그래서 우리는 동물의 세계를 가까운 곳에서 면밀하게 관찰할 수 있게 되었다. 흥미로운 것은 대부분의 프로그램에서 보여주는 다양한 동물들의 생존 방식들은 이미 우리가 알고 있는 사실로서 그것을 다시 한번 확인시켜주는 효과가 있다는 점이다.

예를 들면 하나님은 대부분의 동물들이 인진을 유지하면서 새끼들을 키우고 번식할 수 있도록 공동체를 이루어 살게 하셨다. 이러한 이유로 동물들이 무리로부터 떨어지게 되면 대부분은 그들에게 있는 최대한의 잠재력을 좀처럼 발휘하지 못한다. 게다가 무리로부터 떨어져 낙오된 동물은 사자와 같은 약탈자의 손쉬운 표적이 되어 죽임을 당할 수 있다.

공동체라는 개념은 물질적인 세계와 영적인 세계 모두에서 중요한 원리다. 하나님은 그리스도인들이 교회라는 공동체 속에서 태어나 보호를 받고 양육될 수 있도록 계획하셨다. 성경은 우리의 적인 마귀가 "우는 사자같이 두루 다니며 삼킬 자를 찾나니"(벧전 5:8)라고 말하고 있다. 공격 받기 가장 쉬운 사람은 양육 받을 수 있는 교회라는 테두리 안에서 자신의 역할을 더 이상 하지 않는 사람이다.

교회는 하나님이 이 세상에 두신 가장 역동적인 실체다. 그 이유는 교회는 곧 각 그리스도인들의 삶을 지원하기 위한 시스템이기 때문이다. 아무도 아기가 혼자 힘으로 자랄 수 있으리라 기대하지 않는 것같이 하나님도 우리가 다른 그리스도인들과 격리된 채 영적으로 자라고 성숙할 것을 기대하지 않으신다. 영적 성장은 집단적으로 이루어진다. 그것은 모든 것을 혼자 다 하지 않아도 된다는 것을 의미하기 때문에 누구에게나 좋은 소식이 될 수 있다. 그리스도인들은 그들을 도울 수 있는 영적인 부모와 형제 자매들로 둘러싸이는 가정적이고 건강한 분위기 속에서 가장 잘 성장할 수 있다.

하나님의 창조 사역 가운데 유일하게 '좋지 않다'(창 2:18)고 말씀하신 부분은 아담이 독처하는 것에 대한 생각을 피력하실 때였다. 하와를 지으신 것에는 결혼 그 이상의 의미가 함축되어 있다. 아담에게 하와를 주심으로 하나님은 인간이 공동체 안에서 존재하도록 지으셨다는 근원적인 원리를 표명하셨다. 그리고 그 원리는 교회 안에서 가장 잘 표현되고 있다.

성경은 교회의 공동체적 또는 집합적 특성을 잘 보여주는 몇 개의 용어들을 사용하고 있다. 그 용어들 가운데 하나는 물론 가족이다. 실제로 바울은 하나님이 모든 그리스도인들을 하나님의 양자로 삼으셨다는 뜻의 입양과 구원을 같은 동의어로 사용하였다(갈 4:5, 엡 1:5 참조). 하나님이 그리스도인들을 양자로 삼으신 것은 절대 간과해서는 안 될 놀라운 사실이다. 입양되기를 기다리고 있는 아이들이 전 세계적으로 수십만 명에 달한다. 그러나 하나님의 자녀 가운데 가정이 없는 상태로 남겨져 있는 사람은 단 한 명도 없다.

나는 "왜 교회에 가야 하고 또 하나님의 가족이 되어야 하는 건가요?"라는 질문을 종종 받는다. 사실상 그리스도인은 하나님의 가족이다. 그것이 성경이 말하고 있는 진리이자 신학적 진리다. 그러나 많은 하나님의 자녀들은 마치 아무도 필요하지 않은 것처럼 살아가려 하고 있다. 교회의 일원으로 자신의 역할을 하지 않는 그리스도인들은 이기적이고 죄 많은 삶을 살아가고 있는 것이다. 그들은 하나님의 뜻에서 벗어나 있으며 그것은 곧 자신의 영적인 성장을 훼손하고 있다는 것을 뜻한다.

"왜 교회의 일원으로 살아야 하는가?"라고 이유를 묻는 질문에 대한 대답은 그래야 교회를 찾아 설교를 들을 수 있기 때문만은 아니다. 교회는 우리가 영적으로 최대한 성장할 수 있도록 하나님이 만들어주신 환경이기 때문에 우리는 교회의 일원이 되어야 한다. 교회는 새 언약의 유익과 은총에 집합적으로 참여하는 구원받은 사람들의 공동체나(고후 3:5-8 참조). 교회를 떠나서는 영적으로 성장할 수 없다. 나는 하나님이 그리스도인의 성장과 그리스도의 보다 큰 몸을 이루고 있는 교회의 사역을 얼마나 밀접하게 연결시키고 계시는지를 보여주고 싶다.

우리가 생각하게 될 진리는 모든 믿는 그리스도인들로 이루어진 우주적인 교회와 특정 지역의 그리스도인들로 이루어진 지역 교회 모두에게 해당된다. 지역 교회는 특정한 한 지역 사회 안에서 그리스도의 우주적인 몸이 표현되고 명시되는 것일 뿐이다.

교회를 하나의 개념으로 생각할 뿐 그리스도인들로 이루어진 지역 집합체에 참여하는 일에는 별로 관심이 없다고 말하는 사람들도 있다. 그런데 미안하지만 기독교는 그런 식으로 일하지 않는다. 그렇게 말하는 사람들은 "나는 인류를 사랑한다. 그런데 내가 견딜 수 없는 것이 바로 인간이다"라고 말하는 사람과 같다. 예수 그리스도는 교회라 불리는 가족을 구원하기 위해 죽으시고 부활하셨을 뿐 아니라, 교회 활동에 하늘에 속한 모든 자원들을 투자하실 만큼 교회에 깊이 헌신하신다. 그리스도인들의 집합체인 교회와 각 교인들과의 관계는 매우 중요하다. 교회가 없이는 그리스도인으로서 최대한 성장하고 성숙할 수 없기 때문이다. 지역 교회의 일원으로서 자신의 역할을 하지 않으려는 그리스도인은 죄 가운데 거하는 것이며 하나님과의 교제 밖에 있는 것이다. 왜냐하면 그들은 불순종하는 삶을 살고 있기 때문이다(히 10:24 참조).

영적 성장과 교회의 역할

교회는 영적 교훈을 얻을 수 있는 강의실일 뿐 아니라 우리의 영적 성장을 강화시켜주는 살아서 성장하는 유기적 조직체다. 성경에서 영적 성장과 교회의 관계를 에베소서만큼 잘 설명해주고 있는 부분은 없다. 바울 사도는 교회에 대해 다음과 같이 진술했다.

"그러므로 이제부터 너희가 외인도 아니오 손도 아니오 오직 성도들과 동일한 시민이오 하나님의 권속이라 너희는 사도들과 선지자들의 터 위에 세우심을 입은 자라 그리스도 예수께서 친히 모퉁잇돌이 되셨느니라 그의 안에서 건물마다 서로 연결하여 주 안에서 성전이 되어 가고 너희도 성령 안에서 하나님의 거하실 처소가 되기 위하여 예수 안에서 함께 지어져 가느니라"(엡 2:19-22).

'하나님의 권속'이라는 말은 우리가 그 누구보다 더 큰 어떤 것의 한 부분이라는 사실을 말해준다. 그리고 바울 사도는 하나님의 권속으로서 모든 성도들이 함께 '성장한다'고 말하고 있다. 이 구절에 나오는 모든 대명사는 복수형으로 되어 있다. 우리는 서로 연결되어 함께 세워지고 자라게 된다. 왜냐하면 우리는 교회로서 함께 자라는 것이지 위대한 그리스도인으로서 각자 자라는 것이 아니기 때문이다. 그리고 그렇게 자랄 때 유일무이한 하나님의 임재를 경험하게 된다(엡 3:10, 17-21 참조).

다른 곳에서는 얻을 수 없는 축복

우리가 하나님의 자녀라는 바로 그 이유 때문에 하나님이 우리를 위해 하시는 일들이 있다. 모든 그리스도인들은 구원을 얻었고, 성령의 확증을 받았으며, 하늘나라가 보장되었다. 모든 그리스도인들은 성령으로 세례를 받고 그리스도의 몸을 이루게 된다(고전 12:13 참조). 그러나 우리가 그리스도의 몸을 이룬 지체로서 우리 각자의 역할을 감당하지 않을 때 하나님이 우리를 위해 하시는 다른 많은 일들도 있다. 영적인 성장은 교회라는 환경 속에서만 온전히 실현될 수 있는 그런 일들 가운데 하나다.

미국에서 영화 비디오 대여점이 처음 시작되었을 때 헐리웃에서는 영화관을 찾는 손님들이 줄어들 것이라고 깊이 우려했다. 한 가족이 3달러만 지불하면 집에서 편안하게 영화를 즐길 수 있는데, 그보다 몇 배나 더 되는 입장료를 지불하면서 먼 거리에 있는 영화관까지 굳이 찾아갈 이유가 없을 것이라 생각했기 때문이었다.

그러나 그런 염려는 기우로 드러났다. 예상대로 영화 비디오 대여업은 히트를 쳤지만, 놀랍게도 비디오 테이프 대여와 판매가 늘면 늘수록 영화관 이용자가 줄어들기는커녕 오히려 증가하는 추세를 보였다. 그 이유를 분석해보니 관람객들로 가득 찬 영화관에서만 얻을 수 있는 재미를 집 거실에서는 절대 느낄 수 없기 때문이었다.

영화관이 제공해주는 것은 웃고 울며 놀라는 사람들 속에서 만들어지는 집단 역학이었다. 우스운 장면을 보고 혼자 웃는 것보다 주변의 사람들과 함께 웃을 때 훨씬 더 즐겁고 동화되기 쉽다는 사실을 당신도 잘 알고 있을 것이다.

우리는 골방에 들어가 혼자 기도해야 할 때가 있다. 반면 교회에 모인 하나님의 백성들 속에서만 경험할 수 있는 일들도 있다. 에베소서 2장 22절에 의하면 교회는 성령님이 거하시는 집합체다. 성령님이 거하시는 각 개인이 예배, 찬양, 훈계, 격려, 봉사를 위해 모일 때 성령님이 강력한 방법으로 자신을 드러내시고 우리는 그분의 임재를 경험하면서 성장하게 된다.

교회를 향한 그리스도의 헌신

에베소서 4장에서 바울 사도는 그리스도의 몸인 교회와 영적 성장의 관계를 더 깊이 다루고 있다. 그는 '성령의 하나 되게 하신 것'(3절)과 하나인 우리의 믿음과 주님에(4-6절) 대해 이야기하면서 그 배경을 설정하고 있다.

그런 다음 그는 하나님의 백성들에게 영적인 은사들을 주시고 은사를 가진 사람들을 교회에 주시는 그리스도의 독특한 사역을 설명했다(7-11절). 우리는 다음 장에서 영적인 은사들을 다루게 될 것이다. 여기서 살펴보기 원하는 것은 예수 그리스도가 교회를 위해 십자가에서 죽으시고 땅 아래로 내려가셨던 사실이다. 우리는 그리스도의 몸이신 교회를 얻기 위해 그리스도가 치르신 대가를 무시할 수 없다.

그리스도가 우리 죄의 대가를 지불하기 위해 성금요일에 십자가에 달려 돌아가셨다. 그리고 부활 주일에 죽음에서 살아나셨다. 그 이틀 사이에 자신의 승리를 선포하시고 의로운 영들을 지옥으로부터 하늘로 이끌어가시기 위해 지옥으로 내려가셨다. 그리고 그리스도가 그들을 사단의 영역에서 의로운 곳으로 이끌어내셨지만, 사단은 그분을 저지하는 그 어떤 것도 할 수 없었다. 그것이 에베소서 4장 9-10절이 말하고 있는 내용이다.

우리가 교회로 모이는 이유는 그리스도의 승리를 축하하기 위해서다. 우리가 사는 세상이 일주일 동안 우리를 공격하면서 우리를 패배한 것처럼 느끼게 만들지만 그리스도의 몸을 이룬 다른 지체들과 함께 모일 때 우리는 우리가 승리자의 편에 서 있다는 사실을 기억하게 된다. 혼자서 축하한다는 것은 쉬운 일이 아니다. 축하할 만한 일이 있을 때 우리는 기쁨을 나누기 위해 사람들을 불러 모은다. 예수 그리스도는 자신의 승리를 기뻐하시며 십자가에서 이루신 일을 축하하기 위해 교회들을 불러 모으신다. 영적 성장이 그렇듯이 축하는 집단적으로 함께해야 한다.

장애인 올림픽에서 일어났던 한 아름다운 에피소드는 교회가 어떤 모습으로 돌아가야 하는지를 잘 보여준다. 각기 다른 장애를 가지고 있는 선수들이 100미터 단거리 경주를 위해 출발 지점에 서 있었다. 이윽고 스타트 총성과 함께 모든 사람들이 달려나가는 찰나에 한 선수가 넘어지며 울기 시작했다. 그러자 놀라운 일이 벌어졌다. 앞질러 달려가던 다른 선수들이 모두 달리기를 멈추고 되돌아와 넘어진 선수를 일으켜 세웠다. 그리고 그 선수를 중심으로 모든 선수가 다 팔짱을 끼고 결승선을 함께 통과하는 진풍경이 펼쳐진 것이다.

일반 올림픽에서는 이런 일이 일어날 가능성이 거의 없다. 그 대표적인 일화가 있다. 여러 해 전 한 스포츠 잡지에 우승 유망주였던 여성 육상 선수의 사진이 실렸다. 사진 속의 그녀는 경주로에 넘어진 채 다리를 잡고 고통스러워하고 있었고, 다른 선수들은 그녀를 스쳐 지나가고 있었다.

그런데 동일한 상황에서 장애인 올림픽 선수들은 왜 넘어진 선수가 있는 곳으로 되돌아갔을까? 그들은 자신들에게 부족함과 연약함이 있다는 사실을 알고 있었고 자신들 가운데 누구라도 그렇게 넘어질 수 있다는 사실을 잘 알고 있었다. 그래서 그들은 그를 부축해 다 같이 결승점에 도달했고, 모든 선수들이 그날 경기의 승리자가 될 수 있었다.

그날 그들은 아무도 메달을 목에 걸 수는 없었지만 그들은 모두 한 인간으로서 성장하는 경험을 했을 것이다. 하나님은 우리 힘으로 획득할 수 있는 메달보다 우리의 성장에 더 큰 관심을 보이신다.

바울 사도가 에베소서 4장 11절에 언급한 대로 은사를 가진 종들은 '그리스도의 몸을 세우기'(12절) 위한 일에 우리를 준비시키시려고 하나님이 교회에 주신 사람들이다. 이 구절에서 바울 사도는 그리스도의 승리를 교회 그리고 교회 구성원들의 성장과 연결시키고 있다. 세우는 것은 자라게 하고 성장하게 하는 것이다. 그리고 그것은 우리가 '그에게까지 자란' 사람이 될 때까지 교회가 계속 일하기를 하나님이 원하시는 것이다. 그런 성장의 목표는 그리스도처럼 되는 것이다(엡 4:15 참조).

교회 안에서 서로 연결된 성장의 필요성

"나는 그리스도인으로서 우리 각자의 성장에 대해 이야기하고 있는 것이라 생각했는데, 아닌가요?"라고 말하고 싶은 사람들도 있을 것이다. 맞는 말이다. 그러나 우리는 '독불장군식 성장'이 아닌 다른 교인들과 연결된 성장에 대해 이야기하고 있는 것이다. 이는 교회의 상징으로 성도의 몸을 사용하는 것이 그렇게도 중요한 이유다. 몸은 함께 일하고 함께 자란다. 분리된 신체의 일부가 자라서 튼튼해지는 것은 공포 영화에서나 가능한 일이다.

우리는 교회 공동체의 한 부분으로 자란다

교회의 개념은 미묘하고 이해하기 어려울 수도 있다. 왜냐하면 우리와 다른 성도들이 연결되어 있는 것을 눈으로 볼 수 없기 때문이다. 그러나 몸의 개념은 쉽게 이해할 수 있을 것이다. 왜냐하면 우리 모두 한 몸을 가지고 있고 우리 몸이 어떻게 작용하는지를 볼 수 있기 때문이다. 인간의 신체는 생명이 없는 무기물이 아니라 살아 있고, 성장하며, 변화하는 유기체다. 우리 몸이 제 기능을 하면서 자라기 위해서는 몸의 각 부분이 연결되어 있어야 한다. 많은 사람들이 영적으로 잘 성장하지 못하는 이유는 시선을 몸에서 격리시켜놓기 때문이다.

나는 이 책을 쓰는 동안 유타주에 사는 한 젊은 산악인의 놀라운 이야기를 들었다. 그는 바위에서 떨어진 후 생존을 위해 스스로 자신의 팔을 절단했다. 그리고 이 일이 알려진 후 몇몇 사람들이 그의 잘려진 팔을 찾아 그 일대를 탐색했다. 그의 몸에서 잘려나간 팔을 다시 붙일 수 있는지를 알아보기 위해서였다. 그들의 노력은 결국 실패로 끝났다. 하지만 사지를 다시 접합시키는 수술은 절단된 신체 주위에 피를 공급하고 생명력을 회복시킬 수 있는 믿기 어려운 힘이 우리 몸에 있다는 사실을 입증해주고 있다는 점에서 시사하는 바가 크다. 그리스도의 몸에도 그 절단된 지체들을 회복시키는 그런 힘이 있다.

그리스도의 몸을 이루고 있는 우리는 모두 서로 연결되어 있으며, 하나님의 아들을 '믿는 것과 아는 일'에 하나가 되어 '온전한 사람'을 이루기까지(13절) 계속 서로를 세워나가야 한다. 그러므로 누구도 떨어져나가 성장하지 못하게 되는 일이 일어나지 않게 해야 한다.

교회는 영적 성장에 필요한 불을 지펴준다

히브리서 기자는 교회를 향해 "서로 돌아보아 사랑과 선행을 격려하며 모이기를 폐하는 어떤 사람들의 습관과 같이 하지 말고 오직 권하여 그 날이 가까움을 볼수록 더욱 그리하자"(히 10:24-25)라고 말하고 있다. 하나님의 사람들이 주는 사랑을 경험하고, 주님을 섬기는 일에 다른 사람들과 함께 동참하며, 그리스도와 다른 사람들을 통해 정기적으로 격려받을 때 우리는 그 어느 때보다 영적으로 급속하게 성장하게 된다.

그러므로 교회로 모이는 일을 그만두어서는 안 된다. 모이는 일은 우리의 영적 성장을 자극하는 환경을 조성해준다. 나는 격려를 받아야 할 필요를 느낄 때가 있다. 우리를 움츠러들게 만들고 낙심시키는 일들이 일어날 때 우리에게는 우리 자신을 다시 일으켜 세울 수 있는 곳이 필요하다. 히브리서 10장 24절에 사용된 '격려하다'라는 말은 '불을 지피다' 또는 '불을 일으키다'라는 뜻이다. 그것은 쉽게 타서 없어지는 통나무 하나와는 달리 여러 개의 통나무들이 쌓여 밝게 오랫동안 타오르면서 더 많은 열을 뿜어내는 모습을 보여주는 것이다. 하나님의 가족들에게서 격리된 채 하나님을 위해 홀로 오랫동안 뜨겁게 타오를 수 있는 사람은 아무도 없다.

우리는 반드시 영적으로 성숙해져야 한다

"사랑받고, 양육받고, 격려받고, 소중한 사람으로 여겨지고, 다른 사람들의 섬김을 받을 수 있는 그런 곳에 가고 싶으세요?"라고 묻는다면 대부분의 사람들은 그렇다고 대답할 것이다. 교회가 그런 곳이 되어야 한다. 그러나 중요한 사실을 놓치지 말라. 두 유기체 사이에서 동시에 일어나는 쌍방의 성장은 두 유기체가 서로 관계를 맺고 서로에게 유익을 줄 때 일어나게 된다. 그러나 한쪽이 일방적으로 받기만 할 때는 기생적 성장이 일어나게 된다.

교회 안에서 받기를 바라고 성장하기를 바라는 반면 아무것도 되돌려주지 않으려는 사람들이 많다. 그들이 교회 안에서 관심을 갖는 유일한 대상은 오로지 자기 자신이다. 그래서 교회를 인간의 신체라고 가정할 때, 그런 사람들이 발가락이 될 경우 발가락이 어딘가에 채이기라도 할라

치면 그들은 몸 전체, 즉 교회가 그들의 고통을 덜어주기 위해 그 자리에서 반응을 보이며 펄쩍 뛰게 되길 바란다. 그러나 손가락이 상처를 입고 발가락인 그들에게 도움을 청할 때는 도울 시간을 내지도, 도우려고 힘을 쓰지도 않는다.

성경은 그리스도의 몸에 관한 전형적인 구절이라 할 수 있는 고린도전서 12장 12-31절에서 그 문제를 지적하고 있다. 바울 사도는 그리스도의 몸을 이루고 있는 모든 지체들이 왜 서로를 필요로 하는지 자세하게 설명한 다음, 하나님의 목적은 '몸 가운데서 분쟁이 없고 오직 여러 지체가 서로 같이하여 돌아보게'(25절) 하시는 것이라고 말했다. 다른 사람들이 자라는 것을 도울 수 있게 되기 전까지 먼저 다른 사람들의 섬김을 받고 자라야 하는 기간이 반드시 필요하기는 하지만 영적인 성장은 상호적인 것이다.

성장하기 위해 우리에게 필요한 것들

바울 사도는 성숙한 사람이 되는 것을 영적 성장의 목표 또는 결과라고 설명하면서 기준을 제시해주었다. 우리는 '그리스도의 장성한 분량이 충만한 데까지 이르도록' 자라야 한다(엡 4:13).

바른 기준

어떻게 영적으로 성장해야 하는지 알고 싶다면 예수 그리스도를 바라보라. 바울 사도는 그리스도를 아는 일을 목표로 삼고 그 일에 전념했다(빌 3:10 참조).

우리가 그리스도를 직접 대면하게 될 때까지 그 목표를 완전히 이룰 수는 결코 없기 때문에 그 목표는 평생 추구해야 하는 하나의 과정이다. 그러나 갓난아기에서 성인으로 성장해가는 동안 그 성장하는 모습이 우리 삶 속에서 분명하게 드러나야 한다. 우리가 성장하고 있다는 사실을 알 수 있는 한 가지 방법은 에베소서 4장 14절이 말하고 있는 것처럼 '모든 교훈의 풍조에 밀려 요동치 않는' 영적 안정감을 확인하는 것이다. 아이들의 한 가지 특징은 이리저리 요동치고 시시각각 변한다는 것이다. 아이들의 관심을 다른 데로 돌리게 하거나 아이들을 혼란에 빠뜨리기는 그리 어렵지 않다. 아이들은 쉽게 속아 넘어간다.

우리는 다섯 살짜리 꼬마가 가만히 앉아 있지 못하고 교회를 온통 헤집고 다녀도 그리 심각한 일이라 생각하지는 않는다. 그러나 서른다섯 살 된 어른이 그런 행동을 한다면 문제가 심각하다고 생각할 것이다. 그런데 많은 그리스도인들이 몸은 어른이지만 행동은 어린아이처럼 하며 살아가고 있다. 그들은 작고 사소한 문제들에도 흔들린다. 하나님은 우리가 그런 단계를 벗어나 그리스도 안에서 성숙하게 되기를 바라신다.

사랑과 진리

영적으로 성숙하려면 우리 삶 속에서 적어도 사랑과 진리 이 두 가지가 있어야 한다. 그리고 그 두 가지는 모두 교회라는 환경 속에서 공급된다. 바울 사도는 에베소서 4장 15절에서 불안한 어린아이로 머물러 있지 말고 '범사에 그에게까지 자랄지라 그는 머리니 곧 그리스도라'고 말하고 있다. 그런 성숙함을 불러오는 요소들은 '오직 사랑 안에서 참된 것을 하여'라고 말하고 있는 15절 전반부에서 볼 수 있다. 진정한 성장이 이루어지려면 사랑과 진리(참된 것)가 우리 삶 속에 있어야 한다.

우리는 모든 것을 평가할 수 있도록 정해진 기준인 진리의 중요성에 대해 이야기해왔다. 교회 안에서 일하시는 성령님의 사역이 그리스도의 몸이 자라는 데 중요한 열쇠가 된다. 그러나 성령님은 진리 안에서만 일하신다. 예수님은 성령님을 '진리의 영'(요 14:17)이라고 말씀하셨다. 성령님은 하나님 말씀의 진리를 드러내시고 그것을 우리 마음속에 확증해주시는 일을 하신다. 그리고 교회는 하나님의 진리를 장려하고 선포하며 보호하는 핵심적인 역할을 한다(딤전 3:15 참조).

그러나 진리는 사랑과 조화를 이루어야 한다. 교회는 '사랑 가운데서 뿌리가 박히고 터가 굳어져야'(엡 3:17) 하기 때문이다. 이것 아니면 저것이 아니라 둘 다여야 한다. 많은 그리스도인들이 균형을 잃는다. 그들은 마치 고르지 않게 닳은 자동차 타이어와 같다. 기독교 신앙의 교리적 내용, 즉 진리만을 강조하는 교회와 그리스도인들이 있다. 그 진리는 중요한 것이다. 그러나 우리가 그리스도 안에서 자라기 위해서는 진리 그 이상이 필요하다. 또 진리가 배제된 사랑에만 초점을 맞추는 사람들도 있다. 그렇게 되면 하나님의 진리를 비추는 등대 역할을 하는 교회 사역의 아래 부분이 잘려지는 감상적이고 '무엇이든 괜찮다'는 분위기가 조성된다.

한 가정을 살펴보면서 확인할 수 있는 것처럼 양극단 모두 건강하지 못한 것이다. 부모가 아이들에게 진리를 말한다고 해서 가정이 살기 좋은 행복한 곳이 되는 것은 아니다. 남편이 아내에게 진리를 말한다고 해서 두 사람이 행복한 부부 생활을 하게 되는 것은 아니다. 사랑이 없는 진리의 적용은 매우 엄하고 구속하는 도구가 될 수 있다. 또한 지식을 쌓으면서도 영적으로는 성장하지 못하고 움츠러들 수 있다.

그 반대도 마찬가지다. 사랑에만 초점을 맞추는 부모는 이기적일 뿐 아니라 건전한 윤리적 판단의 틀이 없거나, 부족하고 훈련되지 못한 자녀들을 키워내게 된다.

바울 사도는 사랑이 없는 지식은 우리를 '교만하게' 하는 반면 '사랑은 덕을 세운다'고 말했다(고전 8:1). 사랑은 다른 사람들의 복리를 추구하고 다른 사람들의 필요를 채워주기 위해 희생한다(요일 4:7-12 참조). 그런 사랑과 서로를 세워주는 일은 본질적으로 교회 안에서 이루어지도록 계획되었다(엡 4:15 참조).

교회 안에서 성경은 다른 사람들을 깨뜨리는 망치나 규칙을 지키도록 사람들에게 매를 가하는 채찍처럼 사용될 수도 있다. 그것은 성경이 잘못되었기 때문이 아니라 성경을 들고 있는 손에 문제가 있기 때문이다. 진리가 성장을 장려하기 위해서는 진리를 전달받는 사람들에 대한 사랑과 배려하는 마음을 가지고 진리를 다루고 적용해야 한다.

그 때문에 서신서가 교회 사역에 있어서 '서로'에 대한 배려 또는 관계라는 측면을 강조하고 있는 것이다. 바울 사도가 로마의 그리스도인들에게 서로를 깊이 배려하고 돌보라고 권고하고 있는 로마서 12장 4-16절이 그 좋은 예다. 그런 돌봄이 교회에서 꼭 필요한 일이라는 사실은 신약의 서신서들이 교회나 교회를 감독하는 사람들을 위해 쓰여졌다는 사실에 의해서도 분명해진다. 그리고 그것은 우리가 교회라 불리는 하나님의 영적 공동체의 일부이기 때문에 하나님이 우리와 개인적으로 함께 일하신다는 사실을 말해주는 것이다.

그래서 나는 우리 교회 교인들에게 내가 어디를 가건 달라스에 있는 오크 클리프 바이블 펠로우십 교회라는 그리스도의 몸보다 내가 더 선호하는 곳은 없다고 말하는 것이다. 내가 설교하기를 좋아하거나 설교해달라는 요청을 많이 받을 수 있기 때문에 그런 것이 아니다. 나는 어느 곳에서나 설교할 수 있다. 그러나 나는 우리 교회 식구들을 사랑하고, 그들의 목사로서 그들이 그리스도 안에서 성장할 수 있도록 가르치고 격려하도록 하나님이 내게 맡기신 일들을 사랑하기 때문이다. 그것은 그들과 함께 삶을 나누고 시간을 투자해야 하는 일이다. 다시는 만나지 않게 될 사람들에게 설교하기는 쉬운 일이다. 그러나 그리스도 안에서 자랄 수 있도록 돕기 위해 삶의 모든 영역에서 늘 함께 삶을 나누는 사람들에게 사랑 안에서 진리를 말한다는 것은 쉬운 일이 아니다.

교회의 모든 지체

나는 영적 성장을 다루고 있는 에베소서 4장의 마지막 구절을 좋아하는데, 그 이유는 영적 성장은 한 개인만의 일이 아니라 몸되는 교회의 모든 지체를 다 요구하는 집합적인 일이라는 사실을 분명하게 말하고 있기 때문이다. 그 구절은 바울 사도가 그리스도에 대해 이야기하고 있는 15절에서 시작한 문장에 이어 "그에게서 온 몸이 각 마디를 통하여 도움을 입음으로 연락하고 상합하여 각 지체의 분량대로 역사하여 그 몸을 자라게 하며 사랑 안에서 스스로 세우느니라"(16절)고 말하고 있다.

그리스도의 몸으로서 교회는 각 성도가 자신의 역할을 하며 몸 전체에 기여할 때 성장하게 된다. 교회의 성장은 교회를 구성하고 있는 각 사람의 성장 그 이상이 될 수 없다. 왜냐하면 교회는 살아 있는 지체들로 구성된 살아 있는 유기체이기 때문이다. 또한 각 지체가 성장하지 못하는 것 역시 몸 전체에 영향을 미친다.

배가 아프면 약을 먹고 고통이 사라질 수 있도록 누워 있게 된다. 배만 따로 누워 있을 수는 없다. 배와 함께 몸 전체가 누워 있게 된다. 그리고 배가 나을 때까지는 아무 일도 할 수 없다.

우리 교회 예배당 천장에는 수많은 전등이 달려 있다. 그런데 얼마 동안 그 전등들 가운데 몇 개에 불이 들어오지 않았다. 그래서 나는 이를 설교에 인용했다. 그 각각의 전등은 특정 부분에 빛을 비추기 위해 설계되고 설치되었기 때문에 전등 몇 개만 고장이 나도 예배당 일부가 어둡게 되고, 그 어두운 곳에 앉는 사람들에게 영향을 미치게 된다는 사실을 교인들에게 지적해주었다.

불이 들어오지 않는 전등과 같은 그리스도인들이 많이 있다. 그들은 자신들이 교회 안에서 한 자리를 메우고 있기 때문에 교회에 기여하고 있다는 인상을 주고 싶어한다. 그러나 그리스도의 몸을 비추도록 성령님이 우리를 사용하시지 않고 있다면 우리는 달라져야 한다. 우리 각자는 전체에 없어서는 안 될 중요한 부분이다. 그리고 우리의 역할을 다할 때 하나님이 우리를 자라게 하실 것이다.

성령님의 통제를 받으며 그리스도의 몸을 섬기기 위해 하나님이 주신 은사들을 사용하는 지역 교회의 그리스도인들에 비할 수 있는 것은 아무것도 없다. 그렇게 할 때 그리스도의 몸은 에베소서 4장 16절이 말하고 있는 것처럼 '사랑 안에서 스스로 세워지게' 된다. 그리스도인들이 연합하고 사랑 안에서 함께 자랄 때 많은 문제들이 심각해지기 전에 해결되는데 그것은 몸 자체가 스스로 치유되기 때문이다. 설계된 대로 움직이는 건강한 몸은 성장한다. 그리고 그 몸의 모든 지체들이 유익을 얻게 된다.

제대로 된 치아 관리가 불가능한 빈민국에 살고 있는 사람들은 치아에 문제가 생기면 종종 이를 빼낸다. 다른 방법이 없기 때문이다. 이를 빼면 고통은 해결될 수 있지만 이가 빠진 자리에 있어서는 안 될 공간이 생기게 되고, 다른 이들이 그 공간을 메우기 위해 자리를 넓히면서 또 다른 문제가 발생한다. 치아 관리를 잘 받을 수 있는 나라들에서는 그런 일이 일어나지 않는데 그 이유는 충치를 메우거나 덮어씌우거나 이를 빼지 않아도 되는 조처를 취하기 때문이다.

하나님은 신체의 각 부분이 다른 부분들을 움직이는 데 중요한 역할을 하도록 인간의 몸을 만드셨다. 교회도 마찬가지다. 사랑으로 하나님의 말씀을 가르치는 교회에 아직 속해 있지 않다면 하나님이 의도하신 대로 몸이 그 기능을 하고 있는 곳을 찾아야 한다. 우리에게는 그리스도의 몸에 기여하기 위해서도 그 몸이 필요하고, 또 우리가 그리스도 안에서 성장하기 위해서도 그 몸이 필요하다.

각자에게 맞는 교회를 찾는 방법

영적인 건강을 유지하고 성장하기 위해 교회의 일원이 되는 것이 매우 중요하다. 따라서 성경을 가르치는 교회에 아직 속해 있지 않다면 그리스도인들의 모임을 찾고 그 모임과 하나가 되어야 한다. 우리 각자를 위해 하나님이 마련하신 교회가 있다. 왜냐하면 '하나님이 그 원하시는 대로 지체를 각각 몸에 두셨기'(고전 12:18) 때문이다. 하나님은 우리의 영적 필요들을 채워주실 수 있고, 또 우리가 교회의 성장에 기여할 수 있는 그런 교회에 우리를 두고 싶어하신다. 그런 교회를 찾기 위한 몇 가지 지침이 있다. 삶을 변화시키는 사역에 동참했던 예루살렘 교회를 언급하고 있는 사도행전 2장 42-47절을 기초로 우리가 찾고 싶어할 만한 좋은 교회의 네 가지 중요한 특징들을 살펴볼 수 있다.

첫째는 하나님의 성품과 하나님이 하신 일들을 찬미하며 하나님을 영화롭게 하는 예배를 드리는 교회다. 성경에 기초를 두고 있는 건전한 교회는 하나님을 찬양하는 일을 가장 중요하게 여긴다.

둘째는 성경을 잘 가르치는 교회다. 성경을 이해하고 성경이 우리 삶 속에 어떻게 적용될 수 있는지를 볼 수 있도록 하나님의 말씀을 믿고 존중하고 가르치는 교회인지를 확인하라. 우리 혼자서는 절대 자신이 알고 있는 것 이상으로 성장할 수 없다.

좋은 교회의 세 번째 특징은 그리스도의 생명을 구성원들이 함께 나누는 교제가 이루어진다는 것이다. 그 교제는 예배 후 커피나 음료수를 함께 마시는 그 이상의 교제가 되어야 한다. 교회의 구성원들이 서로 돌보고, 격려하고, 사랑하고, 타이르고, 서로의 삶을 나눌 때 성경이 말하는 교제가 이루어진다. 교회는 교인들에게 의미 있는 소속감을 느낄 수 있게 해주어야 한다.

마지막 네 번째는 교회의 전도 사역이다. 성장하기 원하는 교회가 안으로만 자랄 수는 없다. 교회는 교인들이 말과 선행으로 구원받지 못한 사람들에게 믿음을 증거하는 일의 중요성을 강조할 뿐 아니라 교인들이 자신들의 은사아 재능을 다른 사람들을 위해 사용할 수 있는 기회들을 만들어주어야 한다. 다시 말해서 교회의 영향은 교회의 담 너머로 확장되어야 한다.

은혜 속에 흠뻑 젖어든 분위기 속에서 이 네 가지 특징들을 규칙적으로 경험할 수 있는 교회를 찾았다면 신약 성경에서 제시하는 견실한 교회를 찾은 것이다. 그리고 교회가 나를 위해 무엇을 해줄 수 있을 것인지만 묻지 말고 내가 교회를 위해 무엇을 할 수 있는지를 알아보라.

LIFE ESSENTIALS

헌금

영적 성장을 통해 나타나는 진실한 감사

아버지에게 특이하고 색다른 성탄절 선물을 사드리는 것을 좋아하는 갑부가 있었다. 그에게 가격은 문제가 되지 않았기 때문에 아버지에게 딱 맞는 선물을 찾기 위해 세계 곳곳을 돌아다녔다. 골동품 차를 사드린 적도 있고 또 행글라이더 장비를 구입해드린 적도 있었다.

그리고 아주 독특한 선물을 발견한 적도 있었다. 그 선물은 다섯 가지 언어로 말을 할 수 있고 한 발로 서서 '텍사스의 노란 장미'라는 노래를 부를 수 있는 새였다. 아주 희귀한 재능을 가진 새였기 때문에 그는 새값으로 만 달러를 지불해야 했다. 그러나 그는 개의치 않았다. 아버지는 그런 희귀한 선물을 받을 만한 충분한 자격이 있다고 생각했기 때문이었다. 망설임 없이 새를 구입한 그는 성탄절 선물로 아버지께 보내드렸다.

며칠 후 그는 자신이 보내준 그 특이하고 값비싼 선물을 아버지가 얼마나 만족해하시는지를 확인하기 위해 아버지를 찾아갔다. 그는 문을 열고 들어서자마자 아버지에게 기대에 찬 목소리로 물었다.

"제가 보내드린 선물 받으셨어요?"

"그래, 잘 받았다"

"마음에 드셨어요?"

"그래, 좋더구나!"

아버지의 의례적인 답변이 이어졌다. 아버지는 아들이 보낸 선물이 얼마나 특별한 것인지를 모르고 있었던 것이 분명했다. 그래서 그의 아버지는 아주 특별한 선물을 그저 평범한 새처럼 다루고 있었다.

우리도 하나님이 우리에게 주신 선물들을 그렇게 대할 때가 너무나 많다. 바울 사도는 '네게 있는 것 중에 받지 아니한 것이 무엇이뇨'(고전 4:7)라는 수사적인 의문을 통해 그 사실을 지적했다. 그의 질문에 대한 대답은 없다. 우리에게 있는 모든 것은 폐로 숨을 쉬는 것까지 포함하여 모두 하나님으로부터 온 선물이다. 그 핵심을 놓치지 않기 위해 야고보는 '각양 좋은 은사와 온전한 선물이 다 위로부터 빛들의 아버지께로서 내려오나니'(약 1:17)라고 썼다. 하나님이 우리에게 맡기신 돈을 포함해서 우리에게 있는 모든 것은 다 그분에게 받은 것이라는 사실을 먼저 기억하지 않고는 청지기 직분에 대해 이야기할 수 없다. 그러므로 우리가 하나님께 드리는 것은 하나님이 우리에게 주신 것의 작은 일부를 다시 하나님께 돌려드리는 것에 불과하다.

청지기는 주인이 아니라 관리인이다. 그는 다른 사람의 재산을 감독한다. 모든 것은 하나님의 것이다(시 24:1). 하나님은 우리 각자에게 다시 돌아오실 때까지 시간, 재능, 재물을 주시고 관리하게 하셨다(마 25:14-30). 다른 영역들은 다른 곳에서 다루기로 하고 이 장에서는 우리의 자원을 관리하는 청지기 직분에 대해서 구체적으로 다루고자 한다.

우리는 너무나 많은 그리스도인들이 하나님께 드리는 것이 '하나님이 우리에게 주신 것에 대한 반응'에 불과하다는 사실을 놓치고 있다. 뿐만 아니라, 돈과 재물에 대한 우리의 자세와 특별히 성경이 말하고 있는 헌금에 대한 우리의 자세가 우리의 영적인 체온을 나타내주는 가장 큰 척도라고 성경이 거듭해서 말하고 있다는 사실을 깨닫지 못하고 있다.

복음서에서 예수님은 그리스도인의 삶에 대해 말씀하시고 그리스도를 따르는 것이 어떤 것인지를 보여주시기 위해 다른 어떤 것보다 돈에 대해 자주 언급하셨다. 또 바울 사도가 그가 섬겼던 그리스도인들을 칭찬한 것들 가운데 가장 크게 칭찬한 것은 그들의 헌금에 관한 것이었다. 우리에게서 가장 나중에 구원받는 것이 우리의 지갑이라고 말한 사람이 있었다. 그 말은 보다 많은 그리스도인들이 그들이 성장하고 있는 것보다 은혜 안에서 더 많이 성장하지 못하는 이유를 설명하는 데 도움이 된다. 이 장에서 내가 목표로 하는 것은 당신들이 영적 성장을 헌금하는 것과 연결시킬 수 있도록 도와주는 것이다.

영적 성장을 보여주는 강력한 척도

헌금에 대한 우리의 태도는 자동차 계기반에 붙어 있는 표시등과 매우 흡사하다. 그 표시등이 커지면 자동차 덮개 아래서 무언가 주의를 기울여야 할 문제가 발생하고 있다는 것을 말해주는 것이다. 하나님이 우리 삶 속에서 돈과 헌금에 관련된 표시등에 불을 켜실 때 그것은 헌금을 내느냐 안 내느냐의 문제가 아니라 하나님께 물질을 드릴 때 우리 마음속 깊은 곳에 어떤 감정의 움직임이 있는가를 기준으로 삼으신다. 그리고 그것은 하나님이 다루고 싶어하시는 것이기 때문에 우리가 거스를 수 없는 것이다.

많은 그리스도인들이 '주는 자의 간경변'을 앓고 있다

오늘날 많은 그리스도인들이 '주는 자의 간경변'이라고 불리는 질병에 시달리고 있다. 초대 교회 당시부터 이어져 내려오는 그 질병에 걸리면 영적으로 쇠약해진다. 첫 발병 사례는 기원 후 34년경에 아나니아와 삽비라라는 이름을 가진 부부에게서 나타났다. 그들은 하나님의 선물을 탐냈고 그에 합당한 벌을 받았다(행 5:1-11 참조).

'주는 자의 간경변'은 심각한 질병이다. 그 병에 걸린 사람들은 헌금 주머니가 자신에게 다가오면 갑자기 마비되면서 지갑을 꺼내지 못하는 증상을 보인다. 그런데 그 이상한 증세가 상점이나 골프장이나 고급 음식점 등에서는 종종 사라진다. 그러나 교회에서는 정기적으로 나타난다.

기부금에 대한 세금 감면 혜택 등으로 그 증상을 치료해보려는 사람들도 있다. 그러나 그 병이 퍼져 나가는 것을 볼 때 그런 혜택도 별 효과가 없는 듯하다. 주지 못하고 움츠르드는 그 병이 하나님의 가족을 계속 괴롭히고 있다. 실제로 최근 조사 결과에 따르면 미국 그리스도인들이 평균 수입의 2.5퍼센트만을 하나님의 나라를 위해 쓰는 것으로 나타났다. 그 사람들 가운데 성경을 통째로 믿는다고 주장하는 사람들도 포함되어 있다. 그러나 평균적으로 볼 때 하나님의 사역을 위해 십일조에 훨씬 미치지 못하는 금액을 헌금하고 있다.

더 비극적인 것은 경기가 급등했던 1990년대에도 그 숫자가 개선되지 않았다는 사실이다. 그리스도인들이 평균적으로 하나님께 드린 금액의 비율은 2.8퍼센트였던 30년 전보다 더 떨어졌다. 그것은 미국 교회의 '지붕 아래' 잘못된 무언가가 있다는 것을 보여준다. 우리의 영적 우선순위가 뒤바뀐 것이다.

그 우선순위를 바로잡기 위해 우리는 성경에서 돈과 헌금이라는 주제를 다루고 있는 가장 중요한 두 장인 고린도후서 8-9장에 시간을 할애할 필요가 있다. 이 장에서 바울 사도는 고린도 교회 성도들에게 재정적인 도움을 절실히 필요로 하는 예루살렘 성도들에게 보내주기로 약속했던 특별 헌금의 모금을 끝마칠 것을 권고하고 있다. 나는 그 두 장을 통해 헌금과 영적 성장의 관계를 당신이 볼 수 있도록 도와주고 싶다.

헌금은 하나님의 은혜에 대한 우리의 반응이다

바울 사도는 고린도 교인들에게 헌금을 격려하고 권고하기 위해 마게도냐 성도들을 예로 들었다. 바울 사도가 '하나님이 마게도냐 교회들에게 주신 은혜'(고후 8:1)와 '많은 시련에도 불구하고 마게도냐 교회들이 한 풍성한 연보'(2절)를 연결시키고 있음에 주목하라. 그들은 '힘에 지나도록 자원'하였을 뿐 아니라 '성도 섬기는 일'에 참여할 수 있게 해주기를 '간절히 구하기까지' 했다(3-4절). 그리고 5절에서 결정타가 터지는 것을 볼 수 있다. "우리의 바라던 것뿐 아니라 저희가 먼저 자신을 주께 드리고 또 하나님 뜻을 좇아 우리에게 주었도다."

마게도냐 사람들은 자신들이 하나님께 속했다는 사실과 그들에게 있는 것이 무엇이든 간에 그것은 하나님의 은혜의 선물이라는 사실을 이해하고 있었다. 그래서 하나님이 주실 때까지 그냥 기다리고 있을 수 없었다. 그들은 그들의 지갑을 포함해 자신들을 먼저 주님께 드렸다. 바울 사도는 마게도냐 사람들이 자신들을 하나님께 드린 방법은 그들이 먼저 바울에게 헌금 주머니를 요청한 것이었다고 말했다.

우리에게 상당한 도전이 되는 일이다. 헌금하지 않고는 견딜 수 없어서 헌금 주머니가 앞에 오기까지 간절히 기다렸던 때는 언제인가? 우리 교회에서 헌금하는 일은 너무나 신나는 일이라고 말한 한 교인이 있었다. 내가 그 이유를 묻자 그는 "하나님이 너무 친절하셔서요"라고 대답했다.

일단 헌금과 하나님의 은혜를 연결시키게 되면 설교자가 헌금하라고 간청하기 때문이 아니라 또는 하나님과 거래하기 위해서가 아니라 하나님의 선하심에 이끌려 헌금하지 않을 수 없게 된다. 환난과 가난에도 불구하고 마게도냐 사람들이 주님 안에서 경험했던 '넘치는 기쁨'은(2절) 헌금에 대한 그들의 자세 속에서 그 모습을 드러냈다. 그것이 우리가 기억해야 할 열쇠다. 왜냐하면 성경에서 헌금은 우리의 돈뿐 아니라 우리의 영적인 삶과 연결되어 있는 것을 볼 수 있으며 그 둘이 더 밀접하게 연결되면 될수록 우리는 더욱 더 성장하게 된다.

하나님의 은혜와 헌금은 매우 밀접한 관계가 있기 때문에 고린도후서 8장에서는 은혜라는 말이 적어도 5번 이상 사용되었다. 성경은 우리의 헌금과 우리에게 흘러 넘치는 하나님의 은혜를 거듭해서 연결시키고 있다. 바울 사도는 헌금을 십자가에서 돌아가신 그리스도의 희생적인 죽음과 연결시키며 그리스도가 하늘의 모든 부요를 다 누리실 수 있는 분이셨음에도 불구하고 그 모든 것을 떠나 인간의 육체를 입으시고 우리를 위해 돌아가심으로 스스로 가난하게 되셨다는 사실을 강조했다(고후 8:9 참조).

하나님이 우리에게 얼마나 은혜로우신 분인지를 아는 것이 중요하다. 왜냐하면 많은 사람들이 쓰고 남은 것을 하나님께 드리고 있기 때문이다. 그들은 청구서를 다 지불하고, 돈을 쓰고 싶은 일에 다 할애하고 난 다음 남는 것이 있을 때 그것을 드리려 한다. 그러나 하나님께 백만 달러를 드린다 해도 그것이 쓰고 남은 것이라면 우리는 하나님께 무례를 범하는 것이다(말 1:6-9 참조).

다른 사람에게 받은 선물이 마음에 들지 않을 경우, 그 선물을 다시 포장해서 다른 누군가에게 주는 사람들이 있다. 또 자신이 원치 않는 선물들을 장롱 속에 가득 넣어두었다가 필요한 물건이 있을 때 그것을 찾기 위해 장롱 속을 뒤지는 사람들도 있다. 이러한 류의 물건을 다른 사람에게 주는 것은 엄밀하게 말해 선물이 아니다. 그저 사용하지 않는 여분의 남은 선물들을 다른 사람들에게 넘기는 것뿐이다. 그런 방식으로 하나님께 드리는 사람들도 있다. 그것은 명백하게 하나님을 모욕하는 것이다.

신약 성경에서는 하나님의 일을 하기 위한 돈을 모금하기 위해 구걸을 하거나 물건을 팔거나 그 밖의 다른 방법들을 동원하는 것을 볼 수 없다. 우리가 볼 수 있는 것은 자신들이 섬기는 하나님을 알고 있기 때문에 그 하나님의 은혜에 반응하는 마게도냐 신자들과 같은 사람들이다. 하나님의 은혜는 우리에게 창조하신 모든 것을 주기 위한 것이었다. 낮에 빛을 비추어주시기 위해 태양을 만드셨고 밤에 빛을 비추어주시기 위해 달과 별들을 만드셨다. 씨앗을 주기 위해 꽃들을 만드셨다. 아담과 하와도 그들의 자녀들에게 주는 것을 가르쳤다. 그 근거로 성경은 아벨이 양의 첫 새끼를 하나님께 드렸다고 말하고 있다(창 4:4 참조).

하나님은 주시는 분이시다. "하나님이 세상을 이처럼 사랑하사 독생자를 주셨으니"(요 3:16). 은혜를 이해할 때 우리의 사정은 문제가 되지 않는다. 우리의 헌금은 부채와 수입의 비율, 재정 지수, 경제 지표, 세금 액수에 의해 결정되는 것이 아니기 때문이다.

뿌리는 것과 거두는 것에 관한 원리

하나님의 은혜 안에서 헌금하는 것에 대한 기초를 쌓은 후 바울 사도는 고린도후서 9장에서 고린도 교회에게 그가 도착하기 전에 헌금이 마련되어 있어서 자신이나 그들이 부끄러움을 당하는 일이 없게 할 것을 주문했다(1-5절). 그런 다음 6절에서 바울 사도는 헌금의 원리에 관한 중요한 이야기를 시작했다.

추수하기 위해서는 씨를 뿌려야 한다

바울은 자신의 논지를 설명하기 위해 그리스도인들이 쉽게 공감할 수 있는 농부를 예로 들었다. "이것이 곧 적게 심는 자는 적게 거두고 많이 심는 자는 많이 거둔다하는 말이로다"(고후 9:6). 다시 말해서 적게 주는 사람은 적게 받게 되고, 많이 주는 사람은 많이 받게 될 것이라는 말이다.

나는 농부가 아니다. 그러나 농부의 추수는 그가 뿌린 것에 따라 달라진다는 것을 알고 있다. 씨를 뿌리지 않고 풍성한 수확을 기대하는 농부는 없다. 교회 생활에 충실하고, 매일 경건의 시간을 가지며, 구원받지 못한 사람들에게 복음을 증거하는 그리스도인을 농부라 할 수 있을 것이다. 그러나 먼저 심지 않고는 거둘 수 없다. 심는 대로 거두는 원리는 창조 원리의 하나다.

수확을 기대하는 농부가 하지 않는 또 다른 일이 있다. 심어야 할 씨앗을 먹지 않는 것이다. 아프리카 같은 곳에서 기근이 계속 반복되는 이유는 한파나 천재 지변으로 수확을 거둘 수 없게 되면 농부들이 궁여지책으로 씨앗을 먹기 때문이다. 그러나 그렇게 되면 씨를 뿌려야 할 시기가 돌아와도 뿌릴 씨앗이 없기 때문에 문제는 더 심각해진다.

수확을 희망하는 농부는 당장의 필요를 채우기 위해서가 아니라 먼 훗날 더 많은 추수를 위해서 씨앗을 비축해야 한다. 이 기본적인 사실은 물질 헌금의 사역에 있어서도 매우 중요하다. 왜냐하면 대부분의 사람들이 필요라는 견지에서 물질 헌금의 사역에 접근하기 때문이다. 그들은 '이 청구서들을 지불해야 하기 때문에 하나님께 드릴 수 없다'라고 생각한다. 다시 말해서 그들은 "이 씨앗으로 좋은 수확을 거둘 수 있다 해도 나는 이 씨앗을 뿌릴 수 없다. 왜냐하면 지금 배가 고프기 때문이다"라고 말하는 것과 같다.

농부가 씨앗을 먹는 대신 뿌리는 것은 태양이 비추고 비가 와서 그 씨앗이 열매를 맺게 될 것이라는 믿음에서 나오는 행동이다. 씨를 뿌리는 농부는 농작물의 성장을 도와줄 자연에 의지한다. 왜냐하면 그가 할 수 있는 일은 씨를 뿌려서 씨가 자랄 수 있는 자리를 잡아주는 것뿐이기 때문이다. 적절한 햇볕과 비가 없으면 추수는 기대할 수 없다. 즉, 농사를 짓는 일에는 많은 믿음이 따라야 한다는 뜻이다.

주는 것은 놀라우신 하나님을 믿는 믿음의 행동이다. 하나님이 많이 뿌리면 많이 거둘 것이라고 말씀하실 때 기꺼이 많이 뿌리는 것이나, 아니면 뿌리기를 꺼려하는 것은 우리가 하나님과 그분의 약속들을 얼마나 존중하고 있는지를 잘 말해준다.

뿌린 것을 거둔다

농사에서 볼 수 있는 또 하나의 원리는 뿌린 것을 거두게 된다는 사실이다. 오렌지 나무에서 사과를 딸 수는 없다. 우리가 수확하는 것은 우리가 뿌린 씨앗과 같은 것이 될 것이다.

이 원리는 우리가 헌금하는 것에 대해서뿐 아니라 헌금하는 자세에 대해서도 말해주고 있다. 사랑 받게 될 것을 기대하는가? 그렇다면 얼마만큼의 사랑을 뿌리고 있는가? 도움이 필요할 때 다른 사람들의 도움을 기대하는가? 그렇다면 다른 사람들의 삶 속에 얼마나 많은 배려와 도움이라는 씨앗을 뿌리고 있는가? 예수님은 "긍휼히 여기는 자는 복이 있나니 저희가 긍휼히 여김을 받을 것임이요"(마 5:7)라고 말씀하셨다. 거두기 원하는 것이 있다면 그 씨를 뿌려야 한다. 왜냐하면 우리가 뿌리는 씨는 좋은 것이든 나쁜 것이든지 간에 그대로 제 열매를 맺을 것이기 때문이다(갈 6:7-9 참조).

잡초를 심고 장미가 피기를 바라는 자세로 살아가는 사람들이 많이 있다. 다른 사람들을 쉽게 비판하는 사람일수록 자신이 일을 망쳐놓았을 경우에는 더 먼저 이해와 자비를 얻고 싶어한다. 옥수수를 심은 곳에서 옥수수가 자라는 데 그것을 보고 고개를 갸우뚱하는 농부는 없다. 그러나 우리는 종종 우리가 무슨 씨앗을 뿌렸는지에 대해서는 까맣게 잊고 고개를 갸우뚱하면서 '왜 하나님은 우리가 바라는 열매를 맺게 해주지 않으시는 것일까?' 라며 의아해한다.

뿌린 것보다 더 많이 거둔다

고린도후서 9장에서는 뿌리고 거두는 것에 대해 우리가 배울 수 있는 또 다른 원리를 볼 수 있다. 우리는 우리가 뿌린 것을 거둘 뿐 아니라 언제나 우리가 뿌린 것보다 많은 것을 거두어 들이게 된다. 우리는 7-11절에서 하나님이 우리의 헌금의 몇 배를 축복해주시고 또 뿌릴 씨앗을 더 많이 주신다는 것을 볼 수 있다. 예수님은 누가복음 6장 38절에서 "주라 그리하면 너희에게 줄 것이니 곧 후히 되어 누르고 흔들어 넘치도록 하여 너희에게 안겨 주리라 너희의 헤아리는 그 헤아림으로 너희도 헤아림을 도로 받을 것이니라"고 말씀하셨다.

대부분의 사람들은 "가질 수 있는 만큼 가지고 가진 것은 움켜쥐고 있어야 한다"는 사고 방식으로 살아가고 있다. 그리스도인들도 그런 생각을 받아들이기가 쉽다. 그러나 하나님은 우리에게 훨씬 더 좋은 것을 주시기로 약속하셨는데 왜 그러기를 원하는 것인가? 심어야 할 씨앗을 심지 않고 먹는 농부는 며칠 동안은 식사를 할 수 있다. 그러나 그 씨앗을 심어 수확함으로써 거두어들일 수 있는 일년 양식을 잃게 될 것이다.

하나님의 백성들을 향한 하나님의 기대

고린도후서 9장을 계속 살펴보기 전에 던지는 문제를 통해 하나님이 우리에게 어떤 기대를 하고 계시는지 정확히 알 필요가 있다. 우리는 뿌리는 것과 거두는 것에 관한 원리들을 살펴보았다. 그러므로 이제 우리가 뿌리는 씨앗이 어떤 것이 되어야 하는지에 대해 이야기해보자. 성경은 하나님이 우리에게 기대하시는 것을 십일조와 헌금이라는 두 단어로 표현하고 있다.

십일조와 헌금의 의미

십일조는 구약 율법에 국한된 것이라 생각하기 때문에 십일조에 대해 이야기하면 몸을 뒤틀며 고개를 돌리는 그리스도인들이 많이 있다는 것을 나도 알고 있다. 십일조라는 개념이 모세의 율법에 규정되어 있는 것은 사실이다(레 27:30 참조). 그리고 오늘을 사는 우리가 그 율법의 규제 아래 있지 않다는 것도 사실이다. 그러나 실제로 십일조는 율법보다 앞선 것이었다. 아브라함이 멜기세덱에게 십일조를 주었기 때문이다(창 14:20 참조). 그리고 히브리서는 예수 그리스도가 멜기세덱의 위계에 따른 대제사장이라고 말하고 있다. 실제로 히브리서 7장 8절은 멜기세덱의 뒤를 이은 제사장들이 계속해서 십일조를 받아왔음을 암시하고 있는데 그것은 곧 우리도 예수 그리스도에게 십일조를 드려야 한다는 것을 의미한다. 그러므로 십일조는 율법의 계명으로써가 아니라 하나님의 아들을 통해 우리에게 보여주신 하나님의 은혜에 대한 우리의 적절한 반응의 결과로서 신약 성경에서도 계속되어야 하는 것이다.

십일조란 '십분의 일'을 뜻하는 말이다. 이스라엘 백성들은 모든 동물과 모든 수확물의 십분의 일을 드렸다. 그리고 그 십분의 일도 아무것이나 드릴 수 있는 것이 아니었다. 그들은 첫 소생 또는 첫 수확물을 하나님께 십일조로 드렸다. 그래서 '첫 열매'라 불리는 것이다(레 23:17). 그것은 십일조가 믿음의 행동이라는 것을 말해준다. 십일조는 사람들이 다 쓰고 남은 것 가운데 일부를 드리는 것이 아니다. 즉, 우리 재물의 십분의 일을 먼저 하나님께 드린다는 것은 나머지 90퍼센트로 우리의 필요를 충분히 채워주실 하나님을 신뢰한다는 뜻이다(잠 3:9-10 참조).

십일조는 구약 성경에서 규정하고 있지만 헌금은 십일조 이외에 자발적인 기부다. 헌금은 하나님의 풍성하신 은혜에 대한 감사를 표현하는 것이다. 그리고 그것은 하나님에 대한 사랑과 신뢰를 표현하는 것이기도 하다(대상 29:6, 9, 14, 17 참조). 구약 당시 하나님의 백성들은 하나님이 주신 은총에 대한 감사로 헌금을 드렸다면 십자가 사건 이후 시대를 살고 있는 우리는 더욱 마음을 열고 하나님의 넘치는 은혜에 대한 넘치는 감사로 하나님께 기꺼이 드려야 하지 않겠는가?

헌금으로 십일조를 대신하려는 요량으로 "나는 하나님께 헌금했다"고 말하는 사람들도 있다. 그러나 그런 사람들은 십일조를 드릴 때까지 헌금한 것이 아니다. 헌금은 십일조를 대신하는 것이 아니라 십일조를 하고 그 외에 추가적으로 하는 것을 말한다.

하나님의 것을 도적질하는 행위

우리가 십일조와 헌금으로 하나님을 영화롭게 하는 일은 하나님께 얼마나 중요한 것인가? 그 대답은 하나님이 선지자를 통해 하나님을 무시하고 탐욕을 부리는 백성들을 책망하시는 말라기 3장에서 확인할 수 있다.

하나님은 이스라엘 백성들을 향해 '사람이 어찌 하나님의 것을 도적질하겠느냐'고 물으셨다(8절). 그것은 "너희가 누구 것을 훔치고 있는지 모르느냐? 내 것을 훔치고도 무사할 것이라 생각하느냐? 내가 너희를 보지 못할 것이라 생각하느냐? 내가 모를 것이라 생각하느냐? 너희는 (너희) 자신을 누구라 생각하느냐?"라고 말씀하시는 것이다. 이는 하나님의 은행으로 걸어 들어가 하나님의 돈을 훔치면서 감시 카메라에 걸리지 않을 것이라 생각하는 것과 같다.

말라기 당시 사람들은 어리석게도 "우리가 어떻게 주의 것을 도적질하였나이까"라고 물었다(8절). 같은 절에서 하나님은 그들에게 '십일조와 헌물'로 하나님의 것을 도적질했다고 대답하셨다. 즉, 그들은 하나님께 속한 것을 자기 것으로 삼았다.

오늘날 하나님의 것을 어떻게 도적질할 수 있는지를 보여주도록 하겠다. 하나님께 드려야 할 십일조와 헌금을 가지고 옷을 사 입고 차를 몰면서 휴가를 떠난다. 또 매달 하나님의 것을 도적질하지 않으면 대출금을 상환할 수 없는 그런 집에서 사는 사람들도 있다. 하나님은 그런 사람들에게 하나님의 것을 도적질하고 있다고 말씀하신다.

물질적인 면에서만 생각하지 않도록 하나님이 이스라엘 백성들에게 하신 다음 말씀을 생각해보라. "너희 곧 온 나라가 나의 것을 도적질하였으므로 너희가 저주를 받았느니라"(말 3:9). 하나님이 하나님의 것을 도적질하는 사람들과 저주를 연결시키신 것을 볼 때 이 구절은 이 문제의 영적인 차원을 보여준다. 우리는 율법이 아니라 은혜 아래에서 살아간다. 그러나 하나님은 은혜가 짓밟히고 남용되는 것을 허락하지 않으시고 우리에게 그 책임을 물으실 것이다. 그것은 오늘날 많은 사람들이 저주 아래서 옷을 입고 차를 몰며 살아가고 있다는 뜻이 된다. 우리가 하나님의 십일조와 헌금을 도적질하면서도 하나님의 은총을 입거나 무사할 것이라 생각해서는 안 된다고 하나님은 말씀하신다. 그와는 정반대로 저주 아래 있을 것이다.

저주라는 말을 들을 때 우리는 부두교에서 사용하는 마법의 인형이나 마술 같은 것을 생각하기 쉽다. 그러나 하나님이 말씀하시는 저주는 그런 것이 아니다. 하나님의 저주는 하나님의 진노를 말한다. 가령, 새로 산 집에서 다툼과 소란이 끊이지 않는다면 그것은 하나님이 "나의 나라를 몰락시키면서 너의 생활 수준을 높이고 싶어하기 때문에 내가 너의 그 집을 계속 휘저을 것이다"라고 말씀하시는 것인지도 모른다.

물건을 훔친 아이의 등을 토닥이면서 "괜찮아. 엄마는 이해할 수 있어"라고 말하는 부모는 없을 것이다. 아이가 물건을 훔치면 부모는 호되게 꾸짖고 책망할 것이다. 말라기 당시 하나님도 이스라엘 백성들에게 이와 같이 하셨다.

나는 이 문제를 분명히 하고 싶다. 그리스도인들이 많이 가졌다고 해서 그 때문에 저주를 받는 것은 아니다. 이것은 승진을 하고 월급을 더 받게 되었다고 해서 그것을 하나님이 보상해주신 것이라고 말할 수 없는 것과 같다. 중요한 것은 하나님이 우리에게 주신 것을 가지고 우리가 무엇을 어떻게 하는가라는 점이다.

저주란 누릴 수 없는 것들을 가지고 있는 것이다. 저주 아래 있으면 통장 잔액이 계속 줄어들어 결코 돈을 모을 수 없게 되거나 고액으로 구입한 물건들이 계속 파손되거나 고장나는 것이다.

어떤 것이 하나님으로부터 온 것인지 이떻게 알 수 있는가? 성경은 "여호와께서 복을 주시므로 사람으로 부하게 하시고 근심을 겸하여 주지 아니하시느니라"(잠 10:22)고 말하고 있다. 그렇다고 해서 수리해야 할 일이 아예 일어나지 않는다거나 수입과 지출의 균형을 맞출 수 없을 만큼 재정적으로 어려움을 겪게 되는 때가 없다는 말은 아니다. 대신 어려움 속에서도 하나님의 호의와 은총을 누릴 수 있다는 말이다. '근심을 겸하여 주지 않으신다' 는 것을 달리 표현하면 재물이 많든지 적든지 간에 하나님이 자족하는 마음을 주신다는 말이다(빌 4:11 참조).

하나님이 주시는 복을 깨닫는 것

"하나님의 복을 받고 싶어요. 어떻게 하면 되나요?"라고 묻고 싶은 사람들을 위한 해답이 말라기 3장 10절에 있다. "만군의 여호와가 이르노라 너희의 온전한 십일조를 창고에 들여 나의 집에 양식이 있게 하고 그것으로 나를 시험하여 내가 하늘 문을 열고 너희에게 복을 쌓을 곳이 없도록 붓지 아니하나 보라."

하나님은 '두려우면 나를 시험해보라' 고 말씀하신다. 다시 말해서 세금을 내거나 성탄절 선물 구입을 다 마칠 때까지 기다리지 말라는 뜻이다. 두려움을 하나님께 맡기고 어떻게 될지 알 수 없는 상황에서도 십일조와 헌금을 드림으로 하나님을 시험해보라는 말이다. 믿음의 발걸음을 떼어놓을 때 하나님이 잠겨 있는 하늘의 문을 여실 것이다. 즉, 하나님이 복을 부어주실 것이다.

도적이 동네를 배회하며 돌아다니는 것을 알면서 문을 열어놓는 사람은 아무도 없을 것이다. 하나님도 그분의 은혜를 무시하거나 남용하는 사람들을 위해 문을 열지 않으신다. 영적으로 성장하면서 동시에 도적이 될 수는 없다.

혼동하지 않도록 여기서 분명히 하고 넘어가도록 하자. 복은 더 많은 재물을 갖는 것 그 이상이다. 하나님 앞에 나아가 필요한 것을 하나님께 요구한다면 그것은 '믿음으로' 구하는 것이기 때문에 하나님은 구하는 것을 주셔야 할 의무가 있다고 주장하는 사람들이 있다. 그러나 하나님은 그런 약속을 하신 적이 없다.

하나님이 명하신 대로 그분께 드리기 시작하면 하나님이 새 집이나 새 자동차를 주실 것이라고 말할 수 있다면 정말 좋겠다. 신실하게 헌금하면 모든 문제가 사라질 것이라고 말할 수 있다면 정말 좋겠다. 그러나 나는 그런 약속을 할 수 없다. 그리고 그런 약속을 할 수 있다고 생각하는 사람이 있다면 그는 잘못 생각하고 있는 것이다.

내가 말할 수 있는 것은 하나님이 복을 주시고, 그 복을 누릴 수 있게 하시고, 그 복을 통해 유익을 얻게 하시고, 하나님이 주신 것을 통해 자라게 하실 것이라는 말이다. 복은 하나님이 주시는 것이 무엇이든지 그 속에서 하나님을 경험할 수 있다는 의미다. 초라한 오두막에서 빵과 물만으로 근근이 살아가야 하는 가난한 그리스도인이라 할지라도 "나에겐 이 모든 것이 있다. 그리고 그리스도가 나와 함께하신다"라고 자족하며 살 수 있다면, 그것이 바로 복이다.

하나님께 드릴 때 황충을 막아주신다

하나님께 합당한 십일조와 헌금을 드릴 때 하나님이 주시는 복에 또 다른 국면이 있다. 하나님은 말라기 3장 11절에서 "만군의 여호와가 이르노라 내가 너희를 위하여 황충을 금하여 너희 토지 소산을 멸하지 않게 하며 너희 밭에 포도나무의 과실로 기한 전에 떨어지지 않게 하리니"라고 말씀하셨다.

우리가 하나님 앞에 신실하면 하나님이 황충을 금하시겠다고 말씀하셨다. 이스라엘의 농부들은 농작물을 수확해서 그 첫 열매를 하나님께 드리지 않고 자신들을 위해 모두 남겨두었다. 그들은 밭을 바라보면서 자신들의 힘으로 그 농작물을 다 키웠다고 생각했다. 그러나 그 때 황충들이 그 밭을 가로지르며 그들이 키운 농작물을 먹어치우고 황폐화시키기 위해 몰려왔다.

앞에서 말했듯이 우리는 때때로 더 많이 가졌기 때문에 더 복을 받았다고 생각한다. 그러나 하나님께 드려야 할 십일조를 드리지 않아 하나님이 황충을 보내신다면 돈이 좀 모아지자마자 황충이 삼켜버린다. 마침내 행복을 찾았다고 생각하지만 황충이 몰려와 우리의 삶을 망쳐놓고 마는 것이다. 하나님이 황충을 금하시지 않는 한 우리는 그 어떤 것도 가질 수 없다. 그리고 우리가 황충을 피할 수 있는 길은 하나님이 말씀하신 대로 하나님께 드리는 것을 통해 그분을 시험해보는 것이다.

우리 자세의 중요성

나는 지금쯤 당신이 무슨 생각을 하고 있는지 알고 있다. 하나님의 기대와 저주에 대한 이야기가 하나님께 드리는 일에 대한 거부감을 일으킬 수 있다. 그러나 그것은 오해다. 하나님은 그분의 백성들에게 기대하신다. 그러나 하나님은 우리가 드리는 물질의 양보다는 그것을 드리는 우리의 자세가 어떤지에 더 많은 관심을 두신다. 우리가 잘 알고 있는 구절로 돌아가 새로운 관점에서 살펴보기로 하자.

하나님은 자발적으로 드리는 헌금을 기뻐하신다

바울 사도는 헌금에 대한 가르침을 계속하면서 "각각 그 마음에 정한 대로 할 것이요 인색함으로나 억지로 하지 말지니 하나님은 즐겨 내는 자를 사랑하시느니라"(고후 9:7)고 했다. 손을 비틀며 억지로 헌금을 하거나 죄책감 때문에 어쩔 수 없이 한다면 하나님은 그 헌금에 대해 바로 잊어버리실 것이라고 말씀하셨다. 하나님은 인색한 마음으로 헌금하는 사람을 기뻐하지 않으시기 때문이다.

그리 놀랄 일은 아닐 것이다. 우리들 역시 인색한 선물을 좋아하지 않기 때문이다. 당신의 생일 파티에 초대받아 온 친구가 "받으세요. 사실은 이 선물을 주고 싶지 않았지만 어쩔 수 없이 가져왔어요"라고 말한다고 생각해보라. 아마 다른 선물들을 받고 즐거웠던 마음까지 다 달아나게 될 것이다.

우리가 하나님께 드릴 수 있는 무엇인가가 있다는 것은 하나님이 우리에게 먼저 주셨기 때문이라는 사실을 이해해야 한다. 시편 기자는 "땅과 거기 충만한 것과 세계와 그 중에 거하는 자가 다 여호와의 것이로다"(시 24:1)고 선포했다. 신명기 8장 18절은 우리에게 재물 얻을 능을 주시는 이는 하나님이시라고 말하고 있다. 하나님이 모든 것의 근원이시라는 사실을 이해할 때 기꺼이 하나님께 드리면서 기뻐할 수 있을 것이다. 그리고 은혜 안에서 자라면 자랄수록 우리는 더욱 더 즐겁게 드리는 사람들이 될 것이다.

주는 것과 은혜 사이의 놀라운 관계

이제 고린도후서 9장 7절을 그 다음 구절과 연결시켜보도록 하자. 헌금 생활에 대변혁을 일으키고 새로운 영적 성장의 단계로 도약하게 해줄 놀라운 관계를 보게 될 것이다.

우리가 성경이 말하고 있는 '즐겨 내는' 사람들이라면, 다시 말해서 하나님이 기뻐하시는 헌금을 드리는 사람들이라면, 하나님을 얼마나 사랑하는지를 표현할 것이다. 예를 들어 헌금 주머니가 다가올 때까지 기다릴 수 없을 정도로 그렇게 감사하고 있다는 사실을 표현하면서 그 기회와 특권에 흥분할 것이다. 그리고 하나님의 선하심이 없었다면 하나님께 십일조와 헌금을 드릴 기회조차 갖지 못했을 것이라는 사실을 알고 있기 때문에 기쁜 마음으로 헌금할 것이다.

고린도후서 9장 8절은 그런 마음 자세를 가지고 있는 사람들에게 적용되는 구절이며, 은혜를 가장 놀랍게 설명하고 있는 구절이다. "하나님이 능히 모든 은혜를 너희에게 넘치게 하시나니 이는 너희로 모든 일에 항상 모든 것이 넉넉하여 모든 착한 일을 넘치게 하게 하려 하심이라"(8절).

하나님이 즐겨 내는 자를 보시면 하나님의 은혜의 수문을 여시고 그 은혜가 방해받지 않고 넘치도록 흐르게 하실 것이라고 말씀하신다. 은혜는 우리가 우리 힘으로 할 수 없는 것을 하나님이 우리를 위해 하시는 것이라고 앞에서 말했다. 우리는 하나님의 은혜를 우리 힘으로 얻어내거나 더할 수 없다. 그러나 인색함이라는 우리의 잘못된 자세로 그 흐름을 제한할 수 있다. 하나님의 은혜는 즐겨 내는 환경 속에서 자유롭게 흐른다. 그래서 예수님도 '주는 것이 받는 것보다 복이 있다'(행 20:35)고 말씀하셨다.

그 말씀은 성탄절에 사용할 수 있는 슬로건 그 이상이다. 받기만 할 때는 오직 받는 것만 받게 된다. 그러나 줄 때는 은혜가 흐르는 통로를 여는 것이기 때문에 주는 사람과 함께 다른 사람들도 복을 받게 된다.

우리가 하나님의 은혜를 능가하도록 줄 수 있을 것이라 생각하지 말라. 바울은 계속해서 "심는 자에게 씨와 먹을 양식을 주시는 이가 너희 심을 것을 주사 풍성하게 하시고 너희 의의 열매를 더하게 하시리니"(고후 9:10)라고 말했다. 하나님의 은혜는 언제나 우리가 주는 것보다 크다. 농사도 그렇지 않은가? 농부는 옥수수 씨앗을 뿌린다. 그러나 거둘 때는 옥수수 알 하나를 거두는 것이 아니다. 작은 하나의 씨앗에서 옥수수 줄기 전체를 수확한다. 그리고 그 줄기는 농부에게 양식을 공급해줄 뿐 아니라 다시 농사를 지을 수 있는 많은 씨앗까지 공급해준다. 다시 말해서 하나님의 은혜가 계속 이어지게 된다.

나는 아이들이 어렸을 때 출장을 다녀오면서 아이들에게 작은 장난감 같은 선물들을 사다주었다. 처음에는 아이들이 크게 기뻐하며 "아빠, 고마워요"라고 한 뒤 나를 안고 입을 맞추었다. 그러나 얼마 후 아이들은 나의 선물을 기대하게 되었다. 그래서 내가 언제 또 출장을 가게 되는지를 궁금해했다.

우리도 하나님을 그렇게 대할 때가 많다. "하나님, 빨리요. 제가 새 장난감을 가질 수 있게 해주세요." 그러나 하나님께 무언가를 드려야 할 때가 오면 우리는 갑자기 빈털털이가 된다. 하나님이 찾으시는 것은 하나님을 사랑하고 하나님을 소중히 여기고 그 때문에 기쁘게 드릴 수 있는 사람들이다.

헌금은 영적인 행동이고 우리의 영적 성장에 없어서는 안 될 중요한 요소다. 바울 사도는 고린도 교인들에게 '매 주일 첫날'(고전 16:2)에 헌금하라고 말했다. 그 날은 일요일, 곧 주일이다. 즉, 헌금은 우리가 드리는 예배의 일부다. 헌금은 우리를 향하신 하나님의 후하심을 반영하는 것이 되어야 한다. 헌금은 그리스도인으로서 우리 삶의 한 방식이 되어야 하고 하나님이 무심결에 실수를 하시거나 우리를 잊으실지도 모른다는 걱정 같은 것은 하지 않아도 된다.

헌금할 시간이 되면 헌금 위원을 예수님이라 생각하고 예수님이 헌금 주머니를 돌리신다고 생각하라. 그러면 우리를 위해 돌아가셨을 때 그 손에 박히신 못 자국을 볼 수 있을 것이다. 그리고 그것이 헌금하는데 영향을 미치는지 아니면 평상시와 다를 바 없는지를 살펴보라.

예수 그리스도는 우리의 선물을 받아 마땅한 분이시다. 그러나 그분은 헌금이 그분만을 위한 것이 되는 것을 원치 않으신다. 헌금은 우리의 영적 성장이고 복이라는 면에서 우리에게도 유익한 것이 되어야 한다. 바울 사도가 빌립보 교인들에게 그들의 선물에 감사했을 때 이 사실을 매우 잘 표현했다. "내가 선물을 구함이 아니요 오직 너희에게 유익하도록 과실이 번성하기를 구함이라"(빌 4:17).

성경이 말하고 있는 '물질 헌금의 사역'에 관한 놀라운 사실은, 헌금을 통해 가장 큰 유익을 얻는 사람은 받는 사람이 아니라 주는 사람이라는 사실이다. 주는 사람은 줄 때마다 하늘에 영원한 보화를 쌓고 있는 것이다. 마음으로부터 관대하게 내어줄 때 우리는 이땅에서 영적으로 성장할 수 있을 뿐 아니라 동시에 영원한 하늘의 보화를 쌓는 것이기도 하다. 예수님은 "네 보물 있는 그 곳에는 네 마음도 있느니라"(마 6:21)고 말씀하셨다.

주는 일로 하나님을 시험하기가 두려운가? 하나님께 먼저 드린다면 하나님이 당신의 필요를 채워주실 것이라는 사실을 믿기가 어려운가? 그렇다면 지금 주기 시작하라. 왜냐하면 그런 두려움은 믿음으로 그 두려움을 대신할 때만 해소되기 때문이다. 하나님이 돌보실 것이라고 약속하신 말씀이 우리에게 있다. 주저할 필요가 없다.

LIFE ESSENTIALS

시험

하나님의 선한 목적을 이루기 위한 성장통

내가 어렸을 때 방송 시스템의 비상 점검 때문에 종종 TV 프로그램이 중단되곤 했다. 문제는 내가 좋아하는 프로그램이 한창 재미있게 진행되고 있을 때마다 점검이 시행된다는 것이었다. 그래서 나는 항상 짜증이 나곤 했다.

방송 진행자는 비상 점검 때문에 '정규 프로그램'이 일시 중단될 것이라는 소식을 전했고 그와 동시에 내가 보던 프로그램은 사라지고 고막이 터질 것 같은 소음과 함께 '점검 중'임을 알리는 영상이 TV 화면에 나타났다. 그 소음은 약 30초 정도 울려 퍼지다가 마침내 점검이 끝나면 내가 보던 프로그램으로 다시 돌아왔다. 그러면 비로소 나도 정상적인 삶을 되찾게 되었다.

그런 비상 점검은 우리 삶 속에 찾아오는 시험과 많이 비슷하다. 시험은 예정에 없는 것이며 보통 환영 받지 못하는 것으로 우리의 일상 생활을 방해하면서 언제나 최악의 때에 찾아오는 것처럼 보인다. 사업에 한창 매진하고 있는 시점에서 갑자기 화면에 나타나는 비상 점검 때문에 방해를 받게 된다.

그러나 우리 삶 속에 찾아오는 시험은 TV 점검처럼 30-40초 정도 짧게 계속되다 사라지는 것이 아니다. 며칠, 몇 주 또는 몇 년씩 계속될 수도 있고 그 이유도 우리에게 분명하게 알려지지 않는다. 시험은 우리를 속수무책으로 만든다. 그러나 시험의 매우 중요한 한 요소인 어떻게 반응할 것인지에 대한 결정권은 우리에게 있다.

그것이 내가 중점을 두고 싶은 것이다. 이 장의 제목에서 볼 수 있듯이 시험은 우리의 영적 성장에 없어서는 안 될 만큼 중요하다. 시험이 없으면 우리는 올바른 방향으로 자랄 수 없다. 시험은 우리의 영적 근성을 확인할 수 있게 해주고 우리가 어떤 사람인지를 드러내준다.

성장에 꼭 필요한 시험

많은 사람들이 그리스도인들에게 시험이 필요하다는 말을 듣고 싶어하지 않는다. 그러나 그것은 사실이다. 나만 그렇게 말하는 것이 아니며 나는 그저 그 사실을 전할 뿐이다. 성경은 우리가 살아가면서 맞이하는 시험은 우리가 환영해야 할 정도로 우리 성장에 매우 중요한 것이라 말하고 있다.

더 깊이 들어가기 전에 용어를 먼저 정의해보기로 하자. 영적인 시험은 우리를 영적으로 성장시키기 위해 하나님이 허락하시거나 아니면 조성하신 역경으로 우리 삶 속에서 찾아오는 것이다. 이 정의의 각 부분은 모두 중요하다. 왜냐하면 시험이 역경이라는 사실을 부인하거나 그럴 듯한 말로 얼버무리고 싶지 않기 때문이다. 시험은 다루기 쉬운 것이 아니다. 시험은 고통스럽고 손실이 클 수도 있다. 그러나 우리의 시험 뒤에는 하나님이 계신다. 그것은 우리가 마구잡이식 운명의 희생자가 아니라는 뜻이다. 그리고 하나님이 다스리시기 때문에 우리의 시험에는 선한 목적이 있다. 즉, 우리가 영적으로 성장하고 성숙하는 것이 시험의 목적이다.

이 관점은 세상 사람들에게서는 찾아볼 수 없는 것이다. 그래서 그들은 모든 고통과 불편을 피하는 것을 마치 인생의 주된 목표로 삼고 있는 것처럼 보인다. 그러나 그리스도인들에게는 "내 형제들아 너희가 여러 가지 시험을 만나거든 온전히 기쁘게 여기라"(약 1:2)는 메시지가 있다.

솔직히 이 구절을 읽고 야고보가 정말 이 지구상에서 살았던 사람이 맞는지 의아할 수도 있을 것이다. 야고보서 1장 2절은 성경의 모든 명령들 가운데 가장 순종하기 어려운 명령에 속할 것이다. 야고보가 '시험을 만나거든 기쁘게 여기라' 고만 말했더라도 이 구절을 받아들이기 조금 쉬웠을 것이다. 그러나 그는 '온전히' 라는 수식어까지 추가하고 있다. 그것은 순수하고 완전하게 기뻐하라는 뜻이다. 다시 말해서 우리가 계획하지 않았던 또는 예상치 못했던 문제나 환경 때문에 우리 생활이 방해를 받게 될 때에도 기뻐하라는 말이다.

우리는 시험을 피해갈 수 없다

우리는 자신만은 시험에서 예외일 것이라 생각하는 경향이 있다. 그러나 사실상 우리는 지금 시험 속에 있거나, 시험에서 벗어나고 있거나 아니면 다음 시험을 향해 나아가고 있다. 성경이 '다채로운' 또는 '다면적인' 이라는 뜻을 가진 헬라어인 '여러 가지' 라는 생생한 표현을 사용할 정도로 시험은 매우 흔한 것이다. 시험은 우리가 상상할 수 있는 모든 다양한 방법으로 우리를 찾아온다. 그래서 우리가 만나는 시험 때문에 따분해지는 일은 결코 없을 것이다.

시험은 우리가 '현 거주자' 를 수취인으로 하는 편지를 받는 것과 같다. 시험을 받을 때 우리가 할 수 있는 일은 그저 이 지구상의 한 공간에 거주하면서 살아 있는 것뿐이다.

우리는 시험을 피할 수 없다는 사실을 알 수 있다. 그 이유는 야고보가 시험이 닥치게 될 것을 '만난다면' 이라는 말 대신 '만나면' 이라는 말로 표현했기 때문이다. 시험을 만나기 위해 우리가 해야 할 일은 아무것도 없다. 이에 대한 이해를 돕기 위해 다양한 문제들에 대해 논평했던 해학가 윌 로저스(Will Rogers)의 말을 인용하여 설명하고자 한다.

로저스는 어느 날 '뉴욕에서 무고한 행인이 총에 맞다' 라는 신문 기사의 제목을 읽고 "기막힌 제목이군. 뉴욕에서 총에 맞으려면 아무 죄 없이 그냥 지나가기만 하면 되겠군"이라고 말했다.

시험도 그렇다. 그냥 지나다가 시험에 부딪히게 된다. 나는 야고보서 1장 2절의 '만나거든' 이라는 단어를 좋아한다. 그것은 시험이 우리로부터 야기된 것이 아니라는 사실을 말해주기 때문이다. 성경은 우리가 자신의 잘못으로 인해 일을 망치고 곤경에 처하게 되었을 때 기뻐하라고 말하지 않는다. 하나님은 우리가 성장할 수 있도록 우리의 실수들을 사용하실 수 있다. 그러나 그것은 야고보가 말하고 있는 시험과는 다른 것이다.

우리가 만나는 시험은 다양한 형태로 우리를 찾아온다. 그 가운데 일이 제대로 풀리지 않는 상황적인 시험들이 있다. 또한 우리는 모든 일이 잘 해결되지 않는 그런 시기를 경험하게 된다. 일반적으로 큰 일 한 가지가 잘못되는 것이 아니라 많은 작은 일들이 잘못 돌아간다. 그리고 우리는 우리를 당황하게 만들고 우리 생활을 방해하는 신체적, 재정적, 감정적 시험들을 만날 수도 있다.

욥은 '인생은 고난을 위하여 났나니 불티가 위로 날음 같으니라'(욥 5:7)고 말했다. 예수님은 '세상에서는 너희가 환란을 당하나'(요 16:33) 라고 말씀하셨다. 인간인 우리에게는 고난을 피하려는 자연적인 본능이 있다. 그러나 하나님은 우리가 어디로 숨든지 다 알고 계시기 때문에 하나님이 정하신 고난을 피할 수는 없다.

모든 시험에는 목적이 있다

그리스도인들만 문제에 부딪히는 것은 아니다. 그러나 그리스도인으로서 우리가 경험하는 시험과 믿지 않는 사람들이 경험하는 곤경에는 커다란 차이가 있다. 그리스도인들에게는 목적이 없는 시험 같은 것은 없다. 예수 그리스도를 믿는 우리에게 닥치는 모든 어려움은 그것이 아무리 고통스럽고 힘든 것이라 할지라도 그 속에 하나님의 목적이 있다. 시험은 우리의 영적 단계를 끌어올리기 위해 고안된 목적을 가진 고통이다.

그 이유는 그 어떤 시험도 하나님의 손을 먼저 거치지 않고는 우리 삶에 닥치지 않기 때문이다. 욥의 경우가 그 좋은 예다. 사단이 욥을 괴롭힐 수 있기 전에 하나님께 허락을 받아야 했다(욥 1-2장 참조). 하나님은 하나님의 목적에 따라 우리를 직접 시험하시거나 아니면 시험이 우리를 찾아오도록 허락하신다.

시험을 만나는 이유

여기서 나는 의도적으로 '이유'라는 단어를 단수형으로 사용했다. 우리가 겪는 시험에는 무수히 많은 이유들이 있다. 그러나 그 모든 이유들은 야고보서 1장 3-4절에서 볼 수 있는 포괄적인 이유 아래에 있다. 야고보 사도는 우리가 시험을 당하면서도 기뻐할 수 있는 것은 우리가 알고 있는 중요한 사실 때문이라고 다음과 같이 말했다. "너희 믿음의 시련이 인내를 만들어 내는 줄 너희가 앎이라 인내를 온전히 이루라 이는 너희로 온전하고 구비하여 조금도 부족함이 없게 하려 함이라."

하나님은 우리가 성숙하기 원하신다

야고보서 1장 4절에서는 시험이 오는 이유를 강조하기 위해 '온전'이라는 단어를 두 번씩이나 사용했다. 여기서 볼 수 있듯이 시험은 우리가 영적으로 성숙한 사람이 되도록 하기 위한 것이다. 영적인 성숙은 우리의 삶을 통해 예수님의 생명이 좀 더 드러날 수 있게 하면서 예수 그리스도를 더욱 더 닮아가는 과정이다. 바울 사도는 그것을 우리 속에 '그리스도의 형상이 이루어지는'(갈 4:19) 것이라 말했다. 그것은 마치 금이 제련되는 과정을 지켜보는 사람이 금세공인에게 "금이 제련되었다는 것을 어떻게 알 수 있나요?"라고 질문하는 것과 같다.

금세공인은 "금에 제 모습이 비치는 모습을 보면 알 수 있어요"라고 대답할 것이다. 시험은 우리에게서 그리스도의 모습이 비칠 수 있도록 우리를 제련하기 위한 것이다.

"글쎄요, 지금 제가 겪고 있는 시험은 저를 세우는 대신 오히려 무너뜨리고 있는 것처럼 느껴져요"라고 말하고 싶은 사람들도 있을 것이다. 내가 고통이 별 것 아니라고 말하려는 것은 아니다. 야고보는 시험의 목적에 대해 우리가 믿음으로 받아들여야 하는 것이지만 또한 하나님이 말씀하신 것을 결코 저버리지 않겠다는 약속이기도 하다. 여러 세기에 걸쳐 수많은 시험을 성공적으로 감당해낸 많은 성도들의 간증이 있다. 그들은 하나님이 가장 어려운 시기를 통해서도 선을 이루시는 신실한 분이심을 우리에게 말해주고 있다.

흥미로운 점은 우리의 시련이 맞춤식이라는 점이다. 우리 각자 만나는 시험에는 우리 개개인의 이름이 적혀 있다. 바울 사도를 매우 괴롭게 했던 고난 가운데 하나가 '육체에 가시'였다(고후 12:7). 그는 그것은 사단의 사자라고 부르는 동시에 그것을 하나님이 주신 것이라고 말했다.

하나님이 바울 사도에게 그 맞춤형의 괴로움을 그에게 주신 이유는 무엇인가? 그는 그것을 자신이 보고 들은 천국에 대한 놀라운 환상 때문에(2-4절) 자신이 '너무 자고하지 않게 하려 하심'이라고 말했다(7절). 그러나 거기서 멈추지 말라. 바울 사도는 그의 시험은 사신을 무너뜨리는 것이라 말하는 대신 그 시험은 자신이 만족할 만한 것이 되었다고 말하고 있다(10절). 그 이유에 대해 그는 '이는 내가 약할 그 때에 곧 강함이니라'고 대답하고 있다.

하나님은 바울에게 필요한 것이 무엇인지를 아셨다. 그리고 우리에게 필요한 것이 무엇인지도 아신다. 하나님의 능력이 우리 삶 속에 함께하시기를 바랄 것이다. 진정한 영적 능력은 시험 아래 놓여 있다. 고객에게 딱 맞는 옷을 만들기 위해 치수를 재는 노련한 재단사처럼 성령 하나님이 우리의 영적 필요에 딱 맞도록 우리가 만나는 시험들을 재단하신다.

시험은 우리의 평소 준비성을 테스트한다

학창 시절, 나는 종종 선생님께 "저 이 시험 볼 준비가 다 됐어요"라고 자신감에 차서 말했었다. 그러면 나에 대해 잘 알고 계셨던 선생님은 "그래, 두고보자꾸나"라며 내 말만 믿고 시험을 곧바로 치루지 않으셨다. 대신 적정한 시기로 시험을 미루셨다.

교회 예배에 참석해, 시험을 당한 우리를 끝까지 도와주시는 하나님의 능력에 관한 찬송을 부르는 것과 시험에 통과하기 위해 직접 시험을 치르는 것은 별개의 문제다. 야고보는 시험을 '우리의 믿음을 시험하는 것'이라고 말한다. 시험이란 지난 주일 설교에 '아멘'으로 순종하고 찬송을 부르며 고백했던 것들이 진실인지 확인하기 위해 우리의 믿음을 증인석으로 불러내는 역할을 한다. 우리는 모두 성장하고 싶어한다. 하지만 시험을 치르고 싶어하지는 않는다.

나는 예고 없이 치뤄지는 시험을 아주 싫어했다. 준비할 기회가 없기 때문에 언제나 두려웠던 탓이다. 그래서 나는 수업 시간마다 언제나 준비하고 있어야 했다. 준비하고 있을 때와 그렇지 않을 때의 차이는 엄청나게 컸기 때문이다. 적어도 중간 고사나 기말 고사는 날짜가 정해져 있어서 시험 보기 하루 전날에 당일치기라도 할 수 있었다. 그러나 불시에 치뤄지는 시험은 내가 정말로 알고 있는 것이 무엇인지에 대한 평소 실력을 알아보는 시험이었기 때문에 몇 배로 어렵게 느껴졌다.

언론 매체들이 이라크 전쟁이 일어나기 몇 주 전에 병사들을 인터뷰했다. 이 때 공통적으로 들을 수 있었던 대답이 하나 있었다. 그것은 "우리는 최고의 훈련을 받고 가장 좋은 장비를 갖추고 있다는 걸 알고 있습니다. 그러나 전쟁터에 나가기 전까지는 우리가 무엇을 할 수 있는지 거의 예측할 수 없습니다"라는 답변이었다. 이것은 하나님이 우리에게 시험을 주시는 이유를 묻는 질문에 내가 할 수 있는 가장 좋은 대답이다. 마찬가지로 우리는 실전 전투를 경험하기 전까지는 영적으로 우리가 무엇을 할 수 있는지 결코 알지 못한다.

시험 앞에 성장을 포기해서는 안 된다

야고보서 1장 3절에 의하면 우리 믿음의 시련은 인내를 낳는다. 인내는 시험이 끝날 때까지 견디고 영적 성장의 다음 단계로 나아가는 시험을 통과하는 능력이다. 그러나 그것은 시험 중간에 포기할 수 없다는 뜻이기도 하다. 포기는 하나의 유혹이다. 특히 시험이 극히 어려울 때 더욱 그렇다.

히브리어 시험은 나를 포함한 대부분의 달라스 신학교 학생들에게 가장 어려운 시험으로 손꼽혔다. 좌절감을 느낀 학생들은 그냥 포기하고 다 작성하지 못한 답안지를 낸 채 강의실을 떠날지도 모른다는 불안감에 시달렸다. 그들은 히브리어 시험을 통과하지 못했기 때문에 4년 과정의 석사 학위를 받기 위해 5~6년씩 캠퍼스에 남아 있는 학생들이었다. 아예 포기하고 집으로 돌아가버린 학생들도 분명히 있을 것이다.

그러나 시험을 포기한다고 해서 모든 것이 종결되는 것은 아니다. 문제는 무언가를 하기 위해서 언젠가는 다시 돌아가 재시험을 보아야 한다는 점이다. 게다가 그렇게 할 때는 수업료를 다시 내야 하기 때문에 비용이 그만큼 더 들게 된다.

우리들 가운데 영적인 시험이 끝나기 전에 계속 포기하기 때문에 똑같은 책상에 앉아 똑같은 시험을 몇 년씩 치르는 사람들이 있다. 야고보서 1장 대로 말하자면 우리는 완전함이나 성숙에 이르기 위해서 인내하지 못함으로써 완전함을 얻지 못한다.

하나님이 우리의 영적 성장을 위해 주신 시험 앞에서 포기한다면 하나님은 우리가 통과할 때까지 다시 시험하실 것이다. 그리고 하나님께는 우리보다 훨씬 더 많은 시간이 있다.

우리가 성장을 위해 계획된 시험을 포기할 때 그것은 우리의 발달을 늦춘다. 내가 중학교 2학년이었을 때 유급이 되어 계속 중학교 2학년으로 남아 있었던 19살 된 학생이 있었다. 그는 13살 짜리 학생들을 위해 만든 작은 책상에서 삐걱거리는 소음을 내며 앉아 있는 어른의 모습이었다. 그 상황은 꽤 한심해 보였다.

학교에서 진급하지 못하면 몇 살이든지 간에 한 해를 다시 반복해야 한다. 그리고 시험 속에서 인내를 온전히 이루지 못하면 중학교 교실에 앉아 있는 19살 학생처럼 될 수밖에 없다. 하나님의 목적이 이루어졌기 때문에 시험을 멈추어야 할 때가 언제인지를 하나님이 아신다는 사실을 기억하라. 그리고 하나님은 우리에게 두 가지 놀라운 약속을 해주셨다. 하나는 시험 속에서 우리와 함께하시며 우리를 위로하실 것이라는 약속이다(사 43:2-5 참조). 그리고 다른 하나는 우리가 감당할 수 있는 것 이상의 시험을 허락하지 않으실 것이라는 약속이다(고전 10:13 참조).

시험을 성공적으로 감당하려면

하나님은 우리가 성장할 수 있도록 시험을 주신다. 그렇다면 우리는 어떻게 그 힘들고 때로는 고통스럽기까지 한 그 시기를 잘 견디고 영적 성숙이라는 열매를 거둘 수 있을 것인가? 야고보 사도는 야고보서 1장 2-12절에서 시험을 어떻게 다루어야 할 것인지를 이야기하고 있다. 세부적으로는 하나님이 원하시는 성공적인 결과들을 얻기 위해 시험을 어떻게 다루어야 하는지를 아는 데 도움이 되는 몇 가지 중요한 요소들을 포함시키고 있다. 그 요소들은 어떤 시험에도 적용될 수 있는 것들이다. 첫 번째 요소는 시험을 바라보는 우리의 관점이다.

우리의 자세가 우리의 고도를 결정한다

'여러 가지 시험을 만나거든 온전히 기쁘게 여기라'고 말한 야고보서 1장 2절은 이 구절에서 말하고 있지 않는 것이 이 구절이 말하고 있는 것 못지 않게 중요하다는 점에서 로마서 8장 28절과 비슷하다. 로마서 8장 28절은 우리에게 일어나는 모든 것이 좋은 것이라고 말하지 않는다. 그러나 하나님이 그분의 자녀들을 위해 모든 것을 합력하여 선을 이루신다고 말하고 있다. 야고보는 시험 자체가 즐거운 것이라고 말하지 않았다. 그러나 우리는 시험을 통해 하나님의 도우심을 경험하기 때문에 시험 속에서 즐거워할 수 있다고 말하고 있다.

야고보가 생각하는 기쁨은 환경에 근거한 기쁨이 아닌 것이 분명하다. 행복은 우리에게 일어나는 일을 기초로 한다고 말하는 사람들이 있다. 그것은 외적인 환경으로 인한 의기양양함이다. 대부분의 사람들은 승진을 하거나 봉급이 오르거나 돈을 많이 벌게 되면 기뻐한다. 그러나 만일 그런 것들에 중심을 둔 삶을 살아간다면 직장을 잃게 되거나 통장이 가벼워질 경우 불행해질 것이다. 그런 행복은 환경에 따라 출렁거릴 수밖에 없다.

반면에 야고보가 지적한 기쁨은 외적으로 어떤 일이 일어나든지 간에 내면적으로 경험하는 행복과 관계가 있다. 시험 속에서 누리는 기쁨은 하나님으로부터 오는 흔들리지 않는 영혼의 안정감이며, 그 기쁨은 하나님의 말씀에 계시된 진리를 기초로 하고 있다.

시험 뒤에 있는 하나님의 목적을 보라

하나님이 우리에게 보여주신 것은 시험 뒤에 있는 시험의 목적이다. 이미 앞에서 언급하기는 했지만 야고보서 1장 3절을 다시 읽어보기 바란다. 2절에서 이야기한 내용을 계속 이어가면서 야고보는 '너의 믿음의 시련이 인내를 만들어 내는 줄 너희가 앎이라'고 말하고 있다. 시험 속에서 기뻐하기 위해서는 하나님이 시험을 통해 우리를 어디로 인도해 가시는지 볼 수 있어야 한다. 하나님은 우리가 원하는 성장과 성숙을 불러오는 인내를 탄생시키기 위해 시련의 때를 사용하실 수 있다. 그러나 사단은 이 사실을 우리가 알게 되기를 원하지 않는다.

문제는 그 탄생에 고통이 따른다는 점이다. 우리 딸 프리실라(Priscilla)가 아기를 낳기 위해 병원으로 갔다는 소식을 듣고 나는 급히 병원으로 달려갔다. 프리실라는 나를 보자마자 "아빠, 이런 고통은 평생 처음이에요"라며 첫 마디를 열었다. 하지만 딸은 이러한 고통에도 불구하고 힘을 주라는 의사의 지시에 따라야 했다. 딸에게서 신음 소리와 함께 눈물이 터져 나왔다. 고통스러운 상황이었다. 그러나 딸은 "됐어요. 이제 그만 포기할래요"라는 말이나 "왜 이렇게 오래 걸리는 거예요?"라는 불평을 결코 하지 않았다.

프리실라가 그런 말을 하지 않았던 것은 중요한 사실을 알고 있었기 때문이었다. 고통이 아무리 오래 지속된다 할지라도 그 고통이 끝나면 아기가 태어날 것이라는 사실이었다. 그리고 그 경이로운 결과에 대한 기대 때문에 딸은 고통 속에서도 기뻐할 수 있었다. 고통 자체는 기뻐할 만한 것이 아니다. 그러나 갓난아기를 품에 안게 된 어머니들은 이구동성으로 출산의 모든 고통과 수고가 그럴 만한 가치가 있는 것이었다고 말한다. 실제로 아기를 갖게 된 기쁨이 그에 따르는 고통을 훨씬 능가한다. 이 때문에 많은 어머니들이 출산의 고통을 경험하고도 다시 다음 임신 계획을 세운다.

나는 시험에 맞서 많은 사람들이 그저 몇 시간이 아니라 며칠이나 몇 주, 몇 달씩 애를 쓰고 있다는 사실을 알고 있다. 계속 힘을 주라. 곧 분만하게 될 것이다. 하나님이 우리를 자라게 하시려고 시험을 주신다는 사실을 알 때 기쁨을 누릴 수 있다. 베드로는 시험에 대한 진리들을 배워야 했다. 그리고 그가 쓴 첫 번째 편지에서 그 지혜를 멋지게 설명하고 있다. "너희가 말세에 나타내기로 예배하신 구원을 얻기 위하여 믿음으로 말미암아 하나님의 능력으로 보호하심을 입었나니 그러므로 너희가 이제 여러 가지 시험을 인하여 잠깐 근심하게 되지 않을 수 없었으나 오히려 크게 기뻐하도다"(벧전 1:5-6).

베드로는 시험으로 근심하게 된다는 사실을 부인하지 않았다. 그는 시험을 '불 시험'(벧전 4:12)이라고까지 불렀다. 그러나 그런 시련의 불이 있음에도 불구하고 기쁨이 강조되어 있다는 사실에 주목하라. 1장에서 베드로는 시험의 목적은 우리 믿음의 가치를 시험하고 입증하기 위한 것이라고 말하고 있다. 그래서 우리는 말할 수 없는 영광스러운 기쁨을 누릴 수 있는 것이다(8절). 베드로는 뒤에서 또다시 불 시험 속에서도 "그리스도의 고난에 참예하는 것으로 즐거워하라"(4:13)고 말하고 있다.

시험 속에서 인내하는 것을 보여준 한 예로 예수님을 들 수 있다. 나는 예수님에 대해 '그 앞에 있는 즐거움을 위하여 십자가를 참으신' 분이라고 말하고 있는 히브리서 12장 2절을 좋아한다. '기쁨'과 '십자가에서의 죽음'은 대부분의 사람들이 보기에는 잘 어울리지 않는 두 개념이다. 그러나 예수님은 십자가 너머를 바라보실 수 있으셨다. 예수님은 하나님 아버지에게로 돌아가 구속한 사람들을 자유케 하실 때 큰 영광이 기다리고 있다는 사실을 알고 계셨다.

여기서 중요한 것을 놓치지 말라. 예수님도 시험 속에서 고민하셨다. 겟세마네 동산에서 "내 아버지여 만일 할만 하시거든 이 잔을 내게서 지나가게 하옵소서"(마 26:39)라고 기도하셨다. 그러나 성경은 예수님이 십자가의 결과에, 즉 부활과 영광, 우리의 구원에 시선을 고정하셨다고 말하고 있다. 예수님은 하나님이 성금요일을 사용하셔서 부활 주일을 가능하게 하실 것을 아셨고 그리고 시험을 감수하셨다.

야고보서 1장 2절에 사용된 '여기라'라는 말은 회계 용어로 '모든 것을 더해 바른 결론에 도달하다'라는 뜻이다. 그것은 하나님이 우리의 시험을 사용하셔서 우리의 영적 성숙이라는 좋은 결과를 불러오는 인내를 우리가 온전히 이룰 수 있게 하시는 것이다(4절).

하나님께 시험에 대처하는 지혜를 구하라

야고보가 시험에 대해 이야기하면서 5절을 포함시킨 것을 나는 기쁘게 생각한다. 그 이유는 사람들이 야고보서 1장에 대한 설교를 듣고 나를 찾아와 "목사님, 설교 잘 들었습니다. 그런데 시험 속에서 성장하기 위해 제가 어떻게 해야 하는지를 정확히 말씀해주시면 고맙겠습니다"라고 말하는 경우가 많기 때문이다.

문제는 그런 사람들을 위한 모든 답이 내게 없다는 것이다. 나뿐 아니라 다른 사람들도 마찬가지일 것이다. 우리의 시험을 경건한 방법으로 대처하는 데 필요한 지혜는 하나님 한 분으로부터만 온다. 그래서 나는 "너희 중에 누구든지 지혜가 부족하거든 모든 사람에게 후히 주시고 꾸짖지 아니하시는 하나님께 구하라 그리하면 주시리라"(약 1:5)고 하신 약속을 좋아하는 것이다.

이 익숙한 구절들이 뜻하지 않는 바에 대해 이야기해왔으므로 야고보서 1장 5절이 말하지 않고 있다고 내가 믿고 있는 것에 대해서도 언급하고 싶다. 이 구절은 시험을 받는 이유에 대해 하나님께 여쭈어보도록 우리를 초청하려는 것이 아니다. 이땅에서 사는 동안 우리는 그 이유에 대한 답을 알지 못할 수도 있다. 하나님은 욥이 당하는 엄청난 시험에 대한 이유를 욥에게 다 설명해주지 않으신 것처럼 우리에게도 특별한 계시를 내려주지 않으실 가능성이 크다. 이유를 묻는 것은 우리 인간의 자연스런 반응이나, 그러나 그 질문은 일반적으로 그리 생산적인 질문이 아니다.

우리는 '왜'라고 묻는 대신 '무엇을', '어떻게'라고 질문해야 한다. "주님, 제가 영적으로 성장할 수 있도록 이 시험을 어떻게 이용하고자 하십니까? 그리고 이 시험 속에서 유익을 얻을 수 있도록 주님과 협력하기 위해 제가 무엇을 하기 원하시는지요?" 이런 질문들은 하나님이 매번 응답해주실 수 있는 질문들이다. 그리고 우리가 어리석은 질문을 한다는 느낌을 받지 않도록 선한 방법으로 응답해주실 것이다.

그러나 옳은 질문들을 하는 것만으로는 충분하지 않다. 우리는 또 바른 마음을 품고 질문해야 한다. 야고보서 1장 6-8절에 의하면 하나님께 지혜를 구한 다음 하나님께 순종할 것인지 말 것인지를 결정하려고 할 때 엉망진창이 될 수 있다. 야고보는 그런 상태를 '두 마음'이라고 불렀다. 그리고 그 결과에 대해 "이런 사람은 무엇이든지 주께 얻기를 생각하지 말라 두 마음을 품어 모든 일에 정함이 없는 자로다"(7-8절)라고 분명하게 말했다. 하나님께 지혜를 구할 때 우리는 "주님, 주의 종이 듣겠사오니 말씀하옵소서"라는 반응을 보여야 한다.

시험받는 시간을 허비하지 마라

시험에 대처하기 위해 우리에게 필요한 것은 하나님의 지혜다. 이는 영적 성장의 기회를 허비하지 않기 위해서다. 하나님을 향해 두 마음을 품고 하나님의 관점과 인간의 관점 사이에서 망설이기 시작할 때 우리는 아무것도 이룰 수 없다.

인간의 눈으로만 시험을 보게 되면 온통 고통과 괴로움에 사로잡혀 인간적으로 반응하게 될 것이다. 세상에 분노하고 주변 사람들에게 좌절감을 분출하게 될 것이다. 결국에는 하나님께 화를 내며 분통을 터뜨리기 시작할 것이다. 그리고 그 결과 얻을 수 있는 것은 벌밖에 없기 때문에 삶이 뒤죽박죽이 될 것이다. 마치 아이들이 칭얼대고 투정을 부릴 때 부모가 "아무리 칭얼대고 투정을 부려도 내 마음은 달라지지 않을 거야. 그리고 네가 원하는 대로 되지도 않을 거야"라고 말하는 것처럼 하나님도 우리에게 그렇게 하시는 것이다.

우리들 가운데 자신에게 주어진 시험을 마치 텔레비전 중계를 시청하듯이 보고 싶어하는 사람들이 많이 있다. 그리고 한 술 더 떠서 한 화면에서 동시에 두 개의 방송 채널을 볼 수 있는 듀얼(dual) TV를 원한다.

우리 삶 속에서 하나님이 하시는 일을 보여주는 화면에 인간적인 관점을 포개어놓고 보고 싶은 욕심 때문이다. 하나님의 관점을 알기 위해 교회에 가지만 집에 돌아가서는 혼자 힘으로 모든 것을 해결하려는 생각으로 다른 채널의 스크린을 틀어놓는다. 그러나 시험을 자신의 제한된 시야와 생각에 끼워 맞추려 하지 말아야 한다. 그럼으로써 우리는 그 시험을 허비하게 될 수 있다.

지혜와 용기로 시험의 고통을 이기라

인간적인 관점을 가지고 시험에 대처하는 것보다 우리를 더 쉽게 실망시킬 수 있는 것은 아마도 없을 것이다. 실제로 용기를 잃게 될 뿐 아니라 병약해질 것이다. 따라서 하나님의 지혜를 의지하고 하나님의 말씀을 신뢰해야 한다. 어려운 시기에 환경에 굴복하지 않게 해줄 수 있는 시험에 대한 영적 관점이 있다. 야고보서 1장에 나오는 구절은 아니지만 우리가 다루고 있는 주제에 잘 맞는 구절이다.

> "그러므로 우리가 낙심하지 아니하노니 겉사람은 후패하나 우리의 속은 날로 새롭도다 우리의 잠시 받는 환난의 경한 것이 지극히 크고 영원한 영광의 중한 것을 우리에게 이루게 함이니 우리의 돌아보는 것은

보이는 것이 아니요 보이지 않는 것이니 보이는 것은 잠깐이요 보이지 않는 것은 영원함이니라"(고후 4:16-18).

바울 사도의 관점을 이해하겠는가? 시험을 뜻하는 다른 표현의 하나인 환난을 영원한 각도에서 바라볼 때 우리는 우리의 속 사람이 새롭게 되고 하나님이 우리를 기다리게 하시는 것들을 받기 위해 계속 달려갈 수 있다. 그 반대는 '겉사람'이 후패해간다는 사실에 초점을 맞추는 인간적인 관점으로 우리를 낙심케 하는 것이다.

우리 아들 앤서니(Anthony)는 어려서 천식을 앓았기 때문에 종종 주사를 맞히기 위해 병원에 데려가야 했다. 의사는 주사를 놓기 전에 앤서니에게 빨아먹을 수 있는 사탕을 손에 들려주었다. 의사가 주사를 놓기 전까지 아이는 사탕을 빨아먹으며 즐거워했다. 그러나 주사를 맞는 순간 비명을 지르며 눈물을 흘리기 시작했다.

그 고통이 너무나 커서 앤서니는 잠시 사탕에 대해서도 잊었다. 그러나 아이는 곧 다시 사탕을 손에 꼭 쥐고 눈물을 흘리면서도 사탕을 빨아먹었다. 예수님은 우리에게 그 사탕과 같은 달콤함과 만족을 주시는 분이시다. 그분의 말씀을 꼭 잡고 예수님을 먹고 산다면 예수님과 함께하는 기쁨이 시험의 고통을 능가하게 될 것이다.

생명의 면류관을 얻는 방법

시험 속에서도 기뻐하며 지혜로울 수 있는 사람은 어떤 사람인지 알고 싶은가? 우선 시험 속에서 신실함을 지킬 때 따르는 놀라운 보상에 대해 이야기하고자 한다. 나는 야고보가 야고보서 1장 9-11절에서 그 예를 잘 보여주고 있다고 생각한다. 그 구절에는 가난한 사람과 부자가 나오는데 그들은 보통 사람이 경험할 수 있는 양극단을 잘 아우르며 그 사이에 있는 모든 인물들을 대표할 수 있는 사람들이다. 야고보는 시험에 대한 경건한 반응이 어떤 것인지를 말하려 하고 있다.

시험에 경건하게 대처한다

첫 번째 가난한 사람은 야고보로부터 '자기의 높음을 자랑하라' 는 말을 듣기는 했지만, '보잘 것 없는 환경' 에 처한 사람이다[9절]. 그 사람은 오늘날에 대입하면 직장을 잃었거나 돈에 쪼들리거나 파산을 당한 그런 사람일 것이다. 이 때 사람들은 일반적으로 경제적인 어려움을 해결해주시기에는 너무 멀리 계시는 듯한 하나님께 화를 내기 쉽다.

야고보는 그런 상황에 있는 사람에게 왜 하필 '자랑하라' 또는 '기뻐하라' 고 말한 것인가? 그리고 '높음' 이란 무엇을 말하는 것인가? 앞서 우리는 하나님이 그분 안에서 우리가 자라는 것을 돕기 위해 시험을 허락하시고 시험 속에서 신실하게 인내하면 우리를 위해 예비하신 영광을 누릴 수 있게 해주신다는 사실을 알았다. 그리고 우리는 이를 통해 어려움 속에서도 기뻐할 수 있다는 것에 대해 이야기했다.

하나님은 우리가 그리스도 안에 있는 우리의 부요함, 즉 우리의 '높음' 에 초점을 맞추게 되기를 원하신다. 그래서 경제적인 어려움을 허락하실 수도 있을 것이다. 지금 그 곤경에 처해 있다면 하나님께 화내지 말라. 그 시험을 통해 물질적인 것에서 눈을 돌려 영적인 것에 초점을 맞추는 것을 배우며 하나님께 더 가까이 나아가라.

부자들의 경우는 어떤가? 그들도 배워야 할 교훈이 있다. "부한 형제는 자기의 낮아짐을 자랑할지니 이는 풀의 꽃과 같이 지나감이라 해가 돋고 뜨거운 바람이 불어 풀을 말리우면 꽃이 떨어져 그 모양의 아름다움이 없어지나니 부한 자도 그 행하는 일에 이와 같이 쇠잔하리라"(약 1:10-11).

'부자'라면 언제나 돈을 쓸 수 있기 때문에 하나님을 정말로 신뢰할 필요가 없을 수도 있을 것이다. 그러나 코스피 지수가 떨어지고 코스닥이 곤두박질치게 되면서 재물도 함께 사라지는 것을 보게 된다. 왜 그런 일이 벌어지는가? 하나님은 우리가 소유한 재산이 오늘 풍성했다가 내일 그 풍성함이 사라지면서 떨어져 시드는 꽃과 같이 될 수 있다는 사실을 깨닫게 되기를 원하신다. 또한 하나님은 우리가 공포에 질리거나 심장 마비를 일으키도록 하기 위해서가 아니라 진정한 의미의 '부'를 알고, 전에는 결코 몰랐던 방법으로 하나님을 신뢰하는 법을 배울 수 있도록 하시려고 하나님을 의존해야 하는 자리에 우리를 두신다.

다시 말해서 가난한 사람과 부자 모두 하나님만이 우리 안전의 원천이 되신다는 사실을 배워야 한다. 가난한 사람들은 그리스도 안에서 자신들이 부유하다는 사실을 기뻐할 수 있다. 그리고 부자들은 주식 시장이나 연금 통장을 의지하지 않게 된 것을 기뻐할 수 있다. 이 교훈들을 배울 때 영적으로 성장하게 된다.

모래 때문에 염증을 일으킨 진주조개는 그 분비물로 모래를 계속 에워싸면서 결국 값진 진주를 만들어낸다. 이처럼 우리는 시험이라는 염증을 찬양과 예배라는 분비물로 둘러싸야 한다. 그렇게 할 때 우리는 그 시험을 값진 것으로 만드시는 하나님을 보게 될 것이다.

하나님을 새롭게 경험하는 기쁨을 누린다

불 시험 아래서 신실함을 유지할 때 얻게 되는 상급은 야고보서 1장 12절에 기술되어 있다. "시험을 참는 자는 복이 있도다 이것에 옳다 인정하심을 받은 후에 주께서 자기를 사랑하는 자들에게 약속하신 생명의 면류관을 얻을 것임이니라."

생명의 면류관이라고 하면 나중에 하늘에서 얻게 될 것처럼 들린다. 그러나 야고보가 말하는 면류관은 생명을 말하는 것이기 때문에 이땅에서 우리가 누릴 수 있는 상급이다. 하나님이 우리에게 생명의 관을 씌워주실 때 그것이 하나님으로부터 오는 선물인 것은 분명하지만 육체적인 생명만을 뜻하는 것은 아니다. 생명의 면류관은 우리가 영광 가운데 계시는 주님과 함께 누리게 될 '영광의 중한 것'(고후 4:17-18)일 뿐 아니라 우리의 삶을 변화시킬 수 있는 하나님과 그분의 영광을 새롭게 알게 되는 영광스러운 경험이기도 하다.

하나님이 생명의 면류관을 주시는 것은 이제 우리가 시험을 통과했고, 하나님이 새로운 능력과 영광으로 우리 환경 속에 임하셔서 그 어느 때보다 생명력 넘치는 삶을 살게 하실 것이라고 말씀하시는 것이다.

우리가 매우 어려운 시험을 앞두고 있다면 우리는 백이면 백 열심히 노력하면서 준비할 것이다. 그리고 그 결과 좋은 성적을 거둘 수 있게 되었다는 사실을 알게 되는 순간 날아갈 듯한 기분을 느끼게 된다. 이 때를 기억해보라. 그 기분이 우리가 이야기하고 있는 경험이다. 다만 그보다 훨씬 더 강렬할 것이다. 나는 생명의 면류관을 원한다. 그리고 당신도 그럴 것이다. 그 면류관을 향해 가는 길은 고통스럽고 짜증날 수도 있는 시험들과 함께 가는 길이다. 그러나 하나님이 우리 삶에 시험을 허락하실 때는 언제나 중요한 일을 염두에 두고 그렇게 하신다.

우리들 대부분은 혼자 힘으로는 결코 둥지를 떠날 수 없는 새끼 새와 같다. 새끼들이 날 때가 되면 어미 새는 새끼 새들이 나는 데 대한 두려움을 극복하고 맛있는 먹이를 스스로 찾아 먹을 수 있도록 하기 위해 혹독한 훈련에 돌입한다. 그래서 어미 새는 새끼들이 약간의 시장기를 느끼게 만든 다음, 먹이를 입에 조금 물고 새끼들이 날아서 둥지 밖으로 나오도록 유도한다.

하나님은 우리가 영적으로 날아오르기를 바라신다. 그러나 그렇게 되기 위해서는 편안한 둥지에서 우리를 나오게 하셔야 할 필요가 있다. 지금 처한 환경 속에서 배가 고프고 불편함을 느끼는가? 그것은 이제 높이 날아오르는 방법을 배울 때가 되었다는 것을 의미한다.

유혹

성장 과정에서 일어나는 영적 싸움

살을 빼기로 굳게 다짐한 매우 뚱뚱한 사람이 있었다. 그는 자신의 체중 증가에 상당한 기여를 해온 도넛을 끊기로 결심하고, 그 첫 번째 실천 방안으로써 그가 좋아하는 도넛 가게 앞을 지나지 않기 위해 출근길을 다른 길로 바꿨다. 그 다음 단계로 그는 동료들에게 도넛을 먹지 않기로 한 자신의 결심을 알렸다.

그러나 얼마 지나지 않아 그는 도넛이 든 커다란 봉지를 손에 들고 출근했다. 동료들이 궁금해하며 어떻게 된 것인지 물었다. 그러자 그는 "이건 그냥 보통 도넛이 아니라 하나님이 주신 도넛이에요"라고 대답했다.

동료들이 "그게 도대체 무슨 말이에요?"라고 물었다.

"오늘 아침 출근하는 길에 우연히 내가 좋아하는 도넛 가게 앞을 지나게 되었어요. 창가에 진열된 도넛들과 케이크들을 보는 순간 강한 유혹을 느꼈지요. 그리고 결심을 지키기 위해 기도해야 한다는 걸 알고 있었기 때문에 '하나님, 제가 저 맛있는 도넛을 먹기 원하신다면 저 도넛 가게 바로 앞에 차를 주차할 수 있는 공간을 마련해주십시오. 그렇게 하신다면 주님께서 제가 저 도넛들을 먹기 원하신다고 확신할 수 있을 것입니다' 라고 기도했어요. 그리고 그 근처를 여덟 번 돌자 신기하게도 그 도넛 가게 바로 앞에 주차할 공간이 생겼어요."

유혹에 굴복하기 위한 이유들을 찾아내기는 그리 어렵지 않다. 유혹은 온갖 종류의 형태, 크기, 색깔, 모습으로 나타난다. 살아 있는 한 우리는 유혹을 피할 수 없을 것이다. 유혹은 예수 그리스도를 아는 지식과 은혜 안에서 자라기 위해 우리가 싸워야 할 영적 전투의 일부다. 믿지 않는 사람들도 유혹을 받는다. 그러나 그들에게는 유혹에 맞서 싸울 영적 무기가 없기 때문에 기본적으로 그들은 무방비 상태다. 그러나 우리 그리스도인들은 그렇지 않다. 다만 우리에게는 유혹을 성공적으로 다루기 위해 유혹이 어떤 것인지 그리고 어떻게 작용하는지를 이해해야 할 필요가 있다.

유혹의 실체

성경은 유혹의 본질과 그 역할에 대해 분명히 말하고 있다. 그리고 이제부터 그 지혜의 문을 두드려보게 될 것이다. 우리가 시작하기 좋은 곳은 "사람이 시험을 받을 때에 내가 하나님께 시험을 받는다 하지 말지니 하나님은 악에게 시험을 받지도 아니하시고 친히 아무도 시험하지 아니하시느니라 오직 각 사람이 시험을 받는 것은 자기 욕심에 끌려 미혹됨이니"(약 1:13-14) 라고 말하고 있는 야고보 사도의 변론이다.

이 두 구절은 우리가 앞 장에서 공부한 시험에 대해 야고보가 가르치고 있는 구절 바로 뒤에 이어지고 있다. 그 연결이 중요한데 그 이유는 야고보서 1장 2절에서 '시험'이라고 번역한 헬라어 단어가 13절에서는 동사의 형태로 사용되었기 때문이다. 이런 경우는 신약 성경 전체를 통해 볼 수 있다. 그것은 하나의 사건이 그 목적이나 사건을 대하는 우리의 반응에 따라 시험이 될 수도 있고 유혹이 될 수도 있음을 말해준다.

그 차이는 시험의 경우는 우리의 영적 성장과 믿음의 진보를 위해 하나님이 만드시고 허락하시는 것인 반면, 유혹은 악을 부추기고 악으로 유인하는 것으로 사단 또는 마귀에게서 나오는 것이다. 유혹은 우리의 영적 성장을 방해하고 하나님께 영광을 돌릴 수 있는 우리의 능력을 제한하려는 목적을 가진다. 하나님께 불순종하거나 하나님을 거역하도록 유인하려는 것이다. 시험은 우리를 성장시키기 위한 것이다. 그러나 유혹은 우리를 무너뜨리기 위해 계획된 것이다.

사단은 우리를 무너뜨리고 싶어한다

우리는 사단이 우리를 무너뜨리고 타락시키기 위해 시험을 유혹으로 바꿀 수 있다는 사실을 이해해야 한다. 하나님이 동산 중앙에 있는 나무를 가리키시며 아담과 이브에게 "선악을 알게 하는 나무의 실과는 먹지 말라 네가 먹는 날에는 정녕 죽으리라"고 말씀하셨던(창 2:17) 에덴 동산에서 그 일이 어떻게 일어났는지를 볼 수 있다. 그 말씀은 하나님께 순종하려는 그들의 의지를 시험하는 하나의 테스트였다.

그러나 사단이 나타나 하나님처럼 되고 싶은 욕망을 품은 이브를 유혹하고, 하나님이 그녀에게 숨기시는 것이 있다는 생각을 갖게 함으로써 그 시험을 악을 행할 수 있는 기회로 바꾸었다. 즉, 하나님이 계획하신 시험을 사단이 악을 행하게 만드는 유혹으로 왜곡시킨 것이다.

일상 생활 속에서 우리가 이끌어낼 수 있는 다른 예들도 많이 있다. 예를 들면 재정적인 어려움을 경험할 때 그 어려움은 하나님이 보내신 시험일 수 있다. 그런데 단번에 빚을 청산하고 성공하기 위해 복권을 산다면, 너무도 쉽고 빠르게 해결책을 찾음으로써 하나님이 계획하신 시험을 사단의 유혹으로 바꾸는 과오를 범할 수 있다.

시험과 유혹이 전혀 다른 경우도 있다. 성범죄에 대한 유혹은 하나님이 보내신 시험이 결코 아니다. 하나님은 죄를 저지를 수밖에 없는 위험한 상황에 우리를 빠뜨려 우리의 믿음을 시험하지 않으신다. 모텔 방에서 포르노 영화를 24시간 틀어준다고 해서 그 영화를 보는 것이 아무렇지도 않은 것은 결코 아니다. 또 하나님이 그 방에 투숙하는 것을 허락하신 것도 아니다.

그것은 마치 어머니가 먹지 못하게 한 초콜릿 과자를 먹다가 들킨 아이의 상황과 유사하다. 아이의 어머니는 "너 거기서 뭐 하는 거니? 엄마가 그 과자 먹지 말라고 했잖아!"라며 나무란다.

그러자 아이는 "알아요, 난 그냥 과자 냄새만 맡으려고 했어요. 근데 내 이빨이 과자를 물었어요"라고 대답한다. 그리스도인들이 종종 사용하는 합리화가 그런 것이다. 유혹은 그 근원과 목적, 결과에 있어서 시험과 다르다. 유혹은 처음부터 끝까지 다 사탄이 꾸민 일이다.

하나님은 우리를 유혹하지 않으신다

야고보는 우리가 받은 유혹을 하나님 탓으로 돌리는 유혹을 받게 되리라는 것을 알고 있었다. 그는 야고보서 1장 13절의 진술로 우리의 그런 생각을 일축해버렸다. 하나님은 우리를 유혹하지 않으신다. 우리가 인내하며 더 강해지도록 우리를 시험하신다. 그리고 우리의 영적 성장을 위해 사단이 우리를 유혹하는 것을 허락하실 수도 있다. 그러나 절대 우리가 악을 행하도록 부추기지 않으신다. 이와 관련된 그 어떤 것도 하나님으로부터 나온 것이 아니다.

그 이유는 하나님은 완전히 거룩한 분이시며 죄와는 아무 관계도 없는 분이시기 때문이다. 예수님은 "이 세상 임금이 오겠음이라 그러나 저는 내게 관계할 것이 없으니"(요 14:30) 라고 말씀하셨다. 하나님께는 악에 관여할 수 있는 것이 아무것도 없다. 그러므로 그 누구에게도 악의 근원이 되실 수 없다. 하나님은 우리 삶 속에 있는 모든 좋은 것의 근원이 되는 분이시다(약 1:7 참조). 유혹과 죄의 원천이 되는 곳에 대해서는 나중에 살펴보기로 하자.

하나님은 우리에게 죄를 짓게 하시지 않는다. 그리고 사단도 우리에게 죄를 짓게 할 수 없다. 사단은 우리를 유혹하고 우리가 그 유혹에 이끌리는 것처럼 보이게 만들 수는 있지만 죄를 짓도록 우리에게 강요할 수는 없다. 우리가 죄를 짓게 만들기 위해서 사단은 우리를 협력자로 만들어야 한다. 그러나 사단에게는 매수하고 속일 수 있는 힘은 있으나 강요할 힘은 없다.

유혹의 진행 과정

야고보서 1장 14-15절은 마음에 새기고 가까이 해야 할 구절이다. 왜냐하면 하나의 아이디어가 타락해가거나, 하나의 생각이 행동으로 발전하고 그 행동의 결과로 나타나는 유혹의 진행 과정을 분명하게 보여주기 때문이다.

유혹의 시작은 욕심

유혹은 사람이 '자기 욕심에 끌려 미혹될'(14절) 때 시작된다. 욕심이라는 말은 강한 욕구를 말한다. 우리의 생각과 행동을 지배하던 정당한 욕구들이 부당한 욕구로 바뀔 수 있다. 이는 몸에 영양을 공급하기 위해 음식을 먹고 싶은 욕구를 느낄 수 있지만 또한 오직 먹기 위해 사는 것처럼 지나치게 음식을 탐할 수도 있는 것과 같다.

거의 모든 유혹은 하나님이 주신 정당한 욕구를 넘어서면서부터 시작된다. 유혹이 우리가 별로 바라는 것이 아니라면 우리는 유혹에 신경 쓰지 않을 것이다. 사단은 속임수와 빈 약속들로 우리를 유인하기 위해서 이것들을 하나님의 좋은 선물들과 어떻게 뒤섞어야 하는지를 잘 알고 있다.

야고보서 1장 14절은 유혹의 매력을 '끌려' 라는 말로 생생하게 묘사하고 있다. 그것은 어부가 물고기를 유인하기 위해 낚시 바늘에 미끼를 끼워 물에 던지는 것으로 묘사된다. 물고기는 어부의 반찬거리가 되려는 것이 아니라 간식을 먹으려는 욕심으로 미끼를 문다. 쥐 역시 쥐덫 자체를 찾아다니는 것은 아니다. 쥐가 원하는 것은 쥐덫에 걸려 있는 치즈다. 그러나 치즈에 대한 쥐의 욕구는 쥐덫에 달린 치즈가 자신을 위해 그곳에 달려 있다고 생각하게 만든다. 그러나 쥐가 그 치즈를 무는 순간 튀어 오르는 쥐덫에 걸리게 된다.

우리들 가운데 특정 물건에 현혹되어 빚을 지는 사람들이 많다. 필요하지 않거나 살 여력이 없는데도 그 물건이 없으면 안 될 것처럼 생각되어 물건을 사는 과소비가 우리 안에 있다. 그래서 순간의 구매 때문에 몇 달 혹은 몇 년에 걸쳐 높은 이자를 지불해야 한다는 사실을 잊고 빚이라는 덫을 밟게 된다.

욕심은 불순종을 낳는다

유혹에 넘어지는 다음 단계는 사단이 놓은 미끼를 보고 끓어오르는 욕심을 참지 못해 하나님께 불순종하게 될 때다. 성경은 '욕심이 잉태한즉 죄를 낳고'(약 1:15) 라고 말하고 있다. 유혹을 받아들이고 그 유혹에 따라 행동할 때 죄를 범하게 된다는 사실에 주목하라. 따라서 죄에 유혹되지 않는다는 사실은 좋은 소식이다.

성경은 예수님도 '모든 일에 우리와 한결같이 시험을 받은 자'(히 4:15) 라고 말하고 있다. 그러므로 유혹을 받는 것 때문에 죄 의식에 사로잡힐 필요는 없다. 유혹을 받지 않는 사람들은 무덤 속에 있는 사람들뿐이다. 유혹이 죄가 되는지 안 되는지 여부는 유혹에 대한 우리의 반응에 달려 있다. 예수님은 '여자를 보고 음욕을 품는 자'(마 5:28)는 미음에 이미 긴음한 것이라고 말씀하셨다. 그 행동이 죄가 되는 이유는 여자를 보는데 그치지 않고 음욕이라는 구체적인 목적을 가지고 다시 보기 때문이다. 악한 의지가 빌동되는 그 순간 보는 행위는 음욕이 된다. 그것은 의도적이고 계획적인 행동이다.

불순종의 마지막 단계는 죽음

야고보는 욕심 때문에 불순종하게 되는 유혹의 진행 과정에 한 단계가 더 있다고 말한다. 그 마지막 단계는 죽음이다. '죄가 장성한즉 사망을 낳느니라'(약 1:15절). 죄는 구원받지 못한 사람들의 영원한 죽음이든, 죽음의 본질이라 할 수 있는 하나님과 그리스도인과의 교제가 끊어지는 단절이든지 간에 죽음을 불러올 때까지 멈추지 않는다.

죄를 지을 때마다 육체적으로 푹 쓰러져 죽는 것은 아니다. 그러나 죄를 지을 때마다 죽음이 발생한다. 하나님은 아담과 이브에게 금지한 나무의 실과를 먹는 날에는 정녕 죽게 될 것이라고 말씀하셨고, 그 실과를 먹은 두 사람은 죽었다. 하나님과의 교제가 깨졌고 영적, 육체적 죽음이 세상에 들어오게 되었다. 그리스도인들이 유혹에 굴복하게 되면 그 결과 하나님과의 교제가 단절되고 영적인 성장이 멈추게 된다. 그래서 죄의 자백이 중요한 것이다.

죄에 따르는 문제는 사단이 거짓 광고를 사용한다는 점이다. 죄가 '경고: 죽음을 야기할 것이다' 라는 스티커를 달고 나타나는 경우는 거의 없다. 죄는 매력적으로 보이고 그 가격도 적절해 보인다. 그러나 그것의 대가로 공시된 가격보다 언제나 더 많은 비용이 든다. 모세처럼 '잠시 죄악의 낙을 누리는 것'(히 11:25) 그 이상을 바라보고 하나님께 순종하기를 더 좋아할 수 있는 사람은 그리 흔치 않다.

죄는 언제나 우리가 가고 싶은 곳보다 더 멀리 우리를 데려가고 우리가 지불하고 싶은 것보다 더 많은 것을 지불하게 만들 것이다. 처음에는 "와"라고 환성을 지르게 만들지만 결국은 "아이고"라고 탄식하게 만들고 만다. 죽음보다 성장을 더 빠르게 저지시킬 수 있는 것은 아무것도 없다. 그리고 유혹이 죄와 사망을 불러오도록 허용하는 것보다 더 빠르게 영적 성장을 저지할 수 있는 것은 없다.

유혹은 어디로부터 오는가

우리는 유혹에 빠지기 쉬운데 비해 유혹에 굴복할 경우 치러야 할 대가가 너무 크다. 따라서 우리는 하나님이 말씀하신 대로 유혹에 저항할 수 있기 위해 유혹이 어디로부터 오는지를 알아두는 것이 좋다.

지난 몇 년 간 미국인들은 오사마 빈 라덴이 이끄는 알 카에다라는 테러 조직과 싸워왔다. 무고한 사람들을 대량 학살하려는 악의적인 욕망에 사로잡힌 그들은 테러를 철저하게 비밀에 부치고 위장했기 때문에 찾아내기가 매우 힘들었다. 또한 너무나 많은 사람들이 가담하고 있기 때문에 매우 광범위한 그 조직을 근절시키기가 얼마나 어려운지를 보여주었다. 테러리스트들은 평범한 시민으로 가장하고 정상적인 일상 생활을 수행하다가 테러를 일으킨다.

악한 지도자와 악한 조직, 악한 욕망이라는 삼중 구조를 가진 테러 조직은 그리스도인으로서 우리가 맞서야 하는 원수의 모습을 잘 보여준다. 성경은 원수를 가리켜 세상, 육체, 사단이 우리를 무너뜨리려 합세한 영적인 '악의 축'으로 말하고 있다.

사단은 유혹자다

사단은 그리스노인들을 유혹해서 멸망시키려는 목적을 가진 조직의 우두머리다. 사단은 영생을 가진 사람들이 그리스도 안에서 영원히 안전하기 때문에 그들과의 전쟁에서 자신이 패했다는 사실을 잘 알고 있다. 그러나 사단은 그들이 허락하기만 한다면 그들의 삶에 치명타를 가할 수 있다.

사단은 유혹자다. 성경은 마태복음 4장 3절에서 광야에 계신 예수님을 시험하기 위해 그분을 찾은 사단을 시험하는 자, 곧 유혹하는 자라고 불렀다. 여기서 잠깐 멈추어 예수님을 광야로 이끄신 분은 성령님이었다는 사실에 주목하라[1절]. 사단이 예수님을 유혹하도록 하나님이 허용하셨다면 사단이 우리를 유혹하는 것도 허용하실 것이다. 하나님은 사단이 이땅에서 출입하는 것을 당분간 허락하신다.

유혹자인 사단은 묘안을 생각해내는 데 명수다. 그는 마음이라는 영역 안에서 일한다. 그는 우리 스스로는 결코 생각할 수 없는 그런 생각을 우리 마음에 심을 수 있다. 뱀으로 가장한 사단은 하와를 유혹해 하나님이 금하신 실과를 먹으려는 마음을 품게 했다. 하와에게 하나님처럼 될 수 있다고 제안한 것도 바로 사단이었다. 하와가 독단적인 생각으로 하나님께 불순종할 수 있는 방법을 생각해내려고 노력한 것이 아니었다.

그리스도인들은 악을 행하려는 생각이 처음부터 본인에게서 나오는 것은 아니라는 사실을 알고 있어야 한다. 하나님이 우리에게 주신 새로운 본성은 완전하기 때문에 그런 생각을 할 수 없다. 하나님께 불순종하려는 처음 생각은 악한 자로부터 온다. 우리가 때때로 마귀에게 반응하게 되는 것은 우리의 새로운 본성이 여전히 악한 옛 육체 속에 살고 있기 때문이다.

사단은 뛰어난 유혹의 명수다. 사단은 럭비 코치가 상대 팀의 경기를 연구하고 분석하듯이 우리를 연구하기 때문에 우리에 대해 잘 알고 있다.

사단은 우리의 성향과 약점들을 잘 안다. 그리고 우리가 어떻게 할 것인지, 우리에게 적용시킬 가장 성공률이 높은 유혹이 어떤 것인지를 잘 알고 있다. 거룩한 천사들이 모든 그리스도인들에게 배정되어 있는 것처럼 마귀들도 각 그리스도인들에게 할당되어 있다. 그들은 우리의 경기를 연구해서 그들의 코치에게 보고하는 일을 한다. 사단은 전지전능하지 않다. 그래서 우리를 지배할 수 없다. 그러나 우리에게 영향을 미치고, 마귀의 생각을 우리에게 심어주며, 우리의 가장 약한 부분을 공격할 수 있다.

우리는 사단의 유혹 앞에서 무방비 상태가 된 것처럼 느끼기 전에 다시 보고 외워두어야 할 구절이 있다. 성경은 우리에게 "사람이 감당할 시험 밖에는 너희에게 당한 것이 없나니 오직 하나님은 미쁘사 너희가 감당치 못할 시험 당함을 허락지 아니하시고 시험 당할 즈음에 또한 피할 길을 내사 너희로 능히 감당하게 하시느니라"(고전 10:13)고 말하고 있다.

하나님은 우리가 감당할 수 없는 유혹에 전복당하는 일이 없게 하신다. 우리는 유혹을 받을 때 그 유혹을 감당할 수 없을 것처럼 느낄 수도 있을 것이다. 그러나 그 유혹은 하늘의 검열을 받은 것이며 우리 안에 감당할 수 있는 힘이 있다는 것을 하나님이 아시고 허락하신 것이라고 확신할 수 있다.

유혹을 감당할 수 있는지를 알 수 있는 방법은 하나님이 그 유혹과 함께 '피할 길'을 주셨는지 확인해보는 것이다. 하나님이 모든 유혹에 '출구' 표시등이 달려 있는 비상구를 만들어놓으신다. 여기서 중요한 단어는 '즈음에'라는 말이다. 피할 길은 유혹 당할 즈음에, 즉 유혹을 받을 때 우리에게 열리게 된다.

"나는 출구 표시를 볼 수가 없다"고 말할 사람들도 있을 것이다. 그것은 피할 길을 찾는 대신 유혹에 초점을 맞추고 있기 때문이다. 하나님이 피할 길을 약속하셨다고 해서 우리가 인내할 필요가 없거나 하나님 앞에 신실하지 않아도 된다는 뜻은 아니다. 유혹을 이기게 하시는 하나님의 목적과 그 승리를 통한 우리들의 영적 성장이 이루어질 때 하나님이 우리를 유혹에서 벗어나게 하실 것이다.

사단은 우리를 지배하거나, 우리가 빠져 나올 수 없는 곳에 우리를 가둘 수 없다. 그러나 매력적으로 보이는 거래를 제안하고 유인하여 끌어 모을 수는 있다. 그것이 광야에서 예수님을 유혹할 때 사단이 한 일이었다(마 4:1-11). 그 사건을 요약하면서 사단이 어떤 부당한 방법으로 예수님의 정당한 욕구를 채우도록 제안했는지 살펴보기로 하자.

사단이 예수님께 가장 먼저 제안했던 것은 만족이었다. 예수님은 배가 고프셨고 사단은 돌로 떡을 만들도록 예수님을 유혹했다. 그러나 그것은 하나님이 허락하지 않으신 만족이었다. 하나님의 계획은 천사들을 통해 하나님의 아들을 먹이시는 것이었기 때문이다.

그러자 사단은 예수님께 성공을 제안했다. 그러나 그 성공 역시 하나님이 없는 성공이었다. 사단은 예수님을 성전 꼭대기로 데려가 "뛰어내리라. 하나님이 보호해주실 것이다. 그리고 모든 사람이 당신을 메시아로 믿게 될 것이다"라고 말했다. 다시 말해서 사단은 십자가에서 돌아가시지 않고 성공할 수 있는 방법을 예수님께 제안했던 것이다. 그것은 편한 해결 방법이었다. 그러나 예수님은 하나님이 원하시는 곳에 있기 위해 십자가를 감당해야 한다는 사실을 알고 계셨다.

그러자 사단은 자신에게 경배하면 다시 세상 나라와 그 영광을 주겠다고 제안했다. 그것 역시 하나님 없는 영광으로 예수님을 유혹하는 것이었다. 그러나 예수님은 하나님만이 경배의 대상이 되셔야 한다는 성경 구절을 증거로 사단을 꾸짖으셨다.

만족과 성공, 영광에 대한 우리의 욕구는 하나님이 주신 것이다. 그러나 사단은 우리가 하나님을 배제하고 그런 것들을 추구하기 원한다. 유혹자로서 사단은 악의 제국의 우두머리다.

사단은 세상에 자신의 조직망을 결성한다

우리를 유혹하는 두 번째 원수는 세상이다. 성경은 "이 세상이나 세상에 있는 것들을 사랑치 말라 누구든지 세상을 사랑하면 아버지의 사랑이 그 속에 있지 아니하니"(요일 2:15)라고 말하고 있다. 심각하게 받아들여야 할 경고다. 따라서 세상이라는 말이 뜻하는 바를 하나님께 여쭈어보아야 한다. 세상(World)이라는 말에 해당하는 헬라어 단어는 코스모스(cosmos)인데 코스모스는 화장품을 뜻하는 영어 단어, 코스메틱(cosmetic)의 어근이 된 말이다. 코스메틱이란 원래 가지런하게 하다, 정리하다라는 뜻을 가지고 있다. 그러므로 여성들이 화장품을 얼굴에 바른다라고 말할 때 그것은 '얼굴을 가지런하게 정리하다' 라는 뜻이 될 수 있다.

세상이라는 단어가 요한일서 2장에서 부정적인 의미로 사용되었을 때 그것은 우리가 사는 지구를 뜻하는 말이 아니라 하나님이 배제된 세상의 시스템을 뜻하는 것이다. 즉, 정치계 또는 경제계 등을 말하는 것이다. 그런 것들은 어떤 장소나 위치가 아니라 방침 또는 하나의 핵을 중심으로 이루어진 배합을 의미하는 것이다. 영적으로 말해서 세상의 방침은 하나님으로부터 멀어지는 것이다. 세상은 삶의 등식에서 하나님을 배제하려 한다.

그런 세상에서 우리는 살아가야 한다. 그러나 그런 세상을 사랑할 필요는 없다. 사단은 그의 뜻을 수행하는 앞잡이들로 구성된 조직망을 가지고 있다. 사단이 명령하는 세상은 하나님을 적대시한다. 따라서 그리스도인들을 향해서도 적대적이다. 사단은 세상이 줄 수 있는 모든 것들로 우리를 감질나게 만들고 있다. 그리고 그 때문에 너무나 많은 그리스도인들이 무너지고 있다.

세상에는 우리에게 줄 만한 것이 별로 없다고 말하는 사람은 아무도 없다. 세상은 '육신의 정욕과 안목의 정욕과 이 생의 자랑'(요일 2:16)으로 우리를 현혹시키려 한다. 우리가 하나님을 예배당에 남겨두고 한 주 동안 하나님과 별 관계없이 살아간다면 사단과 세상은 우리가 주일날 교회에 가는 것에 대해 아무렇지도 않게 생각한다.

세상이 우리에게 줄 수 있는 것들이 때로 너무나 좋아 보이기 때문에 그런 것들을 놓친다면 실패자가 된 것처럼 느껴질 수도 있다. 그러나 세상은 놀이동산의 신나는 기구들을 보여주며, 90초 동안의 스릴을 맛보기 위해 세 시간 동안 줄을 서서 기다려야 한다는 사실은 알려주지 않는다. 세상은 허위 광고에 능하다. 요한은 '온 세상은 악한 자 안에 처한 것'(요일 5:19)이라고 말했다.

육신은 우리 내부의 적이다

우리가 싸워야 하는 세 번째 원수는 우리의 육신, 곧 세상과 사단에게 우리의 삶 속으로 들어올 수 있는 입장권을 쥐어주는 우리의 타고난 이기심이다. 우리는 앞 장에서 육신은 '선한 것이 거하지 아니하는'(롬 7:18) 우리의 일부라는 사실을 언급했다. 그것은 바울 사도가 "내 지체 속에서 한

다른 법이 내 마음의 법과 싸워 내 지체 속에 있는 죄의 법 아래로 나를 사로잡아오는 것을 보는도다"(23절)라고 말했을 때 그가 생각했던 것은 그의 육신이었다. 바울의 분투는 이 세상에서 의롭게 살려는 그리스도인의 분투였다.

선을 행하고 싶을 때조차 악을 행하는 자신에 대한 바울의 좌절감은 모든 그리스도인들이 느끼고 이겨내야 하는 싸움이다. 당신은 하나님께 헌신하기로 다짐하는 기도를 하고 일어서자마자 곧 다시 엉망진창이 되어 버리는 것이 어떤 것인지를 잘 알고 있을 것이다. 육신이 치고 들어오기 때문이다. 그러나 우리는 의지할 데 없는 희생자들이 아님을 하나님께 감사할 수 있다. 바울은 육신을 이길 수 있는 승리의 공식을 우리에게 알려 주었다. "성령을 좇아 행하라 그리하면 육체의 욕심을 이루지 아니하리라"(갈 5:16).

육체의 욕심은 사라지지 않을 것이다. 그 욕심은 평생 우리를 따라 다닐 것이다. 육신은 끊을 수 없는 인척과 같다. 그러나 육신의 노예로 살 필요는 없다.

육신은 우리를 꼬드기기 위해 사단, 즉 세상과 함께 일한다. 당신은 요즘 밤이건 낮이건 아무 때나 전화를 걸어 이것저것을 권하는 사람들에게 신물이 나 있는가? 관심이 없다고 말해도 계속 전화를 걸어 하던 일을 멈추게 만드는 그 사람들 때문에 기분이 상할 것이다. 그것은 사단이 우리에게 죄를 짓도록 유혹하는 한 방법이다. 사단과 세상, 육신은 계속해서 우리에게 전화를 걸어 하나님으로부터 우리를 멀어지게 만들려고 한다. 그러나 우리에게는 그 전화가 문젯거리가 되기 전에 미리 차단할 수 있는 또 다른 시스템이 있다.

사단과의 싸움에서 승리하는 영적 무장법

좋은 소식이 있다. 우리의 원수가 아무리 강하다 해도 우리 하나님께는 상대가 되지 않는다. 성경은 "자녀들아 너희는 하나님께 속하였고 또 저희를 이기었나니 이는 너희 안에 계신 이가 세상에 있는 이보다 크심이라"(요일 4:4)고 말하고 있다. 또 야고보는 "마귀를 대적하라 그리하면 너희를 피하리라"(약 4:7)고 말했다.

때때로 우리는 사단과 그의 동맹군들과 맞서면서 그 어떤 무장도 하지 않은 황제가 된 듯한 느낌을 받을 수 있다. 성경은 우리에게 사단과 그의 군대에 맞서 성공적으로 싸우기 위해 어떻게 무장해야 하는지를 말해주고 있다.

하나님이 우리의 능력이시다

우리에게 필요한 영적 옷장을 에베소서 6장에서 볼 수 있다. 바울 사도는 "종말로 너희가 주 안에서와 그 힘의 능력으로 강건하여지고 마귀의 궤계를 능히 대적하기 위하여 하나님의 전신갑주를 입으라"(10-11절)고 썼다. 새해에는 좀 더 잘할 것이라고 하나님과 자신에게 약속하고 다짐한 것들은 잊어버려라. 우리의 능력은 유한한 인간의 의지적인 능력에 있는 것이 아니라 주님과 주님의 권세 안에 있다.

우리의 싸움은 바울에 의하면 "혈과 육에 대한 것이 아니요 정사와 권세와 이 어두움의 세상 주관자들과 하늘에 있는 악의 영들에게 대한"(12절) 것이기 때문에 우리에게는 하나님의 능력이 필요한 것이다. 우리의 전투는 자연적인 것이 아니라 초자연적인 것이다. 그러므로 우리에게는 그리스도 예수 안에 있는 우리가 사용할 수 있는 하나님의 초자연적인 갑옷이 필요하다.

그리고 더 좋은 소식이 있다. 하나님의 전신갑주로 무장한 후 우리가 해야 할 일은 굳게 '서' 있는 것이다(11절, 13-14절). 성경이 우리에게 '나가 싸우라' 고 하는 대신 '굳게 서 있으라' 고 말하는 이유는 무엇인가? 그 이유는 그리스도 안에서 전쟁은 이미 끝이 났고 승리를 거두었기 때문이다. 우리는 승리하기 위해 싸우는 것이 아니라 승리를 바탕으로 싸우는 것이다. 예수님이 세상과 육신, 사단을 이기고 승리하셨다. 우리가 하는 일은 뒷마무리를 하는 것뿐이다.

전투의 실상을 과소평가하고 싶지는 않다. 미국이 이라크 전쟁을 승리로 끝내고 뒷정리를 하는 몇 주 동안 우리는 적군이 점령하고 있는 지역이 얼마나 위험한지를 보게 되었다. 일주일 만에 아홉 명의 미 현역 군인들이 복병들에게 살해되었고 불시에 다양한 반격들이 일어났다. 내가 강조하고 싶은 것은 하늘의 관점에서 보면 이미 전쟁이 끝났다 할지라도 지엽적인 전투는 여전히 벌어지고 있다는 사실이다. 굳게 서기 위해 우리는 하나님의 전신갑주를 입고 공격을 받게 되는 '악한 날에 능히 대적'(13절) 할 수 있어야 한다.

하나님의 전신갑주를 입어야 한다

에베소서 6장 14-17절에서는 하나님의 전신갑주에 대해 "그런즉 서서 진리로 너희 허리띠를 띠고 의의 흉배를 붙이고 평안의 복음의 예비한 것으로 신을 신고 모든 것 위에 믿음의 방패를 가지고 이로써 능히 악한 자의 모든 화전을 소멸하고 구원의 투구와 성령의 검 곧 하나님의 말씀을 가지라"고 말하고 있다. 먼저 처음에 나오는 세 개의 병기는 상태를 말해주는 동사와 함께 소개되어 있다. 다시 말해서 그 세 가지는 우리가 유니폼과 같이 항상 착용하고 있는 것들이라는 뜻이다. 그러나 나머지 세 개의 병기는 '가지라'는 동사와 함께 소개되어 있는데 이는 그것들이 우리가 필요할 때마다 손으로 잡는 것들이라는 뜻이다. 이제 그 각각을 자세히 살펴보기로 하자.

첫 번째는 진리의 띠다. 우리는 진리에 대해 그것에 모든 것을 맞추어야 하는 타협할 수 없는 확정된 기준이라는 정의를 내렸다. 하나님의 말씀이 바로 그 기준이다.

나는 조종사인 친구와 함께 비행을 한 적이 있었다. 그는 자신의 느낌과는 상관없이 비행기의 계기들을 신뢰하는 것이 얼마나 중요한지를 늘 강조하는 친구였다. 그렇게 해야 하는 이유는 비행 중에는 쉽게 방향 감각을 잃을 수 있기 때문이라고 한다. 그래서 비행기가 뒤집혀 일촉즉발의 위기에 있을 때에도 조종사의 눈에는 똑바로 날고 있는 것처럼 보일 수 있다고 했다.

존 에프 케네디 주니어(John F. Kennedy Jr.)는 그의 아내, 처제와 함께 비행하던 중 사망했다. 사고 원인을 추적한 결과 케네디는 계기반에 완전히 익숙하지 않은 상태였고, 아마도 어둠 속에서 갈피를 잡지 못했을 것이라는 결론이 내려졌다. 2차 세계 대전에 투입된 비행기가 목적지를 훨씬 지나 아프리카 사막에 추락하는 사고가 발생했다. 그 추락은 승무원들이 비행기 계기반을 믿지 못하고 비행기 뒤쪽에서 강한 순풍이 불고 있다는 사실을 무시했기 때문에 생긴 사고였다. 몇 년 후 그 비행기가 발견되었을 때에도 계기들은 여전히 정상적으로 작동하고 있었다.

하나님의 말씀은 그 '계기들'과 같다. 우리는 사단 또는 우리의 감각이 무슨 말을 하든지 그 계기들을 믿어야 한다. 성경은 "사람은 다 거짓되되 오직 하나님은 참되시다 할지어다"(롬 3:4)라고 말하고 있다.

하나님의 전신갑주의 두 번째 병기는 '의의 흉배'다(엡 6:14). 흉배는 심장을 가리는 것이며 성경에서 심장은 우리 의식의 중심부다. 하나님의 진리를 알고 있을 때는 우리 심장이 바른 박자에 맞추어 잘 뛰게 된다. 그러나 일단 진리를 떠나게 되면 하나님이 우리 안에 잘못된 무엇인가가 있다는 것을 알리는 경고음을 울리신다. 마음속에서 들리는 그 경고음을 무시하는 것은 지혜롭지 못한 행동이다.

최근에 내가 공항에서 검색을 받던 가운데 금속 탐지기가 울리는 사건이 벌어졌다. 그래서 주머니를 다 비운 다음 다시 검색을 받았다. 그러나 경보가 또다시 울렸다. 그러자 검색원이 "선생님 몸 어딘가에 금속으로 된 물건을 가지고 계신 것이 분명합니다. 그래서 몸수색을 하지 않을 수 없습니다"라고 말했다. 나는 제 시간에 비행기를 타야 했기 때문에 조급한 마음이 들었다. 그래서 "내 주머니에는 아무것도 없어요"라며 선처를 구했다.

물론 그 말은 아무 소용이 없었다. 그는 지휘봉 모양의 탐지기를 사용해 수색을 했고 곧 내 신발 밑창에서 나도 몰랐던 금속 조각을 찾아냈다. 안진 요원은 마치 '탐지기는 거짓**말을** 안 해요'라고 말하는 듯한 의기양양한 표정으로 나를 바라보았다.

하나님이 우리 마음속에 경고음을 울리시면 우리의 영적 맥박이 불규칙해진다. 하나님이 우리는 모르고 있는 무엇인가를 찾아내신 것이다. 성령님은 하나님의 진리를 우리 마음과 연결시키는 일을 하신다. 그래서 우리가 우리의 죄를 다루고 하나님과의 교제를 유지할 수 있게 하시는 것이다. 의의 흉배는 사단이 그의 거짓말로 우리 마음을 꿰뚫지 못하게 한다.

세 번째 병기는 '평안의 신'으로 우리가 하나님과 교제하기 원하시는 마음을 확인해주는 것이다(15절). 이 평안은 우리가 하나님과 함께 할 수 있는 통로가 되어주는 '평안의 복음'에서 나오는 내적인 평온함이다.

신을 신고 있다는 것은 굳게 서 있음을 말해준다. 적과 싸우다 뒤뚱거리며 넘어지고 싶은 사람은 아무도 없을 것이다. 이 때문에 로마 병정들의 군화는 울퉁불퉁한 땅 위에서 전투하는 동안 안정감을 가질 수 있게 해주었다.

신을 신고 있다는 것은 또 어딘가를 향해 가고 있음을 뜻한다. 하나님은 우리에게 굳게 서라고 말씀하셨다. 그러나 한자리에 가만히 서 있으라고 말씀하신 것은 아니다. 그리스도인의 삶에 정체란 있을 수 없다. 영적으로 성장하려면 움직이고 발전해나가야 한다. 언제나 한자리에 얼어붙은 듯 서 있으면서 하나님의 음성을 들을 수 있으리라 기대하지 말라. 우리가 하나님을 향해 나아갈 때 그분이 주시는 평안은 우리가 올바른 방향으로 나아가고 있음을 확신하게 해준다. 우리에게는 흔들리지 않는 기초가 있다.

전신갑주의 네 번째 병기인 '믿음의 방패'는 그 방패가 필요할 때 우리가 취해야 할 첫 번째 병기다. 방패는 '악한 자의 모든 화전을 소멸'할 수 있게 해준다(16절). 전투에서 의심이나 낙심과 같은 사단의 화살은 우리의 시선을 돌리게 방해하면서 불타오르는 화살과 맞서 싸우게 만든다. 그러나 우리가 하나님이 말씀하신 진리를 따라 행동하는 믿음을 가질 때 그런 화살의 불은 꺼지게 된다.

이 구절을 읽을 때마다 나는 인디언들과 포장 마차 대열을 갖춘 서부 개척자들의 전투를 생각한다. 서부 개척자들은 인디언의 공격을 피하기 위해 사륜마차를 끌고 멀리 돌아서 갔다. 그러나 인디언들은 그런 그들에게 불화살을 쏘아댔다. 인디언들이 그렇게 한 것은 마차에 불이 붙으면 서부 개척자들은 그 불을 꺼야 함과 동시에 인디언의 공격을 막아내야 한다는 사실을 알고 있었기 때문이었다. 사단도 불화살로 커다란 방해 공작을 하면서 우리를 향해 유혹 작전을 펼친다.

공격을 받아 방패가 필요할 때는 방패와 함께 '구원의 투구'도 필요할 것이다(17절). 그 투구는 그리스도인들의 새로운 정체성 또는 그리스도 안에 있는 새로운 신분과 관계가 있어서 우리의 두뇌와 생각을 보호해주는 역할을 한다. 우리의 구원은 지옥에서 빠져나올 수 있는 통행증에 불과한 것이 아니다. 우리의 구원은 예수 그리스도 안에 있는 우리가 누구인지를, 즉 그리스도의 보혈로 산, 완전히 용서받은, 전적으로 구속된, 하늘에 속한 하나님의 자녀라는 것을 확증해주는 것이다. 우리의 구원 외에는 우리의 신분을 보장해줄 수 있는 것은 없다.

전신갑주의 여섯 번째 병기는 '성령의 검', 곧 하나님의 말씀이다(17절). 여기서 하나님의 말씀에 사용된 헬라어 용어는 로고스(logos)가 아니라 레마(rhema)다. 그것은 사단을 격퇴시키기 위해 우리가 하나님의 말씀을 사용하는 것을 의미한다. 문제를 다루어야 하는 적절한 시기에 하나님의 말씀을 제대로 사용하는 것을 말한다.

하나님의 말씀(레마)의 역할을 잘 보여주는 가장 좋은 예는 예수님이 광야에서 사단에게 대답하셨을 때다. 사단은 예수님을 세 번 시험했고 예수님은 세 번 다 '기록되었으되'(마 4:4, 7, 10)라는 말로 대답하셨다. 즉, 하나님의 말씀으로 사단을 물리치셨다. 사단은 우리의 주장을 꺾고 논의에서 이길 수 있다. 그러나 하나님의 말씀 앞에서는 속수무책이 되고 만다.

성육신하신 예수님이 기록된 하나님의 말씀을 사용하셔야 했다면 우리는 더욱 더 그렇게 해야 하지 않겠는가? 우리는 성경을 사용하기 위해 성경을 배운다. 사단이 우리를 유혹할 때 우리는 하나님의 말씀으로 사단을 물리칠 수 있다. 바울이 언급한 '검'은 영화에 나오는 옛 장수들이 휘두르던 날이 넓은 큰 칼이 아니라 가까운 거리에서 접전을 벌일 때 사용하는 작은 칼이다. 사단이 가까이 다가오면 그 칼로 찌르라.

우리는 기도로 무장한다

바울 사도가 전신갑주에 대한 설명으로 끝맺지 않은 것에 대해 나는 기쁘게 생각한다. 왜냐하면 병사의 전신갑주가 효과적으로 사용되기 위해서는 그 전신갑주를 제대로 잘 착용함으로써 최대한의 보호를 받을 수 있어야 하기 때문이다. 에베소서 6장 18절은 하나님의 전신갑주를 착용하는 것에 대해 말해주고 있다. "모든 기도와 간구로 하되 무시로 성령 안에서 기도하고 이를 위하여 깨어 구하기를 항상 힘쓰며 여러 성도를 위하여 구하고."

하나님의 전신갑주를 어떻게 착용하는가? 기도로 한다. 성령님의 능력 안에서 기도하는 것이 우리가 말하고 있는 영적 전투를 위해 무장하는 것이다. 매일 하루를 시작하면서 항상 착용하고, 필요할 때마다 집어들어야 하는 병기로 무장시켜주실 것을 하나님께 구체적으로 기도하라. 영적인 무방비 상태로 하루를 시작하는 일이 없도록 하라.

예수 그리스도를 입고 승리한다

흥미로운 공부를 해보고 싶다면 하나님의 전신갑주와 그리스도 안에서 하나님이 주신 것들을 비교해보라. 먼저 진리의 띠를 생각해보라. 예수님은 자신을 진리라고 말씀하셨다(요 14:6 참조). 그리고 의의 흉배가 있다. 성경은 예수님이 우리의 의가 되셨다고 말하고 있다(고전 1:30 참조). 우리는 평안을 주는 복음의 신을 신어야 한다. 그런데 에베소서 2장 14절에서는 예수님을 '우리의 화평'이라고 묘사하고 있다.

믿음의 방패도 마찬가지다. 성경은 예수님을 '믿음의 주요 또 온전케 하시는 이'(히 12:2)라고 선포하고 있다. 구원의 투구는 또 어떤가? 구원자는 예수님의 칭호. 그리고 요한복음 1장 1절은 예수님을 '말씀'이라 부르고 있다.

다시 말해서 예수님이 우리의 전신갑주가 되신다. 그러므로 전신갑주를 입는 것에 대해 이야기할 때 우리는 사실 그리스도를 입는 것에 대해 이야기하는 것이다. 그래서 성경은 우리에게 "오직 주 예수 그리스도로 옷 입고 정욕을 위하여 육신의 일을 도모하지 말라"(롬 13:14)고 명하고 있는 것이다. 이 구절은 유혹을 이길 수 있는 방법에 대해 성경에서 볼 수 있는 가장 좋은 구절들 가운데 하나다. 바울 사도가 육신을 언급한 것은 육신이 우리의 세 원수 가운데 우리가 상대할 수 있는 유일한 대상이기 때문이다. 우리는 사단이 사단 되지 못하게 할 수 없다. 또 세상이 우리에게 미끼를 던지지 못하게 할 수도 없다. 그러나 우리의 육신으로 하여금 그것들에 반응하지 않게 할 수는 있다.

'예수님으로 옷 입는 것'이 우리를 위해 어떤 일을 할 수 있는지 이야기해보도록 하자. 히브리서 2장 18절은 예수님도 우리와 똑같은 유혹을 받으셨는데, 그것은 우리가 유혹을 받을 때 우리를 구하실 수 있기 위해서라고 말하고 있다. 우리가 "예수님, 이 시험에서 부정 행위를 하고 싶은 유혹을 받고 있습니다"라고 말할 때 예수님은 "지금 네 심정이 어떤지 알고 있다. 사단이 내게도 십자가를 지지 않고 부당한 방법을 취하게 하려고 유혹했었다"라고 말씀하신다. 그리고 우리를 도와주실 것이다. 우리가 해야 할 일은 예수 그리스도께 우리의 시선을 고정하는 것이다(히 12:2 참조).

개 조련사들은 무슨 일이 있어도 개들이 자신들의 말을 듣고 순종하도록 만들기 위해 개 앞에 생고기를 던져주는 것으로부터 훈련을 시작한다. 훈련이 되지 않은 개들은 고기를 바로 받아먹는다. 그러나 조련사는 개들이 그 앞에 어떤 것이 던져지든지 간에 조련사 자신에게 주의를 집중하도록 가르친다. 그 과정이 성공을 거두게 되면 개들은 고깃덩어리라는 '유혹'이 바로 앞에 떨어져도 주인에게서 눈을 떼지 않는다.

예수 그리스도를 계속 바라보면 사단이 던지는 그 어떤 유혹도 문제가 되지 않는다. 때때로 우리는 그 유혹을 따라가고 싶을 수도 있다. 그러나 그리스도께 시선을 집중하고 그리스도의 음성에만 귀를 기울인다면 어떤 일에서도 승리할 수 있다.

LIFE ESSENTIALS

소명

하나님이 주신 삶의 목적

여러 해 동안 인기를 끌며 방영되었던 〈세인펠드 (Seinfeld)〉라는 시트콤이 있었다. 그 시트콤의 작가들은 별난 등장 인물들을 만들어냈고, 연기자들은 자신들의 배역을 잘 소화해냈다. 그러나 〈세인펠드〉가 인기를 누릴 수 있었던 가장 독특한 특징은 각 이야기에 정해진 줄거리가 없다는 점이었다. 등장 인물들은 특정한 목적이나 규제 없이 상황에 따라 그저 되는 대로 행동했다. 〈세인펠드〉의 시청자들을 대상으로 설문 조사를 한 결과, 많은 사람들이 〈세인필드〉를 좋아하는 이유는 그들이 그 시트콤에 나오는 인물들처럼 별 의미도 계획도 없이 살아가고 있기 때문이라고 답변했다.

오늘날 아주 많은 사람들이 특정한 목적 없이 그저 다람쥐 쳇바퀴 돌듯 그렇게 '세인펠드'의 삶을 살아가고 있다. 그들은 빨리 달리기도 한다. 그러나 그들에게는 가야 할 목적지가 없다. 그들의 삶은 대낮에 비치는 태양 광선처럼 밝게 빛나는 대신 흔들리는 촛불처럼 가물거린다. 가장 큰 비극은 하나님이 자신을 지으셨고 목적을 가지고 구원하셨다고 말하는 그리스도인들 가운데 많은 사람들이 그렇게 살아가고 있다는 사실이다.

내가 볼티모어에서 소년 시절을 보내는 동안 우리 가족은 주일 오후 시간에 드라이브를 하곤 했다. 특별히 어디를 간 것은 아니었다. 가야 할 목적지 없이 그냥 차를 몰고 '드라이브'를 즐겼다. 그것은 주일 오후 몇 시간을 그냥 보내기에는 좋은 방법이 될 수도 있다. 그러나 그것은 우리가 살아가도록 하나님이 계획하신 방법은 아니다.

많은 사람들이 직업, 가정, 우리 사회에서 중요하게 여기는 것들을 모두 가지고 있다. 그러나 그들은 여전히 인생이 불안전하다고 느낀다. 그리스도인으로서 그렇게 느낀다면 그것은 아마도 소명이라는 문제를 생각해보지 않았기 때문일 수도 있다. 우리가 하나님으로부터 온 존재 이유를 찾지 못한다면, 아무 목적과 계획없이 사는 '세인펠드' 속 등장 인물처럼 살아갈 수 있다.

그리스도인으로서의 소명을 발견하고 그 소명에 따라 살아가는 것은 짧은 기간 안에 크게 성장할 수 있는 영적 성장의 중요한 단계다. 하나님이 우리를 이땅에서 살게 하시는 목적을 발견하는 것, 그것이 진정한 성취다.

소명의 의미

우리가 사용하는 용어에 대한 정의를 내리는 것은 언제나 도움이 된다. 그러므로 먼저 이 장의 기초가 될 소명에 대해 정의를 내려보기로 하자. 소명은 하나님의 나라를 확장하고 하나님께 영광을 돌릴 수 있도록 하나님이 우리 각자에게 맞게 고안하시고 모양을 잡으시고 예비하신 삶의 목적이다.

우리는 앞에서 하나님의 백성으로서 하나님의 영광을 위해 살아야 한다는 것을 알게 되었다. 하나님이 우리를 믿음 안에서 자라게 하신 이유는 그렇게 하심으로써 우리의 기쁨과 만족, 하나님의 영광을 위해 우리에게 주신 소명을 극대화할 수 있기 때문이다. 소명은 각 그리스도인에게 예외 없이 주시는 은혜의 선물들 가운데 하나다.

많은 그리스도인들은 소명을 그리스도가 다메섹으로 가는 사울에게 나타나셨을 때처럼 그렇게 극적인 방법으로 말씀하시는 초자연적인 경험이라 생각한다. 하나님의 부르심을 극적으로 경험하는 사람들이 있을 수도 있다. 그러나 오늘날 하나님은 성경 시대에 하셨던 것처럼 그렇게 말씀하시거나 나타나시지 않는다. 왜냐하면 우리에게는 완성된 하나님의 계시가 있기 때문이다. 우리들 대부분은 말씀을 통해 발견하고 성령님이 우리 마음속에 하나님의 뜻이라는 확신을 주시고 종종 환경을 통해 그 뜻을 확인해주실 때, 그것이 하나님으로부터 온 소명이라는 것을 알게 된다.

소명은 선하신 하나님으로부터 온다

성경은 이 중요한 문제를 여러 구절에서 언급하고 있다. 예레미야 29

장 11절을 통해 우리는 우리를 위한 하나님의 계획과 부르심은 선한 것이라는 사실을 알 수 있다. "나 여호와가 말하노라 너희를 향한 나의 생각은 내가 아나니 재앙이 아니라 곧 평안이요 너희 장래에 소망을 주려 하는 생각이라"

에베소서 2장 10절은 우리의 소명을 다루고 있는 또 하나의 중요한 구절이다. 이 구절은 우리가 하나님의 선물인 믿음을 통해 은혜로 구원받았다는 8-9절, 바울의 교훈 뒤에 이어지면서 종종 쉽게 간과되곤 한다. 그러나 하나님의 은혜는 10절에서 볼 수 있듯이 구원으로 끝나는 것이 아니다. "우리는 그의 만드신 바라 그리스도 예수 안에서 선한 일을 위하여 지으심을 받은 자니 이 일은 하나님이 전에 예비하사 우리로 그 가운데서 행하게 하려 하심이니라." 10절은 우리의 소명에 대한 일반적인 진술이다. 우리의 일반적인 소명은 다른 사람들을 돕고 하나님께 영광을 돌리는 '선한 일'을 하는 것이다(마 5:16 참조). 그러므로 소명은 우리가 살아가기 위해 해야 하는 일이다. 또한 하나님이 구원을 통해 우리에게 보여주신 놀라운 은혜에 대한 우리의 반응으로, 하나님을 섬길 수 있도록 우리를 위해 미리 계획하신 것이기도 하다(롬 12:1-8 참조).

우리의 소명이 선하신 하나님의 손에서 나오는 것이라면 그리고 그 목적이 선한 일을 하게 하기 위한 것이라면 우리의 소명 그 자체는 선한 것이어야만 한다. 따라서 그것은 또 하나님의 은혜라고 할 수 있다.

우리의 소명에는 하나님의 목적이 있다

하나님은 선하게 베푸시는 분일 뿐만 아니라 목적을 가지고 일하시는 분이시기도 하다. "여호와의 도모는 영영히 서고 그 심사는 대대에 이르리로다"(시 33:11). 하나님이 만드신 모든 만물에는 목적이 있다. 그리고 하나님은 우리 존재의 목적을 찾으려는 열망과 열의를 가진 존재로 만드셨다. "하나님이 목적을 가지고 저를 이 곳으로 인도하셨다는 것을 알고 있어요"라고 내게 말한 사람들이 많이 있었다. 그것은 소명, 곧 하나님이 주신 목적 의식이 절실히 필요하다는 것을 보여주는 한 외침이다.

우리에게 있는 그 열망은 모든 창조물을 계획된 목적대로 배치하시는 창세기 1장에 계시된 하나님의 질서 정연한 속성을 반영해주는 것이다. 빛은 어둠을 쫓아버리기 위해 만드신 것이며 그 자리를 지키고 있다. 태양은 낮 동안에 빛을 비추고 낮을 '주관' 하기 위해 만들어졌고, 달은 밤을 '주관' 하기 위해 만들어졌다(창 1:16 참조).

그러나 목적이라는 엄청난 개념을 발견하게 되는 것은 아담과 하와에게 이르러서다. "하나님이 그들에게 복을 주시며 그들에게 이르시되 생육하고 번성하여 땅에 충만하라, 땅을 정복하라, 바다의 고기와 공중의 새와 땅에 움직이는 모든 생물을 다스리라 하시니라"(창 1:28). 인간의 존재 목적은 세상 만물에 대한 하나님의 통치권을 실현시키는 것이다.

자신의 타고난 음역을 넘어서는 곡을 부르려고 노력하면서 무리를 해봤자 제 가락을 잘 살릴 수 없다. 이런 사람일수록 자신의 타고난 음역 안에 있는 곡을 소화해야 안도감을 느끼며 실력을 발휘하게 될 것이다. 하다못해 사성으로 노래할 수 있는 성악가들도 결국에는 그들의 정상적인 음역으로 되돌아가야 한다.

우리들 가운데 자신의 한계를 넘어서는 일을 하려고 애를 쓰는 사람들이 아주 많이 있다. 그들은 하나님이 부여해주신 복적을 성취해나가고 있지 않기 때문에 무리를 하면서 정상에서 벗어나게 된다. 사도행전 13장

36절은 다윗 왕에 대한 의미심장한 언급을 하고 있다. "다윗은 당시에 하나님의 뜻을 좇아 섬기다가 잠들어 그 조상들과 함께 묻혀 썩음을 당하였으되." 사는 날 동안에 하나님의 뜻을 이루었다는 말이 새겨진 비문보다 더 위대한 비문은 없을 것이다.

오래된 의식에 묶여 목적이나 계획 없이 사는 삶보다 더 못한 삶은 없을 것이다. 우리들 대부분은 그런 삶을 살아가는 것이 어떤 것인지를 잘 알고 있다. 매일 똑같은 잠자리에서 일어나 거울에 비친 매일 똑같은 얼굴을 보기 위해 매일 똑같은 욕실로 간다. 그리고 별반 다를 바 없는 옷들 가운데 한 벌을 골라 입기 위해 매일 똑같은 옷장 문을 연다. 그리고 매일 똑같은 사람이 준비한 매일 똑같은 아침 식사를 하기 위해 매일 똑같은 식탁으로 가서 자리를 잡는다.

그리고 매일 똑같은 차고로 가서 매일 똑같은 차에 몸을 싣고 매일 똑같은 길을 지나 매일 똑같은 사무실로 간다. 매일 똑같은 사람 옆에서 매일 똑같은 사람의 감독을 받으며 늘 똑같은 월급을 받으며 하루 종일 일을 한다. 그리고 매일 똑같은 차에 다시 몸을 싣고 매일 똑같은 길을 따라 집으로 돌아간다.

집에 돌아와서는 매일 똑같은 텔레비전을 보기 위해 매일 똑같은 의자에 가서 앉는다. 그리고 매일 똑같은 식탁에서 매일 똑같은 사람이 준비한 매일 똑같은 저녁 식사를 한 다음 매일 똑같은 침대로 가서 매일 똑같은 방식으로 잠을 청한다. 그러던 어느 날 문득 의미 없는 삶을 살아가고 있음을 깨닫게 된다. 움직이고는 있지만 그 어느 곳을 향해서도 가고 있지 않다.

소명의 특성

그러나 의미 없는 삶을 목적 없이 살아가도록 하나님이 우리를 지으시고 구속하신 것은 분명 아니다. 이 사실은 우리에게 좋은 소식이 되어야 한다. 지금 비록 하나님이 주신 소명과 목적을 찾고 있는 중이라 할지라도 그렇게 찾아야 할 만한 가치를 지닌 것이기 때문이다.

우리의 소명은 개별 맞춤식이다

그리스도인으로서 성장하고 우리의 영적 성장을 최대화하고 싶은 이유는 우리의 목적을 분명히 알기 위해서다. 그냥 그럭저럭 살다가 죽은 다음 '아무개, 여기에 묻히다'라는 비문을 남기는 것으로 만족할 사람이 얼마나 되겠는가. 우리는 이 지구상에서 한 자리를 차지하는 것 이상의 일을 위해 지어졌다.

하나님이 우리에게 소명을 주신다. 그리고 놀랍게도 우리 각자에게 꼭 맞는 그런 소명을 주신다. 그래서 바울 사도는 '너희 구원을 이루라'(빌 2:12)고 말했다. 그 구원은 다른 사람의 구원을 말하는 것이 아니라 바로 우리 각자의 구원을 말하는 것이다. 우리는 모두 동일한 주님과 구원자를 통해 구원되었다. 그러나 우리 하나님은 무한히 창의적인 분이시다.

우리에게는 독특한 지문과 DNA가 있듯이 독특한 소명이 있다. 그리고 나는 그리스도인들에게 그보다 못한 것에 만족하지 말고 도전하라고 말하고 싶다. 현재의 월급이나 집 그리고 차에 안주하지 말라. 그런 것들은 우리 모두의 꿈이 될 수는 있겠지만 하나님은 우리를 위해 그보다 훨씬 더 큰 꿈을 가지고 계신다.

그렇다고 오해하지는 말라. 그런 것들을 가졌다고 해서 잘못이라는 말은 아니다. 문제는 그런 것들이 삶의 전부가 될 때다. 몇 년 전 '이게 전부 다인가(Is that all there is)?' 라는 가사를 가진 팝송이 유행했었다. 그 노래는 그 문제를 해결해주지 못했다. 그러나 하나님은 우리에게 그 대답을 해주신다. 우리 주변에 있는 것들이 전부 다가 아니다. 하나님은 우리 각자에게 꼭 맞는 계획을 갖고 계신다. 그리고 지혜로운 사람은 그 계획이 무엇인지를 찾아내는 일을 최우선으로 삼을 것이다(잠 20:5 참조).

우리 각자에게 주신 은사를 통해 소명을 이룬다

하나님은 성경이 '영적인 은사'라 부르는 것을 성령님을 통해 모든 그리스도인들에게 나누어주시고 하나님의 자녀 한 사람 한 사람에게 독특한 목적을 부여해주실 만큼 매우 계획적인 분이시다(고전 12:7, 11 참조). 나는 베드로의 설명을 좋아하는데 그는 "각각 은사를 받은 대로 하나님의 각양 은혜를 맡은 선한 청지기같이 서로 봉사하라"(벧전 4:10)고 말했다.

우리는 사람들이 "나에게는 재주가 없어"라고 말하는 것을 종종 들을 수 있다. 그러나 "나에게는 아무 은사도 없어"라고 말할 수 있는 그리스도인은 아무도 없다. 하나님이 우리 각자를 구원하실 때 우리의 성장과 다른 사람들의 유익을 위해 우리에게 은사를 주셨다. 우리의 영적 성장 과정의 일부는 그 은사를 발견하고 사용하는 것이다. 자유케 하시는 하나님의 은혜를 이해하고 활용하고 있음을 보여주는 가장 큰 증거는 다른 사람들을 섬기는 봉사를 통해 드러나게 된다(갈 5:13 참조).

영적 은사는 단순한 재능이나 능력이 아니다. 특정한 능력을 갖기 위해 그리스도인이 되어야 할 필요는 없다. 영적 은사를 발휘하는 데 재능을 사용할 수는 있다. 그러나 은사는 재능 이상이다. 은사는 하나님의 성령이 우리의 삶을 통해 그분의 영광과 목적을 위해 사용하시는 것이기 때문이다.

사람들은 자신들의 재능을 영화롭게 하고 자신을 목적을 이루는 데 사용할 수 있다. 문제는 하나님이 주신 은사를 우리 자신만을 위해 사용할 수도 있다는 점이다. 나는 실제로 하나님이 주신 은사를 인간적인 재능으로 사용하는 그리스도인들을 보아왔다. 그들은 자신의 유익만을 위해 은사들을 사용하고 하나님의 나라 영광을 위해 사용하지 않는다. 그것은 위험하다. 왜냐하면 하나님은 그분의 은사들이 오용되는 것을 허락하지 않으시기 때문이다. 영적 은사들은 하나님이 우리에게 주신 소명을 이루고 이땅에서 하나님의 뜻을 수행할 수 있도록 성령님이 우리에게 주시는 것이기 때문에 영적 은사라 불리는 것이다.

많은 사람들이 그들 각자의 소명을 알지 못하는 것은 개개인의 은사들을 놓치고 있기 때문이다. 그들은 자신이 이곳에 살고 있는 이유를 세속적으로 생각하고 하나님이 왜 독특한 능력, 경험, 열망들을 주셨는지 그리고 왜 자신이 하나님의 영원한 목적을 이루지 못하고 있는지를 알지 못한다.

우리의 소명과 직업은 우리의 은사에 따라 같을 수도 있고 다를 수도 있다. 나는 하나님의 말씀을 신포하도록 부르심을 받은 사람으로서 목사라는 직업을 통해 하나님이 주신 소명을 이루어가고 있다. 하나님이 말씀을 선포하는 것은 나의 소명이기도 하고 또 내 직업이기도 하다. 바울의 경우처럼 소명을 뒷받침하기 위한 직업을 가진 사람들도 있다. 바울의 소명은 이방인에게 복음을 전파하는 것이었다. 그러나 그는 천막을 만들어

생계를 유지했다. 그에게는 목사와 교사, 전도자로서의 은사가 있었지만, 천막을 재단해서 꿰매는 능력도 있었다.

엉뚱한 소명에 당신을 끼워 맞추고 있지 않은가

하나님이 무엇을 위해 당신을 부르셨는지 알고 있는가? 하나님이 어떤 은사들을 주셨는지 알고 있는가? 그렇다면 하나님의 영광을 위해 그 은사들을 어떻게 사용하고 있는가?

이런 질문들에 대답할 수 없다면 또는 이런 질문들에 대한 대답을 찾고 있지 않다면 자신의 존재 목적을 이루어가지 못하고 있다는 말이다. 이는 우리의 영적인 성장을 제한한다.

하나님의 나라는 수많은 작은 조각들로 이루어진 커다란 퍼즐 그림과 같다. 우리는 퍼즐의 그림을 거의 다 맞추었다고 느낀 순간 하나 혹은 두 개의 조각이 사라지고 없다는 사실을 뒤늦게 알게 된 경험을 해보았을 것이다. 퍼즐을 만든 사람은 각각의 퍼즐 조각들을 위한 자리를 만들어놓았다. 그러므로 그 조각들을 제 자리에 다 끼워 맞추기 전까지는 퍼즐 그림이 완성될 수 없다.

하나님은 누군가 협조하지 않기 때문에 하나님 나라의 계획이 방해받는 것을 허락하지 않으실 것이다. 그러나 우리가 우리 각자의 소명을 이루어가지 않는다면 그 사람들로 인해 잃어버린 조각 때문에 전체 퍼즐 그림이 완성될 수 없는 것과 같이 된다. 또 퍼즐 조각을 엉뚱한 자리에 끼워 넣으려 애를 쓰는 것처럼 하나님이 계획하지 않으신 엉뚱한 자리에 자신을 끼워 맞추려 하는 사람들도 많이 있다. 그러나 맞지 않는 자리에 퍼즐 조각을 억지로 끼워 맞추려 하다보면 퍼즐 조각의 모퉁이들만 해어지게 될 것이다.

하나님이 주신 소명을 발견하게 되면 우리를 어딘가에 억지로 끼워 맞추려 할 필요가 없게 된다. 성경은 하나님이 그리스도의 몸을 이루고 있는 각 지체들을 하나님이 원하시는 자리에 정확하게 두신다고 말하고 있다(고전 12:18 참조). 그러므로 우리의 은사를 통해 초교파적인 사역 단체나 지역 사회의 프로그램, 가정, 직장이 모두 유익을 얻을 수 있기는 하지만 가장 많은 유익을 얻을 수 있는 곳은 지역 교회다. 우리가 있어야 할 자리를 발견하고 하나님이 우리를 부르신 자리라는 것을 알게 될 때 놀라운 만족을 얻을 수 있다.

소명을 발견하는 적절한 시기

성경에는 자신의 소명을 발견하고 그 소명을 하나님의 영원한 목적과 연결시킨 사람들이 많이 등장한다. 에스더의 이야기를 그 전형적인 예로 들 수 있는데, 그 이유는 에스더가 우리 소명에 대한 성경의 모범적 답안을 제시하고 있기 때문이다.

소명이 우리 자신보다 더 위대하다

에스더의 삶은 위에서 간단하게 언급한 것처럼 그리스도인인 우리의 소명에 관한 중요한 사실을 상기시켜준다. 하나님의 부르심은 하나님의 나라와 관계가 있다. 이것은 하나님이 우리를 위해 우리가 정한 일정보다 훨씬 더 중요한 것을 염두에 두고 계신다는 말이다. 에스더는 바사에 살았던 유대인 포로들 가운데 한 사람이었다. 그녀는 바사의 왕이 왕비를 폐하기로 했을 때 새로운 왕비로 선택될 만큼 아리따운 여인이었다. 왕은 에스더에게서 눈을 떼지 못했다. 그러나 그는 그녀가 유대인이라는 사실을 모르고 있었다.

왕의 최고위 대신으로 등장하는 하만이라는 사람은 그에게 절하기를 거부했던 에스더의 삼촌 모르드개를 비롯해 유대인들에게 적대감을 품고 있었다. 그래서 그는 유대인들을 전멸하기로 결심하고 바사의 왕에게 그들을 진멸할 수 있는 조서를 청하기까지 했다. 그 사실을 알게 된 모르드개는 에스더에게 "왕에게 가서 유대 민족을 위해 간절히 구하라. 그렇게 하지 않는다면 우리 모두 죽게 될 것이다"라는 간단한 메시지를 전했다.

그러나 에스더는 그렇게 보지 않았다. 그녀는 모르드개에게 "도울 수가 없습니다. 왕의 부름을 받지 않고 왕 앞에 나가는 것은 제 생명을 거는 일입니다"라고 말했다.

에스더는 현대인들이 앓고 있는 '개인적 태평과 부자병'이라는 병에 걸려 있었다. 그녀는 부족함 없는 삶을 살고 있었다. 한때는 비천한 사람이었지만 왕비라는 지위에 올라 있었다. 물론 그녀가 허락을 받지 않고 왕 앞에 나아갔다가 왕이 그녀를 기뻐하지 않을 경우 목숨을 잃을 수 있다는 것도 사실이었다.

그러나 그 위험을 무릅쓰지 않는다면 그보다 훨씬 더 큰 위험을 피할 수 없는 상황이었다. 그런 상황에서 모르드개는 화를 내며 에스더에게 "이 때에 네가 만일 잠잠하여 말이 없으면 유대 인은 다른 데로 말미암아 놓임과 구원을 얻으려니와 너와 네 아비 집은 멸망하리라"(에 4:14)라고 말했다. 그리고 이어 "네가 왕후의 위를 얻은 것이 이 때를 위함이 아닌지 누가 아느냐"라는 놀라운 말을 했다. 에스더는 모르드개의 의도를 알아차렸다.

처음에 에스더는 왕비로서의 윤택한 삶을 살 수 있도록 하나님이 자신을 아름답게 만드신 게 아니라는 사실을 이해하지 못했다. 하나님이 자신을 그 시기에 바사의 왕비가 되게 하심으로써 자신을 통해 하나님의 백성을 보호하려는 특별한 소명을 이루기 원하셨다는 사실을 오랜 시간이 지난 후에 그리고 모르드개의 책망을 통해 깨닫게 되었다.

교회는 소명을 발견할 수 있는 최적의 장소다

"소명을 어떻게 알 수 있습니까?"라고 묻는 그리스도인들이 많이 있다. 간단히 대답하면 하나님이 우리 각자에게 드러내주실 것이다. 하나님은 우리 각자를 가장 잘 아는 분이시다. 또한 우리를 위한 하나님의 목적을 가지고 숨바꼭질놀이를 하는 분이 아니시기 때문이다. 사도행전 13장 서두에서는 하나님이 하나님의 목적을 이루시기 위해 하나님의 백성들을 어떻게 부르시는지에 대해 중요한 몇 가지 사실들을 우리에게 알려주고 있다.

> "안디옥 교회에 선지자들과 교사들이 있으니 곧 바나바와 니게르라 하는 시므온과 구레네 사람 루기오와 분봉 왕 헤롯의 젖동생 마나엔과 및 사울이라 주를 섬겨 금식할 때에 성령이 가라사대 내가 불러 시키는 일을 위하여 바나바와 사울을 따로 세우라 하시니 이에 금식하며 기도하고 두 사람에게 안수하여 보내니라"(행 13:1-3).

성령님이 예배 가운데 바나바와 사울을 지목하여 부르셨다는 사실에 주목하라. 우리는 이런 부르심은 하나님이 특정한 사람들에게 특정한 일을 맡기셨던 성경 시대에만 일어났던 일일 것이라 생각하는 경향이 있다. 그러나 성령님은 오늘날에도 그리스도의 몸, 교회에 참여하는 그리스도인들에게 말씀하신다. 각 개인에 대한 하나님의 부르심은 몸 전체의 유익을 위한 것이기 때문이다. 교회는 또 각 성도의 소명을 확인해주는 역할을 한다. 자신의 소명을 발견할 수 있는 가장 최적의 장소는 교회다.

그러나 오해하지는 말라. 하나님은 오늘날에도 하나님의 뜻을 우리에게 분명하게 말씀해주실 수 있는 분이시다. 그렇다면 많은 그리스도인들이 소명을 발견하지 못하고 있는 이유는 무엇일까? 하나님이 하나님의 말씀을 통해 객관적으로 그들에게 말씀하시고, 성령님을 통해 주관적으로 말씀하시며, 하나님이 말씀과 환경을 통해 확인해주실 수 있는 곳에 그들이 있지 않기 때문이다. 그들은 무슨 일인가 벌어지기를 기다리는 방관자로 서 있다.

다시 말해서 그들은 그리스도의 몸 안에서 다른 그리스도인들과 합심하여 섬기고 교제하는 일에 적극적으로 참여하지 않고 있다. 그저 수수방관하며 "나는 하나님이 하나님의 뜻을 보여주시면 움직일 거야"라고 말하는 사람들이 너무 많다. 그러나 그렇지 않다. 하나님은 움직이는 과녁만을 맞히신다. 우리가 말씀, 믿음, 섬김에서 자랄 때 우리는 하나님이 표적으로 삼으시는 과녁을 그분에게 드리는 것이다. 소명을 발견할 때까지 주님 섬기는 일을 미루지 말라. 나중에 보게 되겠지만 모세가 불타는 덤불을 관찰하기 위해 다가가기 전까지 하나님은 그를 위한 뚜렷한 목적을 알려주시는 음성을 들려주지 않으셨다.

하나님이 주시는 소명을 깨닫지 못하는 또 한 가지 이유는 사람들이 일반적인 소명이라 말하는 것에 만족하고 있기 때문이다. 그들은 교회 예배에 참석하고 말씀을 듣는다. 그러나 그 이상 더 나아가지 않는다. 그들은 자신의 삶을 향한 하나님의 뜻을 간절히 구하지 않는다.

그것은 럭비 팀의 쿼터백 선수와 같다. 그들은 특정한 경기를 위해 코치가 그를 부르면 바로 나갈 수 있도록 헬멧을 쓰고 대기하고 있는 사람들이다. 쿼터백은 이미 경기에 대해서는 잘 알고 있을 것이다. 그러나 그것은 특정 상황에서 특정한 역할을 위해 불려나가 직접 경기에서 뛰는 것과는 다르다.

주일 예배에 참석해서 하나님의 말씀을 듣는 것은 성령님이 '헬멧'을 쓰고 있는 우리의 이름을 부르시고, 우리가 완수해야 할 특정한 역할을 보여주시기 위해 경기에서 직접 뛰도록 하는 것과는 다른 것이다.

얼마 전 나는 비행기를 타려고 사람들 사이를 헤치며 걸어가다 방송을 통해 내 이름을 부르는 소리를 들었다. 가장 가까운 곳에 있는 빨간색 비상 전화기를 들고 메시지를 전달받으라고 지시하는 안내 방송이었다. 나와 함께 일하는 동료는 내게 급히 전해야 할 메시지가 있었고, 공항 측은 내 이름을 부름으로써 그 많은 사람들 가운데 나를 쉽게 찾아낼 수 있었다. 하나님이 우리를 부르고 싶어하실 때, 하나님은 우리의 이름과 우리가 있는 곳을 알고 계신다. 그러나 그렇다고 해서 하나님이 주신 소명을 발견하지 못한 채 일 년 혹은 한 달을 그냥 보내려 하지는 말라.

소명의 구성 요소

앞에서 살펴보았듯이 하나님은 하나님의 부르심을 드러내기 위해 다양한 방법들을 사용하신다. 그 가운데 하나님의 말씀은 필수적인 것이다.

그리고 영적으로 성숙한 사람이라는 존경을 받고 있는 다른 사람들의 지혜를 구할 필요가 있다. 지금까지 전체 장을 통해 하나님이 우리의 성숙을 위해 말씀과 그리스도의 몸을 어떻게 사용하시는지를 설명했다. 여기서는 하나님이 우리의 경험들을 어떻게 사용하시는지를 집중적으로 알아보기로 하자.

우리의 모든 경험들

하나님은 우리의 소명을 이룰 수 있도록 우리를 준비시키시기 위해 우리의 환경들을 사용하신다. 때로는 그 환경들이 시간 낭비처럼 보일 수도 있다. 그러나 하나님은 그 어떤 것도 낭비하지 않으신다. 하나님은 그분의 목적을 이루기 위해 우리의 모든 경험들을 – 좋은 경험이건 나쁜 경험이건 간에 – 다 사용하실 수 있는 분이시다.

모세는 바로의 손자로 입양되어 애굽에서 자랐다. 그는 40년을 궁궐에서 살면서 애굽의 언어와 생활 방식을 배웠는데, 그것은 하나님이 이스라엘 백성들을 애굽에서 인도해내시는 일에 그를 사용하시기 위해서였다. 적을 이해하기 위해 그들 속에서 성장하는 것보다 더 좋은 준비 방법이 또 어디 있겠는가?

모세는 이 밖에도 개인적인 교훈들을 배워야 했다. 그래서 하나님은 그를 광야로 보내시고 그곳에서 양을 돌보며 다시 40년을 살게 하셨다. 바로의 손자가 비천한 목동이 되었다. 우리가 갖춘 자격에 미치지 못하는 일을 해야 할 때만큼 우리를 더 겸손하게 만드는 경우도 없을 것이다. 더구나 우리의 실수 때문에 그래야 한다면 더욱 더 그럴 것이다. 광야에서 보낸 40년은 모세에게 가난하고 비천하게 산다는 것이 어떤 것인지를 깨달게 해주었다.

모세는 80세가 되어서야 마침내 그의 소명을 이룰 준비를 마쳤다. 하나님은 모세에게 불이 붙기는 했지만 타 없어지지 않는 덤불을 보여주심으로써 모세의 주의를 환기시키셨다. 모세는 "내가 여기 있나이다"(출 3:4)라고 말했다. 모세가 그 이상한 광경을 바라보고 있는 동안 하나님은 그의 이름을 부르셨다. "모세야, 모세야!" 하나님은 모세에게 이스라엘 백성들의 구원자로서의 그의 사명을 계시해주신 곳은 바로 그 떨기나무 불꽃 가운데에서였다. 모세는 몇 가지 이의를 제기하기는 했지만 하나님에게 순종했고 그리고 이스라엘을 구원했다.

중요한 것은 모세가 훈련받은 80년이라는 세월이 전혀 헛된 시간이 아니었다는 사실이다. 모세가 바로 왕 앞에 서서 하나님이 이스라엘 백성들을 애굽에서 이끌어내기 위해 자신을 보내셨다는 사실을 알릴 수 있었던 것은 하나님이 바로의 궁궐에서 그를 준비시키셨기 때문이다. 그리고 목자가 되어 홀로 하나님과 보낸 40년의 세월은 하나님의 백성들을 인도하고, 하나님의 율법을 받게 될 엄청난 소명을 위해 그를 영적으로 준비시키신 기간이었다.

이사야 선지자는 좋지 않은 상황 속에서 하나님의 부르심을 받았다. 그때는 '웃시야 왕의 죽던 해'(사 6:1)였다. 왕의 죽음이라는 부정적인 환경이 이사야를 하나님의 집으로 이끌었다. 그리고 그곳에서 이사야는 하나님을 뵈었고 하나님은 그분의 백성들을 향한 대변인으로 그를 부르셨다.

불행하게도 우리 가운데 하나님의 음성을 듣지 못하는 사람들이 많다. 하나님이 자신의 이름을 부르시는 것을 들어보지 못한 사람들이다. 나는 육체를 벗어나는 이상한 경험에 대해 이야기하고 있는 것이 아니다. 성령님이 우리 마음에 말씀하시고 우리가 행하기 원하시는 것을 우리에게 분명히 알려주시는 것에 대해 이야기하고 있다.

소명에 대한 불타는 열정

소명의 또 다른 중요한 요소는 열정, 즉 하나님의 영광을 위해 특정한 일을 하고자 하는 불타는 열망이다. 많은 그리스도인들은 하나님께 "하나님이 제게 원하시는 일은 무엇이든 하겠습니다"라고 말하기를 두려워한다. 왜냐하면 그들은 자신들이 원하지 않는 곳으로 하나님이 그들을 보내시거나 아니면 하고 싶지 않은 일을 하게 만드실 것을 두려워하기 때문이다.

하나님이 힘든 일을 하도록 우리를 부르시는 일은 결코 없으리라는 말은 아니다. 그러나 소명을 두렵게 생각하는 사람들은 하나님의 뜻이 '선하시고 기뻐하시고 온전하신 뜻'(롬 12:2)이라는 사실을 이해하지 못하고 있기 때문에 두려워한다. 이 사실을 안다면 무엇이 두렵겠는가?

그러나 그렇다고 해서 하나님의 뜻이 객관적인 의미에서 좋아 보일 것이라는 말은 아니다. 하지만 하나님은 우리에게 그분의 뜻을 따르고자 하는 열정을 주신다. 그래서 우리는 하나님이 열의를 가지시는 것만큼 우리도 열의를 갖게 된다. 하나님의 부르심과 함께 하나님의 열정이 온다. 예레미야가 하나님에 관해 말하지 않았을 때 그는 "내가 다시는 여호와를 선포하지 아니하며 그 이름으로 말하지 아니하리라 하면 나의 중심이 불붙는 것 같아서 골수에 사무치니 답답하여 견딜 수 없나이다"(렘 20:9)라고 고백했다. 바울 사도는 그리스도를 알지 못하는 곳에서 복음을 전해야 하는 자신의 소명에 열정을 품고 있었다(롬 15:20 참조). 우리는 하나님이 지피신 열정을 억누를 수 없다.

하나님이 주신 우리 소명에 대한 열정이 우리에게 흥미를 느끼게 하고 우리를 가만히 있을 수 없게 만든다. 그 열정은 끌 수 없는 불과 같다. 하나님이 우리 마음을 불타오르게 하실 때 우리는 전에는 보지 못했던 것들을 보기 시작하고 그것들을 보며 열심을 품게 된다.

우리 교회가 달라스에서 개척된 지 일 년 만에 교회 지도자들을 위한 첫 번째 수련회를 가졌다. 교인 수는 35~40명 가량이었고, 그 가운데 5~6명이 수련회에 참석했다. 나는 그들과 하나님이 내게 주신 소명과 비전을 나누었는데 지금은 그 대부분이 현실로 이루어졌다. 그 때 우리는 예배당을 지을 땅도 예배당도 교회 직원도 없었다. 그러나 소명이 있었고 그 소명에 대한 열정도 갖게 되었다. 그리고 비전을 갖게 되었다. 하나님은 우리를 새로운 곳으로 인도해가실 수 있는 분이시다. 우리는 지금 하나님의 열정이 이루어진 것을 보고 있다.

하나님은 우리의 후회를 통해서도 소명을 이루어가실 수 있는 분이시다. 리차드 닉슨(Richard Nixon) 대통령 당시 일어났던 워터게이트 사건을 기억하는 사람들이 있을 것이다. 이 사건에 연루되었던 척 콜슨(Chuck Colson)은 대통령의 고문으로서 다른 사람들이 꺼리는 일을 도맡아 했고, 워터게이트 사건 이후 감옥형을 선고받았다. 여기서 그의 황금기는 끝나는 듯했다. 그러나 그는 그가 처한 극한 곤경 속에서 하나님의 인도하심을 경험했고 감옥에서 하나님을 영접할 수 있었다. 그는 감옥에 있는 동안 죄수들의 엄청난 영적 갈급함을 목격하게 되었고, 죄수들에게 그리스도를 전하는 것 외에는 아무것도 할 수 없을 것 같은 큰 부담감을 느꼈다. 결국, 그는 석방된 후 다시 감옥으로 돌아갔다. 이렇게 해서 시작된 '프리즌 펠로우십(Prison Fellowship)'은 오늘날 세계에서 가장 많은 교도소 사역을 하고 있다. 하나님은 세상의 권력을 잃고 감옥으로 가게 된 척 콜슨의 몰락을 사용하셔서 그의 마음속에 죄수들의 삶을 변화시키고자 하는 열정을 불러일으키셨다.

성령님은 하나님이 우리 각자에게 주신 소명을 위해 우리 마음이 불타오르게 하실 준비를 하고 서 계신다. 때때로 그 열정은 우리가 하나님이 하기 원하시는 일이라는 것을 알고, 그 일에 순종할 때 따라올 수도 있다. 만약 우리가 무슨 일인가가 일어나기를 기다리면서 그저 수수방관하고 있다면, 아마도 소명에 대한 그 어떤 열정도 가질 수 없을 것이다. 예수님은 "사람이 하나님의 뜻을 행하려 하면 이 교훈이 하나님께로서 왔는지 내가 스스로 말함인지 알리라"(요 7:17)고 말씀하셨다.

어떤 봉사를 하든지 그 봉사를 시작하고 나서야 그 일에 대한 열정을 발견하게 되는 사람들이 많다. 그들은 "이 일을 하기 위해 나는 태어났다"라는 느낌을 받게 된다. 무언가를 해야 하는 내적인 동기가 불타오를 때 그리고 하나님이 미소를 지으며 내려다보고 계시다는 사실을 알게 될 때 모든 것이 달라진다.

고등학교 럭비 팀 선수였던 한 학생이 있었다. 그는 빈둥거리며 연습을 별로 하지 않았고, 경기에도 최선을 다하지 않았다. 그래서 결국 후보 선수로 밀려나게 되었다. 그러나 졸업을 앞두고 치른 마지막 경기에서 그는 자신의 진가를 발휘할 수 있었다. 그의 팀 코치는 다른 선수들이 모두 부상을 입게 되자 그를 경기장 안으로 들여보낼 수밖에 없었다.

그런데 놀랍게도 게으름만 피우던 그 학생이 숨이 차도록 열심히 달리며 최선을 다하는 것이었다. 코치는 자신의 눈을 믿을 수 없었다. 시합이 끝난 후 코치는 그 학생을 불러 "도대체 무슨 일이 있었길래 그렇게 열심히 최선을 다 한 거야?"라고 물었다.

그 학생은 "저희 아버지는 앞을 보지 못하셨어요. 그런데 지난 주에 돌아가셨어요. 그러니까 오늘 경기는 아버지가 제가 뛰는 걸 보실 수 있는 첫 번째 경기였어요"라고 대답했다. 우리도 하나님 아버지가 보고 계신다는 사실을 알 때 그 사실이 우리 마음속에서 열정을 불러일으킨다.

소명을 따라 살면 진정한 성공이 따른다

우리의 소명을 알고 이루어가는 일에 따르는 또 하나의 유익은 '진정한 성공이란 어떤 것인가'라는 궁금증을 해결해준다는 점이다. 이는 우리들 대부분이 알고 싶어하는 중요한 문제다. 나는 실패하기 위해 일을 시작한다고 말하는 사람을 아직까지 한 사람도 보지 못했다.

성공의 기준을 소명으로 삼으라

성공에 대한 잘못된 견해를 가지고 있는 그리스도인들이 너무 많다. 그들은 세상의 방식으로 다른 사람들과 비교해서 성공 여부를 측정한다. 불안하고 긴장되며 불행한 삶을 살고 싶다면 다른 사람들과 비교하는 게임을 시작하라. 문제는 어떤 일을 하든 언제나 잘하고 더 열심히 하는 사람들이 있을 것이라는 사실이다.

그러나 하나님이 주신 소명에 비추어 성공을 정의한다면 성공의 기준이 달라진다. 진정한 성공은 다른 사람들과의 비교를 통해서가 아니라 우리 각자의 삶을 위한 하나님이 목적을 얼마나 잘 수행했는가에 따라 정해지는 것이다. 예수님은 아버지 하나님이 하도록 하신 일을 완수하셨기 때문에 성공하셨다(요 17:4 참조). 바울 사도는 그의 경주를 마쳤기 때문에 성공했다(딤후 4:5-8 참조).

이 기준에 의하면, 성공은 사역에 대한 하나님의 부르심에 순종하기 위해서 연봉이 높은 직장을 그만두는 것이 될 수도 있다. 또 돈과 명예를 쫓아다니는 대신 하나님의 영광을 위해 특별한 재능을 사용하는 것이 될 수도 있을 것이다. 어떤 것이든지 간에 일단 하나님이 주신 소명에 따라 살게 되면 다른 사람들과 비교하거나 자신이 아닌 다른 사람이 되고 싶다는 생각은 멈추게 될 것이다.

은사를 사용할 때 성공할 수 있다

우리의 소명을 이루기 위해 우리의 은사들을 사용할 때까지 우리는 진정으로 성공한 것이라 할 수 없다. 나는 그리스도인들이 직장에서는 자신들의 재능을 사용하지만 하나님의 나라를 위해서는 그렇게 하지 않는 것을 보며 목사로서 안타까움을 느낀다. 바울 사도는 성령님이 그리스도의 몸을 '유익하게' 하려고 우리에게 은사들을 주신다고 말했다(고전 12:7).

하나님의 나라를 위해 은사를 사용하지 않는 한 우리는 하나님의 부르심을 받았다는 사실과 그로 인한 기쁨을 누릴 수 없다는 것을 이해해야 한다. 월급이 결코 소명을 대신할 수는 없다. 소명을 통해 우리는 예수님이 약속하신 풍성한 삶을(요 10:10 참조) 경험하게 될 것이다.

볼링 선수들은 핀을 쓰러뜨릴 수 있는 능력에 의해 평가를 받는다. 당신은 하나님의 나라에 어떤 영향력을 미치고 있는가? 하나님이 부르신 소명을 위해 얼마나 많은 시간과 재능, 에너지를 쏟아 붓고 있는가? 하나님의 프로그램을 수행하기 위해 하나님이 부여해주신 재능들을 얼마나 사용하고 있는가? 교회에 어떤 유익을 주고 있는가?

우리 각자는 목적을 위해 구원되었다. 하나님이 우리를 구원하시는 순간 천국으로 데려가지 않으신 것은 이땅에서 우리가 해야 할 일이 있기 때문이다. 살아가는 동안 하나님이 주신 소명과 그분의 뜻을 발견할 수 있는 몇 가지 방법들을 제안하고 싶다.

그 한 가지 방법은 그리스도 안에서 성장하기로 결단하는 것이다. 성장하기 위해서는 어떻게 해야 하는지 알고 있을 것이다. 그러므로 그 어떤 것도 하나님의 말씀을 가까이 하고 무릎 꿇고 기도하는 일을 방해하지 못하게 하라. 성령님이 자신을 드러내시고 하나님이 주신 은사들과 그 은사들을 사용하기 원하시는 방법들을 보여주시기를 기도하라. 하나님께 전적으로 헌신하라. 그러면 하나님의 선하신 뜻을 따르게 될 것이다(롬 12:1-2 참조).

하나님이 다음 단계를 보여 주실 때까지 지금 해야 할 일을 하라. 하나님을 위해 바쁘게 일하라. 그러면 하나님이 주신 소명을 찾아야 할 필요가 없게 된다. 왜냐하면 하나님이 주신 소명이 당신을 찾아낼 것이기 때문이다. 성령님은 당신이 어디서 살고 있는지를 아시고, 더듬거리지 않고 얼마나 잘 말할 수 있는지도 아신다.

우리가 은혜 안에서 자라기 원하는 가장 큰 이유들 가운데 하나는 삶을 마감하면서 바울처럼 우리도 "내가 선한 싸움을 싸우고 나의 달려갈 길을 마치고 믿음을 지켰으니"(딤후 4:7) 라고 말할 수 있게 되기를 바라기 때문이다. 면류관은 경주를 마친 사람에게 돌아간다.

제 궤도를 따라 달려가야 한다. 지금 미래를 분명하게 볼 수는 없지만 계속 달려가라. 소명을 발견하면 알게 될 것이다. 그 이전보다 훨씬 더 생명력이 넘치게 될 것이기 때문이다. 우리가 지음 받은 목적대로 살 수 있도록 하나님의 은혜가 우리를 자유롭게 할 것이다.

순종

영적으로 성장한 사람의 반응

매우 거칠고 많은 것을 요구하며 사랑할 줄 모르는 남자와 결혼한 여성이 있었다. 그녀의 남편은 "오늘 이 옷들 다 빨아서 다려놔", "매일 내가 퇴근 하자마자 저녁을 먹을 수 있게 준비해둬" 등 수많은 요구들로 그녀의 삶을 비참하게 만들었다. 그는 아내가 자신이 요구하는 대로 다 따라줄 것을 강요했고 그 어떤 일에 대해서도 고마워할 줄 몰랐다. 그녀는 남편의 요구를 들어주기는 했지만 그런 사람과 같이 살아야 하는 자신의 삶을 증오했다.

그녀는 남편이 세상을 떠날 때까지 25년 동안 그렇게 비참한 결혼 생활을 참아냈다. 그리고 다시는 결혼

하지 않으리라 맹세했다. 그러나 2년 후 그녀는 매우 친절한 사람을 만나 재혼했다. 두 번째 남편은 자신의 요구대로 따를 것을 강요하는 대신 그녀를 사랑해주었다. 그녀는 처음으로 행복을 느꼈고 일상적인 일들을 즐겁게 하고 있는 자신을 발견하게 되었다.

어느 날 그녀는 집안 청소를 하다가 전 남편의 요구 사항들이 적혀 있는 오래된 쪽지를 우연히 발견하게 되었다. 그녀는 오랜만에 그 내용들을 다시 읽어 내려가면서 웃음을 터뜨리기 시작했다. 그 요구들은 모두 그녀가 지금의 남편을 위해 하고 있는 일들이었고 오히려 그녀는 지금 그때보다 더 많은 일들을 하고 있다는 사실을 알게 됐기 때문이었다. 다만 다른 점이 있다면 지금은 그녀가 그런 일들을 즐겁게 하고 있는 반면 전에는 지겹지만 어쩔 수 없이 해야 한다는 의무감을 가지고 했다는 것뿐이었다. 두 번째 남편의 사랑이 그녀의 태도를 전적으로 바꾸어놓았던 것이다.

하나님이 자녀인 우리들에게 기대하시는 것들에 대한 우리의 반응은 영적 성장을 이루게 하는 중요한 요소다. 하나님이 우리에게 아무 기대도 하지 않으실 것이라 생각하지 말라. 하나님은 우리에게 기대하시는 바가 있다. 그 기준은 성경에 계시된 하나님의 뜻에 대한 순종이 된다. 하나님을 기쁘시게 하고 영적으로 성장하기 원하는 그리스도인이라면 누구나 순종하기 위해 노력해야 한다. 그러나 하나님은 '허드렛일 목록'을 우리에게 주시고 우리가 실수할 경우 사정없이 혹평하기 위해 준비하고 계시는 분이 아니시다.

여러 가지 이유들 때문에 순종이라는 말 자체에 경기를 일으키는 사람들이 있다는 것을 나도 알고 있다. 예를 들면 노예가 된 것처럼 굴욕적으로 느껴지기 때문에 그 누구에게도 순종하지 않는 사람들이 있다. 그런 사람들은 이 장을 시작하면서 소개했던 여성과 같은 경험을 한 사람들일 수 있다. 또 순종하려고 노력하지만 완전히 순종할 수는 없다고 말하는 사람들도 있다. 그들은 주일 설교를 듣고 감동하면서 순종할 마음의 준비를 하고 교회를 떠나지만, 한 주가 지나면서 순종할 수 없을 것처럼 보이는 일들이 일어나게 된다고 말한다.

우리는 어떤 이유에서든지 하나님께 불순종한 것을 변명하고 싶어하지 않는다. 그러나 이 주제를 다시 공부하는 동안 나는 성경이 말하고 있는 진정한 순종에 대한 잘못된 견해를 가지고 있는 경우가 많다는 것을 알게 되었다. 그래서 우리는 일상 생활 속에서 순종을 잘 실천할 수 없게 된다.

순종은 새 언약과 십자가에서 돌아가신 그리스도의 죽음을 통해 하나님이 우리 마음속에서 행하신 새로운 일과 밀접한 관계가 있다. 순종에 대한 개념을 새롭게 살펴봄으로써 예전과는 다른 방법으로 순종을 실천할 수 있게 되기를 바란다.

순종에 대한 새로운 정의

하나님이 우리에게 주신 새로운 본성과 하나님에 대한 우리의 순종 사이의 관계는 매우 중요하다. 따라서 먼저 그 관계를 분명히 정립해두어야 한다. 예레미야 31장 31-34절에서 하나님은 새 언약이라 불리는 새로운 방법으로 사람들을 대하게 될 것이라고 말씀하셨다. 그 언약은 율법이나 제사가 아니라 모든 사람을 위해 단번에 드리신 예수 그리스도의 희생을 기초로 하고 있다. "내가 나의 법을 그들의 속에 두며 그 마음에 기록하여"(33절)라고 하신 말씀은 새 언약의 중요한 특성을 잘 보여준다.

그것은 오늘날 우리가 그리스도인으로서 갖게 된 새로운 본성과 하나님과의 새로운 관계에 대한 약속이다. 우리는 그 본성을 하나님께 가까이 나아가고 그분의 말씀에 순종하고자 하는 열망을 품게 만드는 새로운 마음가짐이나 성향이라고 부를 수 있다.

그 열망이 내적인 것이라는 사실은 매우 중요하다. 그 열망이 순종에 대한 우리의 이해에 대변혁을 일으키기 때문이다. 하나님이 우리에게 하나님의 율법을 주셨을 뿐 아니라 우리를 그리스도 안에서 새로운 피조물로 만드시며, 우리에게 하나님의 뜻을 따라 하나님의 율법에 순종하고자 하는 내적인 열망도 주셨다. 그래서 바울 사도는 "그러므로 나의 사랑하는 자들아 너희가 나 있을 때 뿐 아니라 더욱 지금 나 없을 때에도 항상 복종하여 두렵고 떨림으로 너희 구원을 이루라 너희 안에서 행하시는 이는 하나님이시니 자기의 기쁘신 뜻을 위하여 너희로 소원을 두고 행하게 하시나니"(빌 2:12-13)라고 쓸 수 있었던 것이다.

사람은 순종하기 위해 지음받았다

무슨 의미인지 잘 모른 채 성경 구절들을 그저 암송하며 자란 그리스도인들이 많이 있다. 우리는 그 구절들이 순종과 관계가 있는 것들이며 순종은 하나님의 '기뻐하심'과 연결되어 있다는 사실을 알고 있다. 그러나 대부분의 사람들은 순종과 기쁨을 잘 연결시키지 못하고 있다.

그 이유는 두렵기 때문에 또는 어쩔 수 없어서 마지못해 순종해왔기 때문이다. 그 가장 비참한 예는 채찍을 들고 옆에 서 있는 주인에게 순종하지 않을 수 없었던 노예일 것이다. 부모들 가운데 자녀가 순종하는 것이 옳은 일이기 때문에 또는 "내가 그렇게 말했으니까"라는 주장으로 자녀의 순종을 요구하는 사람들이 있다. 이외에도 직장 생활을 계속 하기 위해서 어쩔 수 없이 상사에게 순종하는 사람들도 많이 있다.

다시 말해서 우리들 대부분은 순종을 '그렇게 하라. 그렇지 않으면…' 이라는 방식으로 생각하고 있다. 그러나 오해하지 말라. 부모가 자녀들에게 순종을 기대하고 불순종하는 자녀를 징계하는 것은 잘못된 것이 아니다. 또 비협조적인 사원들에게 조치를 취하는 것도 옳은 일이다. 내가 말하려는 것은 순종해야 하기 때문에 어쩔 수 없어서 또는 지시받은 대로 하지 않을 수 없기 때문에 따르는 것은 진정한 순종이라 할 수 없으며 또 순종하고 싶은 마음을 갖게 해주는 좋은 동기가 될 수도 없다는 사실이다.

대신 성경은 우리 마음속 깊은 곳에서부터 정말로 하고 싶은 것을 하는 것이 순종이라 말하고 있다. 순종에 관련해 많은 사람들이 잊고 있는 요소는 '하고 싶은 마음' 즉, 이미 우리 속에 내재되어 있는 하나님께 순종하고 싶은 열망이다. 이 열망은 우리에게서 "순종해야 한다, 순종하지 않을 수 없다, 순종하는 게 좋다, 그렇지 않으면 하나님께 얻어맞게 될지도 모른다"는 방식으로 순종을 생각하지 않게 해준다. 그 대신에 순종을 하나님이 우리를 위해 행하신 모든 것에 대한 기쁜 반응이라는 수준으로 끌어 올린다.

그래서 바울 사도는 우리 안에서 행하시는 이는 하나님이시므로 순종하여 구원을 이루라고 우리에게 말할 수 있었던 것이다. 성경이 말하고 있는 순종을 정의하는 또 다른 방법은 하나님이 우리 안에서 시작하신 일을 이루어가는 것이라 할 수 있다. 대부분의 그리스도인들은 순종을 이미 우리 안에 있는 것을 개발하고 활성화하는 것으로 보지 않고 있다. 즉, 순종을 이미 우리에게 있는 '하고 싶은 마음'으로 보지 않고 대신 우리가 만들어내야 하는 하나의 책임으로 보고 있다.

사실상 많은 사람들이 순종이라 부르는 것은 단순한 외적 추종에 불과한 것이다. 그 의미는 행동하기는 하지만 실제로 마음속 깊은 곳에서는 하고 싶어하지 않는다는 말이다. 마치 버릇없이 굴다가 어머니께 꾸중을 듣고 구석에 가서 손을 들고 앉는 소년의 이야기와 같다. 몇 분 후 다른 방에 있던 소년의 어머니는 "너 아직 손들고 앉아 있겠지?"라고 물었다.

그러자 소년은 "겉으로 보기엔 손을 들고 앉아 있어요. 그렇지만 제 마음속에서는 손을 내리고 서 있어요"라고 대답했다.

소년의 행동을 순종이라 말할 수도 있을 것이다. 그러나 그 행동은 열의를 가진 내적 반응이 수반된 즐거운 순종이 아니라 지시에 대한 외적인 추종에 불과한 것이다. 성경은 내적으로 정말 하고 싶기 때문에 외적으로 즐겁게 따르는 것을 순종이라 말하고 있다.

순종은 우리가 원하는 것이 되어야 된다

'원하는 것을 행하는 것'이 순종이라는 이 정의는 우리가 앞으로 살펴보게 될 몇 가지 원리들을 기초로 하고 있다. 그 첫 번째 원리는 빌립보서 2장 13절에서 볼 수 있다. 바울 사도는 우리가 순종할 수 있는 것은 하나님이 "자기의 기쁘신 뜻을 위하여 너희로 소원을 두고 행하게" 하시기 때문이라고 말한다. 즉, 하나님이 우리 안에서 일하시기 때문이라는 것이다. 그것은 하나님이 우리가 하기를 원하시는 일을 할 수 있는 능력과 그 일을 하고 싶은 소원이 우리 안에 있다는 것을 의미한다. 진정한 순종에는 이 두 요소가 있어야 한다.

여기서 소원은 무언가를 하고 싶은 열망을 말한다. 그래서 바울은 하나님께 순종해야 하는 우리의 책임과 기쁨이라는 두 단어를 연결시켜 사용할 수 있었다. 하나님이 우리의 순종을 기뻐하시고 우리가 하나님을 기쁘시게 해드렸다는 사실을 알고 우리도 기뻐할 수 있기 때문에 순종은 우리에게 기쁜 것이 되어야 한다. 순종을 내적으로 일어나는 것과는 분리된 외적인 추종으로만 여긴다면 우리는 우리가 하는 일 속에서 그 어떤 기쁨도 누리지 못하게 될 것이다.

존경하는 나의 은사이신 달라스 신학교의 하워드 헨드릭스 교수(Dr. Howard Hendricks)님은 성장기에 자신에게 큰 영향을 주었던 두 명의 담임 선생님에 대해 이야기해주신 적이 있다. 교수님의 초등학교 5학년 담임 선생님은 스파르타식 교육의 신봉자였다. 그래서 장난이 심했던 그를 얌전하게 길들이기 위해 의자에 묶어놓는 체벌을 가했다. 그러나 6학년이 되었을 때 그를 맡게 된 담임 선생님은 완전 딴판이었다. 그는 무엇보다 학생과의 인간적 유대 관계를 중요시했다. 그래서 교수님에게도 첫 수업 날 그의 눈을 들여다보며 "그러니까 네가 하워드 헨드릭스구나. 네가 말썽꾸러기라는 말을 듣긴 했지만 난 그 말을 믿지 않는다는 걸 너에게 알려주고 싶단다"라고 말했다.

교수님은 그 선생님을 위해서라면 무엇이든 다 할 수 있었을 것이라고 말했다. 그래서 교수님은 그 선생님을 힘들게 만들지 않았을 뿐 아니라 선생님이 지시하는 것은 무엇이든 열심히 하고 공부도 잘 하는 모범적인 학생이 되었다. 어느 날 5학년 때 담임을 맡았던 선생님이 그 기적적인 변화를 직접 확인하기 위해 교수님이 공부하는 교실 안을 들여다보고 있었다고 한다. 그리고 그 기적이 사실이었음을 확인했음은 물론이다.

가장 최선의 순종은 긍정적으로 굳게 맺어진 관계와 연결되어 있다.

"와, 우리 아이도 저렇게 말을 잘 들으면 얼마나 좋을까?"라고 말하는 부모들을 많이 볼 수 있다. 같은 부모로서 나는 모든 부모들이 아이들에게 순종하는 것을 가르칠 수 있는 가장 좋은 방법을 찾아내기 위해 씨름하고 있다는 사실을 잘 알고 있다.

정답을 알고 있는 사람은 아무도 없다. 그러나 부모로서(교사로서, 고용주로서, 다른 사람들에게 지시해야 하는 입장에 있는 사람으로서) 의지할 수 있는 원리가 하나 있다. 그것은 관계가 형성되지 않은 상태에서 지켜야 하는 규정들은 반항을 불러온다는 원리다. 부모는 자녀들을 양육하는 사람들이라는 이유 하나만으로도 자녀들은 부모에게 순종해야 한다고 말하는 사람들이 많이 있다. 그 말이 틀린 것은 아니다. 아이들이 좋아하든 좋아하지 않든 간에 순종하도록 가르쳐야 하는 경우도 있다.

그러나 "해야 한다. 그렇지 않으면…" 또는 "내가 그렇게 말했으니까 그렇게 해야 한다"는 식으로 아이들을 가르친다면 그것은 단지 자신의 말에 추종하도록 아이들에게 강요하는 것이 된다. 그래서 아이들이 부모를 더 이상 두려워하지 않게 될 만큼 크면 부모에게 노골적으로 반항하게 될 것이다. 규정을 정해놓고 따르게 하는 것은 잘못이 아니다. 그러나 순종이 의무 대신 기쁨이 될 수 있게 해주는 사랑으로 부모의 사랑에 반응할 수 있도록 아이들과 친밀한 관계를 맺고 그 관계를 발전시켜나가야 한다.

순종으로부터 오는 순수한 기쁨

부모님께 순종한다는 것이 언제나 끌고 다녀야 하는 무거운 짐처럼 힘들게 느껴졌던 어린 시절이 있었는가? 애석하게도 어른이 된 후에도 그 기분을 떨쳐버리지 못하고 있는 사람들이 많이 있다. 기쁨과 즐거움과

'하고 싶은 마음' 등을 순종이라는 말과 함께 사용할 수 있다는 것이 그들에게는 하나의 모순처럼 들릴 것이다.

안타깝게도 하나님께 순종하는 것에 대해서도 그렇게 느끼는 그리스도인들이 많이 있다. 하나님의 명령이 사람을 지치게 만들고, 해서는 안 되는 것들이 들어 있는 보따리처럼 느껴진다면 그리고 하나님께 순종하는 것이 마치 무거운 짐을 끌고 다니는 것처럼 느껴진다면 그것은 하나님이 말씀하시는 것과 지금 당신이 하고 있는 것이 서로 다르기 때문이다.

순종을 생각하는 또 다른 방법이 있다. 예수님은 "수고하고 무거운 짐 진 자들아 다 내게로 오라 내가 너희를 쉬게 하리라 나는 마음이 온유하고 겸손하니 나의 멍에를 메고 내게 배우라 그러면 너희 마음이 쉼을 얻으리니 이는 내 멍에는 쉽고 내 짐은 가벼움이라"(마 11:28-30)고 말씀하셨다.

순종을 포함해 우리가 져야 할 멍에가 예수님께 있는가? 물론이다. 그 멍에가 너무나 무거워서 우리가 감당할 수 없는 의무와 고달프고 지치게 하는 짐이 되도록 의도하셨는가? 절대로 아니다. 실제로 우리의 짐이 우리에게 너무 무겁다면 그 짐을 예수님께로 가져가 그분을 순종하고 따르는 기쁨을 우리에게 보여주실 수 있도록 해드려야 한다.

"내 마음속 깊은 곳에 하나님께 순종하고 싶은 열망이 있는데 왜 그것을 느낄 수 없는 것인가?"라고 묻고 싶을 것이다. 그 이유는 우리의 새로운 본성은 하나님께 순종하고 싶어하는 반면 여전히 하나님께 순종하기를 강하게 거부하는 우리의 육신에 만족하고 있기 때문이다. 하나님께 순종하고자 할 때 마음속에서 전투가 벌어진다는 사실을 잊지 말라.

우리들 가운데 많은 사람들이 그 열망을 느끼지 못하는 두 번째 이유는 우리가 해야 하는 일들을 하면서 보낸 세월을 통해 만들어진 딱딱한 껍질이 덮여 있기 때문이다. 그 껍질은 우리 발에 생기는 딱딱하고 건조한 굳은살과 흡사하다. 그 딱딱한 층 아래에 있는 부드러운 피부가 드러나기 위해서는 그 층이 제거되어야 한다. 그것은 발 치료를 위해 일반적으로 치료사들이 가장 먼저 하는 일이다. 마찬가지로 하나님도 그분의 뜻을 받아들일 수 있도록 우리 마음을 부드럽게 하시는 과정의 일부로 우리의 마음을 덮고 있는 딱딱한 층을 걷어내신다.

순종은 넘쳐흐르는 사랑

성령님이 딱딱한 굳은살을 제거하는 데 즐겨 사용하시는 도구가 있다. 그 도구는 바로 사랑이다. 그 사랑은 그리스도를 향한 우리의 사랑, 특히 하나님이 우리를 위해 하신 일들에 대한 반응으로 나타나는 우리의 사랑이다.

사도 요한은 그리스도를 사랑하는 것이 어떤 것인지 알고 있었다. 요한은 자신을 '예수의 사랑하시는 자'(요 13:23)라고 불렀고, 최후의 만찬 자리에서 예수님의 품에 기대어 누워 있었던 예수님의 제자였다. 그런 요한이기 때문에 우리는 그가 하나님을 사랑하는 마음에 대해 쓰면서 상당한 미사여구를 쏟아놓지 않았을까 생각하기 쉽다.

그러나 요한일서 5장 3절에서 그는 "하나님을 사랑하는 것은 이것이니 우리가 그의 계명을 지키는 것이라"고 썼다. 우리는 하나님께 순종함으로 하나님을 향한 우리의 사랑을 입증하게 된다. 순종은 자연스럽게 흘러 넘치는 사랑이다. 우리가 누군가를 사랑할 때 순종은 힘겨운 일이 아니다. 요한의 진술은 예수님이 그분의 멍에는 가볍다고 가르치셨을 때 예수님이 하신 말씀을 아무 의심 없이 받아들였다는 사실을 잘 반영해주고 있다.

예수님 역시 순종은 사랑을 입증하는 것이라 말씀하셨다. 요한이 예수님께 기대어 누워 있었던 그 다락방에서 주님은 "사람이 나를 사랑하면 내 말을 지키리니 내 아버지께서 저를 사랑하실 것이요 우리가 저에게 와서 거처를 저와 함께 하리라 나를 사랑하지 아니하는 자는 내 말을 지키지 아니하나니"(요 14:23-24) 라고 말씀하셨다.

사랑하면 순종하고 싶어진다

예수님은 "나를 사랑하면 내 말을 지키는 것이 좋을 것이다"고 협박 조로 말씀하지 않으셨다. 그저 단순하게 "나를 사랑한다면 순종하고 싶을 것이다"고 말씀하셨다. 순종하고 싶은 마음이 없다면 그것은 사랑이 없기 때문이다. 우리가 충분히 순종하지 못하는 이유는 예수님을 충분히 사랑하지 않기 때문이다.

우리는 옳은 일을 해야 하는데 그것은 그렇게 하는 것이 옳기 때문이다. 그러나 우리 모두는 '해야 한다' 는 당위성 때문에 옳은 일을 한다는 것이 얼마나 피곤한 것인지를 잘 알고 있다. 그 단계에 이르면 의무감이 사랑을 대신하게 된다. 그것은 기혼 남성들이 결혼 전과 후에 아내를 대하는 것이 확연히 달라지는 것에 비교할 수 있다.

구애하면서 여성의 마음을 얻고자 하는 사람은 그녀를 위해 무엇이든 하려 할 것이다. 아무리 힘들고 어려우며 많은 비용이 드는 것이라 할지라도 그녀가 원하는 것이라면 마다하지 않고 할 것이다. 그녀가 전화를 걸어 "내 차 타이어 바람이 빠졌거든. 비도 오고 늦어서 피곤하겠지만 와서 좀

도와줄래?"라고 부탁한다면 그는 "걱정하지 마. 곧바로 달려갈게"라고 말할 것이다. 그리고 쏟아지는 비를 맞으면서도 미소를 잃지 않고 타이어를 갈 것이다. 사랑이 그 마음의 동기가 됐기 때문에 가능한 일이다.

그런데 한 남성이 그런 여성과 결혼을 해서 10년이라는 세월이 흘렀다면 이야기는 달라진다. 그녀가 그에게 "소파에서 일어나 집안일을 좀 도와주세요"라는 부탁을 하려면 똑같은 말을 적어도 세 번은 반복해야 한다. 그리고 그가 신음하면서 투덜거리는 것을 누가 보게 되면 아마도 그의 아내가 그의 다리를 잘라내라고 요구한 것은 아닐까라는 생각이 들 것이다. 결국 지친 아내는 한 번 이상 부탁할 필요가 없었던 연애 시절을 기억하면서 화를 내고 잔소리를 하기 시작할 것이다. 사랑이 식었기 때문에 즐겁기만 했던 일들이 의무적으로 해야 하는 일들로 되어 버린다.

그리스도인에게 근본적으로 문제가 되는 것은 순종이 아니다. 우리의 문제는 그리스도를 향한 우리의 사랑이 식지 않게 하는 것이다. 왜냐하면 사랑이 순종을 즐거운 것으로 만들기 때문이다. 순종하지 않게 되는 것은 사랑이 식었기 때문에 생기는 자연스런 결과다. 우리는 종종 은혜를 율법과 바꾸고 사랑을 규정으로 대체한다. 그러나 우리는 사랑을 볼 수 없기 때문에 규정을 지키면서도 기뻐할 수 없다. 새로운 본성은 법이 아니라 관계에 의해 동기가 부여될 때 그 기능을 가장 잘 발휘하게 된다. 관계가 형성되지 않은 상태에서 지켜야 하는 규정들은 반항을 불러온다고 앞에서 말했다. 그 원리에 우리는 사랑이 없으면 그 규정들이 냉담함을 불러온다는 사실을 추가할 수 있을 것이다. 부활하신 예수님이 일곱 교회에 말씀하시며 에베소 교회의 열심과 순종을 칭찬하셨다. 그러나 또 그들에게 "너의 처음 사랑을 버렸느니라"(계 2:4)는 책망도 하셨다. 다시 말해서

"지금은 너희가 예전에 나를 사랑했던 것처럼 그렇게 나를 사랑하지 않는다"고 말씀하셨던 것이다. 그리고 하나님에 대한 사랑을 잃어버린 곳이 어디인지를 생각하고 그 이전으로 돌아가라고 명령하셨다.

순종을 열망하게 하는 관계

사랑을 계속 생동적으로 유지하기 위해서는 친밀한 관계가 요구된다. 이는 우리가 살아가는 방식에도 영향을 미친다. 요한도 "저 안에 거한다 하는 자는 그의 행하시는 대로 자기도 행할지니라"(요일 2:6)고 말하며 사랑과 친밀한 관계를 서로 밀접하게 연결시켰다. 거한다는 것은 주님과 친밀한 관계를 유지한다는 것이다. 그리고 그 관계 속에서 순종이 자연스럽게 흘러나오게 된다.

순종과 그리스도와 맺고 있는 사랑의 관계가 이렇게 중요한 것은 성경이 말하는 순종이 행동을 강요하거나 협박하는 것이 아니기 때문이다. 성경이 말하는 순종은 하나님께 순종하고 하나님을 기쁘시게 하려는 우리 마음속에 이미 있는 열망에 반응하는 것이다. 다시 말해서 그리스도인의 참된 순종은 하나님이 그분의 법을 새기시고 우리에게 권세를 주시기 위해 성령님을 거하게 하신 우리의 새로운 성품을 가지고 우리가 정말로 하고 싶은 것을 하는 것이다.

남편의 화를 돋구지 않기 위해 남편의 요구를 묵묵히 들어주고 있는 아내에게 더 많은 것을 요구하며 폭력을 행사하는 사람들이 많다. 그러나 아내가 남편의 사랑을 받고 있다고 느끼고 결혼 생활에서 친밀한 부부 관계를 맺게 되면 그 변화가 모든 것을 달라지게 만든다. 여자들은 천성적으로 배우자의 사랑을 느낄 때 긍정적인 반응을 보이기 때문에 활기를 띠게 된다.

현명한 남편은 아내를 이해하고 사랑과 관심을 보이며 아내의 자존감을 인정해줌으로써 아내의 마음을 움직이게 한다. 왜냐하면 아내는 사랑받고 있다고 느끼면 느낄수록 더 많은 반응을 보이기 때문이다. 그렇게 되면 누가 무엇을 해야 했는지 또 누가 무엇을 잊어버렸는지 등에 관한 다툼은 저절로 사라지게 될 것이다. 왜냐하면 사랑이 적절한 행동을 격려하고 활기를 띠게 하기 때문이다. 우리도 하나님의 완전한 사랑을 받게 되면 하나님이 우리에게 하기 원하시는 일들을 하는 데 아무 문제도 없게 될 것이다.

성경이 말하는 모범적인 순종

"모두 좋게 들려요. 그런데 순종의 속도를 어떻게 올려야 하는지에 대해서는 별 말이 없네요"라며 책을 덮게 되는 불상사를 막기 위해 곧 그 이야기를 할 것이다. 그러므로 계속 읽어내려가길 바란다.

성경이 말하는 진리를 적용하려 할 때 우리는 종종 야고보서를 펼치게 된다. 내가 야고보를 좋아하는 이유는 그가 상당히 단도직입적인 사람이기 때문이다. 그는 우리를 똑바로 바라보며 "이게 진리다. 이 진리를 가지고 어떻게 하겠는가?"라고 말한다. 다음은 하나님의 말씀에 우리가 반응할 수 있는 몇 가지 방법들이다.

언제나 하나님의 마음을 추구하라

야고보서 1장에서 그는 이렇게 말하고 있다. "사람마다 듣기는 속히 하고 말하기는 더디 하며 성내기도 더디 하라 사람의 성내는 것이 하나님의 의를 이루지 못함이니라"(약 1:19-20). 그리고 그는 1장에서 자신이 하나님의 말씀을 속히 듣는 것에 대해 이야기하고 있음을 분명히 했다. 다시 말해서 우리는 어떤 상황에서나 "이 일에 대해 하나님의 말씀은 무엇이라고 하실까? 이 일에 대해 하나님은 어떻게 생각하시는가?"라는 질문을 가장 먼저 해야 한다.

야고보는 하나님의 뜻과 마음을 추구하면서 성급하게 반응하지 않아야 한다고 우리에게 말하고 있다. 즉, 너무 빨리 뛰어들어 반응하지 말라는 의미다. 다른 사람들에게는 한 마디 말도 하지 못하게 하면서 자신의 주장을 마구 쏟아놓는 사람들을 아마도 알고 있을 것이다. 하나님이 무슨 말씀을 하시는지를 알아가면서 육신에 속한 사람으로 반응하지 말라. 육신은 하나님께 순종하고 싶어하지 않기 때문이다. 화를 내는 것 역시 아무 유익이 없다. 왜냐하면 화를 낸다고 해서 하나님의 마음을 바꿀 수 있는 것도 아니고 화를 낸다 해도 어차피 하나님께 순종해야 하기 때문이다.

순종에 방해가 되는 것들을 제거하라

야고보서 1장은 일단 말씀을 듣고 순종할 준비가 되면 가장 먼저 순종에 방해가 되는 것들을 제거해야 한다고 말하고 있다. "모든 더러운 것과 넘치는 악을 내어버리고 능히 너희 영혼을 구원할 바 마음에 심긴 도를 온유함으로 받으라"(21절).

야고보가 말한 장애물들은 일반적인 죄들로서 우리 마음속에 있는 굳은 살과 같은 것으로 하나님께 순종하지 못하게 만드는 육신의 일을 말한다. 우리의 새로운 본성이라는 부드러운 살이 드러날 수 있도록, 즉 하나님께 순종하고 싶은 마음이 드러날 수 있도록 그런 것들을 제거해야 한다. 요한일서 1장 9절에서 설명하고 있는 진정한 자백이 그런 장애물들을 제거하고 '우리를 구원하는' 말씀이 나아갈 길을 열어준다. 물론 그것이 구원은 아니다. 그러나 성령님이 하나님의 말씀을 우리 삶 속에 자유롭게 적용하실 때 나타나게 되는 변화다.

하나님의 말씀에 자신을 비추어보라

나는 야고보서에서 말씀에 대한 우리의 반응을 거울에 자신의 모습을 비추어보는 사람과 비교하고 있는 구절을 좋아한다. 하나님의 말씀에 우리 자신을 비추어보는 것은 하나님의 말씀을 '듣기만 하여 자신을 속이는'(22절) 사람이 되기 위해서가 아니라 하나님의 말씀대로 '행하는 사람'이 되기 위해서다. 다시 말해서 성경은 우리가 정말 어떤 모습을 하고 있는지를 보여주는 거울과 같기 때문에 우리는 우리가 본 것에 대해 무언가를 하도록 되어 있다.

23절과 24절은 말씀에 순종하지 않는 사람의 모습을 "누구든지 도를 듣고 행하지 아니하면 그는 거울로 자기의 생긴 얼굴을 보는 사람과 같으니 제 자신을 보고 가서 그 모양이 어떠한 것을 곧 잊어버리거니와"라고 묘사하고 있다.

이 구절에서 '사람'이라는 말로 번역된 헬라어 단어는 남자를 뜻하는 단어다. 그러므로 우리는 야고보가 남자들이 거울을 여자들과는 다르게 사용하는 것에 대해 이야기하고 있음을 알 수 있다. 그것은 2천 년이라는 세월이 흐르는 동안 크게 달라진 것같지 않다. 왜냐하면 그 당시 남자들도 지금 남자들이 거울을 사용하는 것과 상당히 비슷하게 사용했던 것으로 보이기 때문이다. 대부분의 남자들은 면도하고 이를 닦고 머리를 빗는 등 기본적으로 해야 하는 것들을 마치기 위해 거울을 들여다보는 정도다. 그러나 대부분의 여자들은 가방에 거울을 넣고 다닐 정도로 자신들의 모습을 들여다보는 일에 열중한다. 여자들은 시간 날 때마다 자신의 모습이 어떤지를 거울로 확인한다.

중요한 것은 남자와 여자가 거울을 사용하는 방법이 다르다는 점이 아니라 거울 앞에서 자신의 모습을 얼른 한 번 보고 마느냐 아니면 자신의 모습을 제대로 다 볼 때까지 거울 앞에 서 있느냐의 차이다. 하나님의 말씀을 읽거나 하나님의 말씀을 가르치거나 설교하는 것을 들을 때 성령님이 우리의 모습을 비추는 거울로 그 말씀을 사용하신다. 하나님의 말씀을 행하는 사람 또는 성장하기 원하는 그리스도인은 성경을 읽고 설교로 전달되는 말씀을 들을 뿐 아니라 자신에게 필요한 변화를 주기 위해 자신을 성경에 비추어보기도 한다.

그런 사람이 야고보가 25절에서 말하고 있는 사람이다. "자유하게 하는 온전한 율법을 들여다보고 있는 자는 듣고 잊어버리는 자가 아니요 실행하는 자니 이 사람이 그 행하는 일에 복을 받으리라." 하나님이 우리에게 원하시는 것이 무엇인지 알아보기 위해 하나님의 말씀을 열심히 들여다볼 때 우리는 그리스도와 함께 신나는 모험을 하는 길로 들어서게 된다.

나는 설교가 끝난 후 내 설교가 좋았다고 말하는 사람들을 자주 만나게 된다. 나는 그들의 그런 친절에 감사한다. 그러나 실제로 누군가 "목사님, 오늘 말씀은 정말 제가 들어야 할 말씀이었어요"라고 말할 때 정말로 내 가슴이 뛰는 것을 느낄 수 있다. 그 말의 속뜻은 말씀 속에서 자신의 모습을 볼 수 있었다는 것이기 때문이다. 그리고 그것은 그 사람이 읽거나 들은 말씀을 성령님이 그의 새로운 본성, 즉 하나님께 순종하고 하나님을 기쁘시게 하려는 부분과 연결시켜주셨음을 뜻하는 것이기 때문이다. 야고보는 하나님의 말씀이 이미 우리 안에 심겨졌고 우리 마음에 기록되었다고 말하고 있다. 진정한 영적 성장은 성령님이 우리에게 우리 자신을 보여주시고 하나님의 말씀을 따라 행하도록 우리를 자극하실 때 일어난다.

말씀 안에 계속 거하라

우리가 여기서 이야기하고 있는 하나님의 말씀에 대한 반응은 우리가 잘 알고 있는 반응들과는 다를 수도 있다. 하나님이 복 주시는 사람은 하나님의 말씀 안에 '거하는' 사람이다. 야고보서 1장 25절에 나오는 '들여다보고 있는 자'라는 말에 '거하다'라는 의미가 내포되어 있는 것을 볼 수 있는가? '거하다'라는 말은 '머무르다' 또는 '옆에서 떠나지 않다'는 말이다. 시편 기자는 하나님의 말씀을 '주야로' 묵상하는 사람은 복이 있다고 말했다(시 1:2). 성경이라는 거울을 들여다볼 때 우리는 우리 자신의 모습을 보게 될 뿐 아니라 하나님이 원하시는 우리의 모습도 볼 수 있다.

바울 사도가 "우리가 다 수건을 벗은 얼굴로 거울을 보는 것같이 주의 영광을 보매 저와 같은 형상으로 화하여 영광으로 영광에 이르니 곧 주의 영으로 말미암음이니라"(고후 3:18)고 말했을 때에도 비슷한 형상을 사용하였다. 하나님의 말씀을 들여다볼 때 우리는 하나님의 영광을 보게 된다. 그리고 하나님께 영광을 돌리는 것이 우리가 이땅에 사는 가장 중요한 목적이기 때문에 우리가 하나님의 영광을 더욱 더 잘 반영할 수 있도록 우리를 변화시키고 싶어하신다.

그러나 우리가 성경을 들고 손 가는 대로 이 구절 저 구절을 찾아보거나 그저 대충대충 읽는 습관 속에 빠져 있을 때 그런 변화는 일어날 수 없다. 말씀을 대하며 "하나님, 오늘 제가 하나님께 순종하는 것을 통해 하나님을 어떻게 영화롭게 할 수 있는지를 보여주십시오"라고 기도한다면 그것은 성령님이 우리의 마음과 연결되어 우리 안에서 변화를 일으키실 때까지 말씀 안에 거하는 것이 된다. 그리고 변화와 함께 영적인 성장이 이루어지게 된다.

음식 찌꺼기가 말라붙을 때까지 접시를 닦지 않고 그대로 놔두었다면 접시를 닦기 전에 그 찌꺼기들을 제거하기 위해 세제를 푼 뜨거운 물에 한동안 담가두어야 한다는 사실을 잘 알고 있을 것이다. 물과 세제가 말라붙은 음식 찌꺼기들을 녹이기 때문에 접시가 깨끗해질 수 있다. 우리도 야고보가 '모든 더러운 것과 넘치는 악'(1:21)이라 부른 찌꺼기들이 녹아 없어질 때까지 우리 마음을 하나님의 말씀에 담가두어야 할 필요가 있다. 그 찌꺼기에는 외적으로 드러난 지저분한 죄들뿐 아니라 예수 그리스도를 아는 지식과 은혜 안에서 자라는 것을 방해하는 우리의 내적 태도나 그 밖의 다른 것들도 다 포함된다.

야고보는 우리가 말씀 안에 거하면, 즉 우리를 자유롭게 하는 율법을 들여다보고 우리가 본 것에 따라 행하면 복을 받게 될 것이라고 말하고 있다. 계산기가 숫자를 계산하노록 만들어져 있듯이 우리의 새로운 본성은 하나님께 순종하고 싶어하도록 만들어져 있다. 우리가 할 일은 올바른 결과를 얻기 위해 올바른 정보를 계산기에 입력하는 일뿐이다. 우리의 새로운 본성은 하나님의 말씀으로 채워지면 올바른 반응을 하도록 그렇게 만들어져 있다.

성장하는 그리스도인들은 태양을 따라 움직이기 때문에 해바라기라는 이름을 갖게 된 꽃과 같다. 해가 동쪽에서 떠오르면 해바라기는 동쪽을 바라보고 해가 서쪽으로 기울면 서쪽을 바라본다. 해바라기는 항상 해를 바라보고 있기 때문에 많은 씨를 맺고 그 씨들을 날려 새로운 꽃들이 자라나게 할 수 있다.

해바라기가 해를 바라보듯 우리가 하나님의 아들을 바라볼 때 그 아들의 광선이 우리의 마음을 부드럽게 만들고 새로운 씨를 뿌리며 새로운 생명을 낳을 수 있게 할 것이다. 우리의 새로운 본성은 하나님에 대한 사랑과 조화를 이루어 하나님 앞에 순종하게 하고 우리가 보고 싶어하는 변화를 보게 해줄 것이다.

성숙

영적 성장의 목표

지난 몇십 년 동안 가정과 자녀 양육에 관한 문제를 다루어온 전문가들은 현대 사회에서 새롭게 대두되기 시작한 '재촉받는 아이들' 문제에 주목하기 시작했다. 이는 빠르게 변화하는 사회 속에서 아이들이 어린 시절을 신속하게 벗어나 서둘러 성인이 되도록 몰아붙이는 부모들의 성향을 말하는 것이다.

그 문제가 생긴 데는 몇 가지 이유가 있다. 그 가운데 하나는 자녀들이 모든 분야에서 최고가 되도록 밀어붙이는 – 종종 자녀들이 아이로서 누릴 수 있는 즐거움을 전혀 가져볼 수 없을 정도로 밀어붙이기도 하는 – 수많은 부모들의 단호한 의지 때문이다. 아이들은 동네 운동 경기나 방과 후 특별 활동같이 재미있어야 할 활동들에서조차도 이겨야 하고 최고가 되어야 한다는 엄청난 부담을 느낀다.

가족들과 편안하고 한가로운 시간을 거의 가질 수 없을 만큼 꽉 짜여진 일정들 역시 '재촉받는 아이들' 신드롬을 만들어내는 데 한몫하고 있다. 그리고 어린 자녀들을 돌보는 일에 자신의 시간을 방해받고 싶지 않은 부모들은 자녀들이 빨리 성인이 되기를 바란다는 점에서 또한 그 신드롬을 부추기고 있다. 그러나 우리가 알게 된 것은 어린 시절의 성장 단계를 뛰어넘은 아이들은 건강하고 성숙한 성인이 될 수 없다는 사실이다.

물론 훌륭한 부모들은 자녀들의 성장과 개발에 많은 관심을 보인다. 그들은 자녀들이 그들의 육체적·감정적·지적 잠재력을 최대한 살려내는 모습을 보고 싶어한다. '재촉받는 아이들' 신드롬은 우리에게 성장 과정의 각 단계는 모두 중요하고 그 단계마다 간과할 수 없는 성장에 따르는 어려움이 있다는 사실을 상기시켜준다.

우리의 영적 성장 과정도 마찬가지다. 영적 탄생 이후 성장기와 청년기는 그리스도 안에서 성숙한 사람이 되기 위해 거쳐야 하는 단계다. 나는 그리스도인들 가운데 영적 유치원에 계속 남아 놀이터에서 놀기를 바라는 사람은 없을 것이라고 생각한다.

이 책 서두에서 밝혔듯이 나는 그리스도인들이 영적으로 성장해서 "온전한 사람을 이루어 그리스도의 장성한 분량이 충만한 데까지 이르고"(엡 4:13) 싶어한다고 생각한다. 그 목표에 도달하기 위해 지금까지 우리는 많은 것들을 다루어왔다. 그리고 이 마지막 장에서 나는 그리스도인들이 영적 성숙이라는 목표에 도달할 수 있도록 돕고 싶다.

하나님은 우리 각자가 성숙한 그리스도인으로 성장하기를 원하시기 때문에 나는 그리스도인들이 영적으로 성숙해지도록 돕고 싶다. 바울 사도는 종종 어린아이와 같았던 고린도 교회 교인들에게 다음과 같이 도전했다. "형제들아 지혜에는 아이가 되지 말고 악에는 어린 아이가 되라 지혜에 장성한 사람이 되라"(고전 14:20). 영적 성숙이란 육신의 관점이 아니라 성령의 관점을 가지고 인생을 바라보고 살아가며, 하나님께 영광을 돌리기 위해 그분이 주신 우리의 능력을 최대화할 수 있는 힘이라 정의할 수 있다.

그것은 우리가 이땅에서 살아가면서 평생 추구해야 할 일이다. 왜냐하면 이땅에서는 그 목표를 완전히 이룰 수 없기 때문이다. 그러므로 언제나 더 성장할 수 있는 여지가 있다. 그러나 영적 성장에는 우리가 올곧게 나아가야 할 '성숙'이라는 분명한 목표가 있다. 그리고 육체적인 성장과는 달리 영적으로는 우리가 원하는 만큼 빨리 성장할 수 있다는 좋은 소식도 있다. 하지만 영적 성숙에는 우리가 반드시 거쳐야 하는 분명한 단계들이 있다.

영적 성숙이라는 이 탐구에서 우리는 요한일서에 나오는 놀라운 성경 구절에 초점을 맞출 것이다. 요한일서는 그리스도인들의 삶을 변화시키는 진정한 교제 또는 하나님과의 친밀한 교제를 개발할 수 있도록 돕기 위해 쓰여졌다. 이는 영적 성숙을 달리 표현한 두 가지 용어다. 요한 사도는 그가 쓴 편지의 서두에서 자신의 목표를 다음과 같이 말했다.

"태초부터 있는 생명의 말씀에 관하여는 우리가 들은 바요 눈으로 본 바요 주목하고 우리 손으로 만진 바라 이 생명이 나타내신 바 된지라 이 영원한 생명을 우리가 보았고 증거하여 너희에게 전하노니 이는 아버지와 함께 계시다가 우리에게 나타내신 바 된 자니라 우리가 보고 들은 바를 너희에게도 전함은 너희로 우리와 사귐이 있게 하려 함이니 우리의 사귐은 아버지와 그 아들 예수 그리스도와 함께 함이라"(요일 1:1-3).

내가 요한 사도의 서론을 소개하는 이유는 그가 독자들에게 자신이 예수님을 보고, 듣고, 손으로 만졌다는 사실을 상기시키고 있기 때문이다. 그들 대부분은 아마도 그런 경험을 할 수 없었을 것이다. 왜냐하면 그때는 예수님이 십자가에서 돌아가신 후 약 60년 정도 지난 후였기 때문이다. 요한의 메시지는 그가 예수님께 배워 그들에게 전한 것이었다. 그러므로 그의 독자들은 예수님을 직접 뵙고 알지는 못하지만, 여전히 요한이 알고 있는 하나님과 친밀한 교제를 동일하게 누릴 수 있었다. 왜냐하면 하나님과의 교제는 육체를 통해서가 아니라 성령님을 통해서 이루어지는 것이기 때문이다.

요한은 "당신이 본 것처럼 예수님을 그렇게 가까운 곳에서 직접 볼 수 없는 우리가 어떻게 그분을 직접 경험한 당신처럼 그렇게 친밀하게 알 수 있겠는가?"라고 질문하는 사람에게 대답하고 있었다. 오늘날 우리도 그 사람과 똑같은 질문을 할 수 있을 것이다. 그리고 그 질문에 대한 대답 역시 똑같을 것이다. 예수님이 여기 계시지 않는다고 해서 우리가 잃은 것은 아무것도 없다. 오히려 예수님과 우리의 교제가 더 친밀해질 수 있는데 그 이유는 예수님이 떠나시면서 우리 안에 늘 거하시며 우리와 함께하실 수 있는 성령님을 우리에게 보내셨기 때문이다(요 14:17 참조).

영적 성장의 세 단계

요한은 이런 배경을 가지고 예수 그리스도를 닮아가며 하나님께 더 큰 영광을 돌리게 되는, 영적 성숙의 세 단계를 보여준다. 그리고 세 부류의 그리스도인들을 대상으로 계속 그의 이야기를 해나가고 있다. 그 세 단계는 아이, 청년, 아버지의 세 단계와 일치한다. 그러므로 우리도 우리에게 익숙한 이 세 용어들을 사용할 것이다. 요한이 본문에서 이 세 단계들을 순서대로 정확하게 이야기하고 있는 것은 아니지만 우리는 그 단계를 순서대로 살펴볼 것이다.

그 각 단계는 중요하다. 성숙한 채로 태어나는 사람은 아무도 없다. 그리고 아이들은 그들의 부모들이 때때로 원하는 것처럼 그렇게 십대 시기를 거치지 않고 그냥 건너뛸 수 없다. 영적 성장의 초기 단계는 육체적·감정적 성장처럼 그렇게 많은 세월을 필요로 하지 않는다. 그러나 문제는 그리스도인들이 그 초기 단계에서 벗어나지 못할 수 있다는 점이다.

그래서 40년 전에 구원을 받고도 여전히 영적인 의미에서 초등학교 1학년 교실에 남아 있는 사람들을 볼 수 있는 것이다. 이 장에서 나는 그리스도인들이 자신의 영적 성장 단계에 대해 언짢은 기분을 느끼게 하려는 것이 아니라 앞으로 나아갈 수 있도록 지금 자신이 처해 있는 곳이 어디인지를 알아보는 데 도움을 주고 싶다. 다시 말하지만, 나는 그리스도인들이 '그리스도 도의 초보를 버리고 완전한 데 나아가고'(히 6:1) 싶어한다고 생각한다.

첫 번째 단계: 아이

요한이 말하고 있는 영적 성장의 첫 번째 단계에 있는 사람들은 어린 그리스도인들이다. "자녀들아 내가 너희에게 쓰는 것은 너희 죄가 그의 이름으로 말미암아 사함을 얻음이요"(요일 2:12). 그리고 14절 앞부분에서는 "아이들아 내가 너희에게 쓴 것은 너희가 아버지를 알았음이요"라고 말하고 있는 것을 볼 수 있다. 새 신자는 하나님을 그들의 아버지로 알고 있기는 하지만 앞으로 우리가 살펴보게 될 성숙한 그리스도인들이 아버지를 알고 있는 것처럼 그렇게 친밀하게 알지는 못한다.

'아이들'을 뜻하는 헬라어 단어는 기본적으로 아장아장 걷는 단계의 아이들을 의미한다. 그러므로 어린 그리스도인들은 거듭난 지 그리 오래되지 않은 그리스도인들을 지칭한다고 할 수 있다. 영적으로 이 단계에 있는 사람들은 예수 그리스도가 그들의 모든 죄를 용서하셨고 심판과 영원한 죽음으로부터 구출해내셨다는 놀라운 사실과 여전히 씨름을 하고 있다.

요한이 '죄에 대한 용서'를 아이의 특징으로 언급한 이유는 무엇인가? 왜냐하면 그것이 새 신자가 그 초기 단계에서 다룰 수 있는 기본적인 영적 진리이기 때문이다. 그들은 많은 것을 이해할 수 없다. 그리고 새로 믿음을 갖게 된 사람들에게 그것은 잘못이 아니다. 아이들을 위한 주일학교 과정에 멜기세덱의 반차를 이은 그리스도의 대제사장 직분에 관한 내용을 포함시키지 않는 데는 다 이유가 있다.

달라스 신학대학원을 졸업한 내 친구는 아내와 함께 주일학교에서 두 살 된 아이들 반을 배정받고는 당황해했다. 친구는 그렇게 어린 꼬마들을 가르쳐본 적도 없거니와 신학대학원 수준의 자료들에 익숙해져 있었기 때문이었다.

'나를 사랑하시는 예수님'에 대해 가르치도록 된 교재를 훑어보면서 친구는 너무 단순하다는 생각을 했다. 그러나 그것이 두 살 짜리 아이들이 알아야 할 중요한 진리라는 사실을 깨닫기 시작했다. 다행히 친구가 가르치는 아이들 가운데 자기 아이가 있었던 것이 큰 도움이 되었고, 두 살 짜리 아이들이 어떻게 배우는지를 직접 경험할 수 있는 좋은 기회가 되었다.

어린 그리스도인들은 다른 사람들을 의지한다. 그들에게는 그들을 먹여주고 영적인 삶을 살아갈 수 있도록 도와주는 누군가가 있어야 한다. 갓난아기나 어린아이가 혼자 힘으로 살 수 없는 것과 같은 이치다. 어린 그리스도인들은 어떻게 그리스도인의 삶을 살아야 하는지를 알 수 있을 만큼 그렇게 오랫동안 그리스도 안에서 살지 않았기 때문이다.

영적인 갓난아기는 또 불안정한 특징을 보인다. 어린 그리스도인들에게 안정감은 그들의 환경에 의해 달라질 수 있다. 환경이 좋으면 그들도 안정감을 누린다. 그러나 상황이 어려워지면 그들도 불안정해진다. 그들은 고난과 영적 성장이 얼마나 밀접하게 연결되어 있는지를 아직 잘 모르기 때문이다.

어린 그리스도인들의 또 다른 특징은 그들이 내적인 것들보다는 외적인 것들을 기초로 살아가고 있다는 점이다. 그들은 설교에 귀를 기울이고 목사의 목소리를 듣지만, 말씀에 대한 일반적인 교훈을 통해 그들에게 말씀하시는 하나님의 음성을 듣는 데는 아직 미숙하다는 뜻이다.

그러나 그들이 아무것도 할 수 없다는 말은 아니다. "나는 그리스도인이 된 지 일 년밖에 되지 않아서 다른 사람들에게 복음을 전할 수 없다"고 생각한다면 그것은 잘못된 생각이다. 어린 그리스도인들도 종종 효과적인 그리스도의 증인이 되고 하나님이 그들에게 가르쳐주신 것들을 다른 사람들에게 이야기해줄 수 있다. 어린 그리스도인들은 육신에 속한 사람들과는 달리 영적인 사람들이 될 수 있으며 그렇게 되는 것이 바람직한 것이다. 그러나 영적인 아이들은 성숙한 그리스도인들보다 다른 사람들의 도움과 가르침에 더 의존적이다.

그리스도인이 된 지 얼마 되지 않았다면 그런 의존성이 전혀 문제가 되지 않는다. 그러나 그리스도인이 된 지 오래되었음에도 불구하고 다른 사람들에게 전적으로 의존하고 있는 상태라면, 반드시 변화되어야 한다. 그렇지 않을 경우 성장에 상당한 제한을 받게 될 것이다.

새로 그리스도인이 된 사람들과 영적 성장이 멈춘 신자들의 차이점을 고린도전서 3장에서 볼 수 있다. 거기에서 바울 사도는 고린도 교회 교인들이 여전히 육신에 속한 자, 곧 그리스도 안에 있는 '어린아이' 상태로 남아 있는 것을 지적하며 그들을 책망했다(1, 3절). 그는 자신이 그들을 책망하는 것은 그들이 적어도 5년 전에 구원을 받았음에도 불구하고 여전히 우유병을 빨고 기저귀를 차고 다니기 때문이라고 말했다. 영적으로 말해서 그들은 적어도 숟가락을 들고 스스로 밥을 먹을 수 있는 정도는 되어야 했다.

자신을 어린 그리스도인이라 생각한다면 구원에 이르도록 자라게 하는 '순전하고 신령한 젖을' (벧전 2:2) 규칙적으로 먹고 있는지 확인해보라.

두 번째 단계: 청년

요한 사도는 "청년들아 내가 너희에게 쓰는 것은 너희가 악한 자를 이기었음이니라"(요일 2:13)고 쓰면서 영적 성장의 두 번째 단계에 있는 그리스도인들에게 말하고 있다. 그리고 그는 다시 "청년들아 내가 너희에게 쓴 것은 너희가 강하고 하나님의 말씀이 너희 속에 거하시고 너희가 흉악한 자를 이기었음이라"(14절 하)고 썼다.

십대부터 청년기라 부르는 시기까지에 속하는 이 단계를 '영적 청년'이라 부르기로 하자. 인생에서 이 시기는 갈등이 그 특징을 이루며 영적으로 강해지고 사단을 어떻게 이겨야 하는지를 배워야 하는 때다. 이 단계에 이른 청년은 그리스도인의 삶을 살기 위해 씨름하며 종종 사단과 맞서 싸우는 실제적인 전투를 벌이기도 한다. 그리고 이 단계는 적의 공격에 대항하기 위해 성령의 검인 하나님의 말씀을 어떻게 사용해야 하는지를 처음으로 배우는 시기이기도 하다.

특히 이 단계에서 작용하는 복잡한 요소가 있다. 십대 자녀가 있다면 어린 시절에서 벗어나 성인기로 넘어가는 이 시기에 나타나는 변화를 잘 알고 있을 것이다. 그리고 그것이 상당히 험난한 여행길이라는 사실도 잘 알고 있을 것이다. 수많은 십대 청소년들이 종속 상태에서 벗어나 독립하게 되면서 부모를 포함한 여타 권위를 가진 다른 사람들과 종종 충돌을 일으키게 된다. 자유로워지고 싶으면서도 때로는 정말로 자유로워지고 싶지 않다고 느끼는 – 특히 부모가 학비와 생활비를 대주고 있을 때 – 모순된 감정들과 싸운다.

14살 때 나는 아버지가 내 자유를 방해하고 나를 어린아이 취급한다고 생각했다. 그럴 때마다 나는 아버지께 나만의 방법으로 대응하기 시작했다. 나는 내가 아직 할 수 없을 것이라고 아버지가 믿는 일을 하고 싶어질 때마다 "아버지, 이제 저도 다 컸어요"라고 말하곤 했다. 그 당시 내게는 직장도 없었고 아버지가 나의 모든 필요를 채워주고 계셨지만, 나는 내가 성인으로서의 특권을 누릴 준비가 되었다고 느꼈다. 그런 나의 주장에 당연히 아버지는 별로 감동하지 않으셨다.

내가 이 책을 쓰는 동안, 대학에 다니는 아들 조나단이 예전에 나의 경험과 비슷한 상황을 겪고 있는 것을 보고 있다. 조나단은 21살이나 된 자신이 아직도 아버지인 나에게 한밤중에 전화를 걸어 어디에 있는지를 알려야 하는 것이 창피하다고 불평한다. 하지만 나는 한 집에 같이 사는 아들이 밤늦게까지 집 밖에 있다면 반드시 내게 전화를 해야 한다고 생각한다. 왜냐하면 나는 아들이 어디 있을지를 생각하면서 잠을 이루지 못하고 불안해할 것이기 때문이다.

조나단은 데이트 도중에 여자 친구에게 "우리 아버지에게 전화 드려야 해"라고 말하는 것이 창피하다고 했다. 그럼에도 불구하고 조나단은 용돈을 받기 위해서라도 여전히 나에게 전화를 해야 한다는 것을 알고 있다. 조나단은 용돈이 필요한 한 내 지시를 따를 것이다.

내가 이런 이야기를 하는 것은 우리 생활 속에서 일어나는 일들이 영적으로도 적용된다는 사실을 보여주기 위해서다. 즉, 청년 그리스도인이 강해지고 하나님의 말씀으로 사단을 물리치는 법을 배우는 동안에도 그들에게는 그들의 갈등을 다룰 수 있도록 도와줄 성숙한 그리스도인들의 지원과 지도가 필요하다. 청년 그리스도인들은 앞으로 나아가고 싶어한다. 그리고 종종 혼자 힘으로도 세상, 육신, 사단과 대결할 수 있다고 느낀다. 그러나 강해지기 위해 그들에게는 아직도 도움과 지도가 필요하다.

이 단계에서는 사단에게 지고 실패하는 일들이 벌어지게 될 것이다. 그럴 때 특히 보다 성숙한 그리스도인들의 지원과 지도가 필요하다. 그런 도움을 통해 적의 올무를 어떻게 피해야 하는지를 배울 수 있게 된다. 또 말씀의 검을 예리하게 갈아 언제든지 사용할 수 있도록 잘 준비해둘 수 있다. 따라서 이를 위해 말씀 안에서 훈련받고 지도받는 것이 필요하다. 성장하는 청년 그리스도인에게는 섬길 수 있는 기회를 만들어주고 전투의 경험을 가질 수 있도록 지도력을 발휘하는 성숙한 그리스도인들이 필요하다.

그러므로 영적으로 청년인 사람은 악한 자를 이기기 위해 하나님의 말씀을 의지하는 것을 배우는 사람이다. 어린 그리스도인은 하나님의 말씀을 다루는 연습이 부족한 사람이다(히 5:11-14 참조). 전투에서 사단을 이기기 위해 하나님의 말씀을 사용할 수 있다면 그 사람은 영적 아이의 단계를 벗어난 사람이다.

세 번째 단계: 성인

십대 청소년으로 평생 남아 있고 싶어하는 사람은 아무도 없을 것이다. 그것은 그리스도인의 삶에 있어서도 마찬가지다. 영적 성장의 목표는 요한 사도가 아버지가 되는 것으로 묘사하고 있는 성숙한 단계에 도달하는 것이다. "아비들아 내가 너희에게 쓰는 것은 너희가 태초부터 계신 이를 앎이요"(요일 2:13). 그리고 요한은 또 그들을 위해 "아비들아 내가 너희에게 쓴 것은 너희가 태조부터 계신 이를 앎이요"(14절)라는 메시지를 반복했다.

우리를 성숙한 그리스도인 또는 영적 성인이 되게 만드는 것은 무엇일까? 그것은 매우 간단하지만 또 매우 심오하다. 성숙한 그리스도인은 하나님을 안다. 하나님이 죄를 용서하시고 영적 전투를 할 수 있는 힘을 주신다는 것뿐 아니라 세월이 지나며 깊어진 하나님과의 친밀한 교제를 통해 하나님이 어떤 분인지를 알고 있다. 그래서 요한은 '태초부터 계신 이'라는 흥미로운 설명을 덧붙였던 것이다. 그것은 성숙한 그리스도인이 하나님과 그분의 영원한 속성, 세월의 흐름을 분명하게 말해주는 과정 등을 깊이 이해하고 있음을 말해주는 것이다.

다시 말해서 요한은 단지 신학적 진술만을 한 것이 아니다. 하나님은 분명히 태초부터 계셨다. 그러나 요한일서 2장의 문맥은 신학적 논쟁이 아니라 개인의 영적 경험과 성장을 이야기하고 있다. 성숙한 그리스도인은 상당 기간의 성장 과정과 영적 전투에서 입은 상처의 흔적들을 통해 하나님이 어떤 분이시지를 알고 있다.

성숙한 그리스도인 역시 여전히 그리스도를 닮기 위해 계속 성장해야 한다. 그것은 평생 해야 하는 일이다. 그리고 싸워 이겨야 할 적과의 전투가 여전히 남아 있다. 성숙한 그리스도인의 삶에는 성장과 전투라는 과정을 통해서만 얻을 수 있는 깊이가 있다.

성숙한 그리스도인은 하나님의 선하심과 신실하심에 대한 개인적인 간증을 할 수 있는 사람이다. 신앙이 성숙한 사람은 하나님이 얼마나 선하고 신실하신 분인지를 알기 위해 다른 사람들의 이야기를 들을 필요가 없다. 청년 그리스도인은 아직 "나는 오랫동안 주님과 동행해오면서 하나님이 신실하신 분이라는 것을 확인해왔기 때문에 그것을 잘 알고 있다"라고 말할 수 없다.

성숙한 그리스도인에 대한 이런 설명은 "과연 하나님을 잘 알게 되는 때를 어떻게 알 수 있는가?"라는 궁금증을 자아낸다. 그 질문에 간단하게 대답하면 다른 사람들은 놓치는 신호들을 포착할 수 있을 만큼 우리 영혼이 하나님과 깊이 교제할 수 있을 때다.

그 대답을 좀 더 자세하게 설명하면서 성경을 통해 그 일이 어떻게 이루어지는지를 살펴보도록 하자. 우리의 영혼은 우리의 가장 깊은 부분이다. 그리고 우리가 하나님과 연결될 수 있는 능력을 우리에게 준다. 우리는 몸을 통해 세상과 이어진다. 그리고 생각을 통해 우리 자신과 연결된다. 그러나 하나님과 다른 사람들과 우리가 이어지는 것은 영혼을 통해서다.

그리스도를 영접할 때 우리의 영혼과 그리스도 안에서 우리를 살게 하시는 하나님의 성령이 연합하게 된다. 그 연합은 두 생명의 결합을 통해 하나의 새 생명이 탄생되는 결혼에 비유될 수 있다. 그리스도를 영접할 때 우리의 영혼이 하나님과 하나가 되고, 우리는 하나님으로부터 완전한 새 본성을 받게 된다.

이상적인 결혼은 두 사람이 서로를 사랑하고 세월과 함께 점점 더 가까워지면서 상대방이 아무 말 하지 않아도 무슨 생각을 하고 있는지 또 어떻게 느끼는지를 서로 알게 되는 것이다. 그렇게 살고 있는 부부를 옆에서 본 적이 있거나 영혼과 영혼이 나누는 친밀한 교제를 누리는 결혼 생활을 하고 있다면 그것이 얼마나 놀라운 일인지를 잘 알 것이다. 왜냐하면 그런 부부 관계는 하룻밤 사이에 이루어지는 것이 아니기 때문이다. 그런 관계는 진정한 성숙을 만들어내는 헌신과 시간의 산물이다.

이 개념을 그리스도인의 삶에 적용하면, 하나님과 오랫동안 친밀하게 교제하며 성장한 그리스도인은 영적 자각이 상당히 높은 수준까지 올라가 있는 것을 보게 될 것이다. 나는 지금 바울 사도가 고린도전서 2장에서 설명하고 있는 영적 성숙에 대해 이야기하고 있는 것이다. 바울 사도는 "하나님이 자기를 사랑하는 자들을 위하여 예비하신 모든 것은 눈으로 보지 못하고 귀로도 듣지 못하고 사람의 마음으로도 생각지 못하였다 함과 같으니라 오직 하나님이 성령으로 이것을 우리에게 보이셨으니 성령은 모든 것 곧 하나님의 깊은 것이라도 통달하시느니라"(9-10절)고 말했다.

바울이 말한 것은 천국에 관한 것이 아니라 지금 이땅에 있는 우리에게 하나님이 계시해주신 것들에 관한 것이다. 하나님의 깊은 뜻은 우리의 힘으로는 결코 알 수 없다는 사실에 주목하라. 그것은 하나님의 생각을 유일하게 아시는 성령님이 우리에게 가르쳐주셔야 하는 것이다(11절).

이제 15-16절로 내려가보자. '신령한 자는 모든 것을 판단한다.' 왜냐하면 그는 '그리스도의 마음'을 가졌기 때문이다. 그것은 '신령한 자'를 뜻하는 또 하나의 표현인 성숙한 그리스도인은 성령님이 계시하시는 '모든 것들'을 받을 수 있는 사람들이라는 뜻이다.

다시 말해서 성숙한 그리스도인들은 사람의 눈으로 볼 수 없는 것들을 본다. 그들은 이 세상에서 가장 밝은 귀를 가진 사람도 감지하지 못하는 소리를 듣는다. 그리고 성령님이 하나님의 생각을 알 수 있도록 도와주시기 때문에 자기 스스로 생각해내지 않은 생각들을 할 수 있다. 하나님이 사람들의 말이나 설교를 통해 듣는 것을 훨씬 능가하는 하나님의 말씀을 통해 영적인 진리들과 통찰력들을 포착하게 하실 때 우리는 우리가 영적으로 성숙했다는 것을 알게 될 것이다. 성령님은 하나님의 메시지를 자유롭게 우리에게 직접 그리고 분명하게 보내주신다.

성령님께 귀를 기울이는 사람에게 주신 약속은 "하나님이 우리에게 은혜로 주신 것들을"(고전 2:12) 알게 되리라는 것이다. 그런 것들은 하나님의 은혜를 통해 하나님께 받는 것들이다. 그러나 성령님이 말씀하시는 것을 들을 수 있을 만큼 그분과 가까이 있어야 한다. 그것은 하나님과의 친밀한 교제와 밀접한 관계가 있다. 교회에 출석하고 기도하며 성경도 읽지만 하나님과 점점 더 가까워지고 있지 않다면 사람의 눈으로 볼 수 없고 귀로도 들을 수 없는 것을 여전히 보고 들을 수 없을 것이다. 종교적인 활동이나 프로그램들이 하나님과의 친밀한 영적 교제를 대신할 수는 없다.

여기서 내가 말하고 있는 것은 말씀을 통해 하나님이 우리에게 직접 말씀하시는 것을 들을 수 있게 해주시는 친밀한 영적 교제와 성숙이다. 그러나 많은 사람들이 잘못된 것에 초점을 맞추고 있다. 그들은 목사의 설교 주제를 알고 싶어한다. 그러나 그들이 초점을 맞추어야 할 것은 다음과 같은 기도다. "주님, 제가 처한 상황에 대한 하나님의 뜻을 알기를 원합니다. 오늘 목사님이 어떤 설교를 하시든지 그것이 제 영혼에 성령님이 찾아와주시는 말씀이기를 원합니다. 하나님의 말씀을 통해 제 영혼에 말씀해주시는 성령님이 필요합니다."

하나님의 말씀을 듣는 것에 초점을 맞춘다면, 설교 가운데 나오는 부차적인 이야기를 통해서도 하나님은 우리에게 그분의 뜻을 알려주실 수 있다. 주님과 관계가 있는 생각을 하면서 '어디서 이런 생각이 나오게 된 거지?'라고 의아한 생각이 들었던 적이 있다면 하늘로부터 오는 소리를 듣는다는 것이 어떤 것인지를 이미 경험한 것이다. 이 때 하나님의 말씀은 우리의 삶을 변화시키고 우리가 전혀 생각하지 못했던 방향을 제시해줄 수 있을 만큼 생생하게 우리에게 다가온다. 그래서 우리는 하나님 아버지와 우리 안에 사시는 하나님의 아들을 우리에게 선포하는 역할을 하시는 성령님과(요 16:13-15) 같은 생각을 한다는 사실이 어떤 것인지를 알게 되는 것이다.

그런 단계가 되면 세상의 많은 사람들은 물론 심지어는 많은 그리스도인들과도 매우 다른 세상에서 살아가게 될 것이다. 바울 사도는 고린도전서 2장 14절에서 '육에 속한 사람' 또는 믿지 않는 사람은 그 영이 죽었기 때문에 하나님으로부터 온 것을 알 수 없다고 말했다. 실제로 그런 사람에게는 하나님으로부터 온 것들이 미련하게 보인다. 그래서 성숙한 그리스도인은 구원받지 못한 사람이 알고 있는 세상과는 동떨어진 세상 속에 있게 된다.

그리스도인이라고 해서 모두 성숙한 신자를 이해할 수 있는 것은 아니다. 바울은 성숙한 신자는 "아무에게도 판단을 받지 않는다"^(15절)고 말했다. 보통 사람들은 그리스도의 마음을 가지고 하나님과 친밀한 교제를 나누는 성숙한 그리스도인을 이해할 수 없다. 왜냐하면 그리스도의 마음을 가지는 것이 하나님의 뜻이고 또 그런 일이 모든 그리스도인들에게 가능함에도 불구하고 그리스도의 몸을 이룬 지체들 가운데 그런 사람이 상당히 드물기 때문이다. 영적으로 성숙한 그리스도인들에게는 하나님을 추구하고 하나님을 알고자 하는 열망이 있으며, 하나님과 친밀한 교제를 나누게 될 때까지 만족하지 못한다.

하나님과의 친밀한 관계를 보여주는 증거

누군가와 친밀해지지 않고는 아버지가 될 수 없다. 그저 부모가 되고 싶고 아버지가 되는 특권을 누리고 싶은 소원을 가지고 그냥 멀리 서 있어서는 아버지가 될 수 없다. 친밀한 교제가 이루어지면 새로운 생명이 만들어지고 곧 어머니의 태 속에서 그 생명이 자라는 동안 그 사실이 분명하게 드러날 것이다. 그리고 마침내 부모의 유전자(DNA)와 모습을 닮은 아이가 태어나게 된다. 우리의 자녀들은 우리가 성숙했다는 것을 보여주는 증거가 될 것이다. 아버지란 자녀를 둔 사람을 말한다. 영적으로 성숙한 사람이라면 영적인 자녀들을 갖게 될 것이다.

생명이 자라는 것을 오랫동안 숨길 수는 없다. 왜냐하면 생명은 그 속성상 자신을 표현하고 싶어하기 때문이다. 우리의 영적인 생명과 성장도 마찬가지다. 이 책의 주제 성구(벧후 3:18)가 말하고 있는 것처럼 그리스도를 아는 지식과 은혜 안에서 자라는 동안 우리의 성숙한 모습은 먼저 우리 자신에게 나타나고, 그 다음 다른 사람들에게 그 모습을 드러낼 것이다. 하나님이 우리에게 자신을 조금씩 실제적으로 드러내실 것이다. 그리고 친밀감을 느끼는 성숙한 교제 속에서 하나님을 알아갈 때 우리의 기쁨이 충만하게 될 것이다.

나는 최후의 만찬 자리에서 빌립이 "주여 아버지를 우리에게 보여주옵소서 그리하면 족하겠나이다"(요 14:8)라고 말했을 때 예수님이 하신 대답을 좋아한다. 예수님은 그에게 "빌립아 내가 이렇게 오래 너희와 함께 있으되 네가 나를 알지 못하느냐 나를 본 자는 아버지를 보았거늘 어찌하여 아버지를 보이라 하느냐"(9절)고 말씀하셨다.

그 대화는 내게 그리스도인이 되고도 하나님을 알지 못할 수도 있다는 사실을 확인시켜주었다. 나는 그리스도인들이 하나님의 말씀을 듣거나 읽을 때마다 하나님과 마음으로 이어지는 친밀한 교제를 하며 성장하기를 기도한다. 그리고 기도할 때마다 하나님의 마음과 생각을 우리에게 알려주시는 성령님을 인식할 수 있게 되기를 바란다. 하나님과의 대화는 친밀감 속에서 이루어진다. 성령님은 친밀감을 우리에게 전하기 위해 내적인 것들을 사용하실 수도 있다. 그러나 성령님은 우리 속에서 다른 언어로 말씀하신다.

하나님을 알고 싶다면 우리가 행하는 모든 것이 우리가 추구하는 목표가 되어야 한다. 아이 단계와 청년 단계를 거치면서 때로는 흔들리기도 하고 또 불안정한 상태가 되기도 할 것이다. 그러나 그때가 바로 하나님의 말씀 앞에서 "주님, 이것이 주님이 하신 말씀이고 제가 하고 싶은 것입니다. 그러나 그 일을 하기 위해서는 제 마음속 깊은 곳에 그것이 지금 자리잡아야 하기 때문에 제게는 주님이 필요합니다"라고 말해야 하는 때다.

우리가 얼마나 빨리 그리고 견고하게 자라는지는 우리가 얼마나 성장하고 싶어하는가에 달려 있다. 그러므로 하나님을 향한 우리의 열망이 커져야 한다. 영적 성장의 공식은 간단하다. 하나님을 추구하기 위해 사용하는 시간과 성실함이 성숙이라는 목적지에 이르는 속도를 결정하게 될 것이다. 그래서 5년 전에 그리스도인이 된 사람이 25년 전에 그리스도인이 된 사람보다 영적으로 더 성숙한 사람이 될 수도 있다. 앞의 사람은 영적 성장의 단계들을 훨씬 더 빠른 속도로 오른 그리스도인이다.

그리스도와의 여행길에서 현재 어디까지 와 있든지 간에 성장할 수 있는 가장 좋은 장소는 바로 지금 우리 각자가 처해 있는 곳이다. 우리는 어제로 되돌아갈 수 없다. 그러나 오늘이라면 가능하다. 하나님께 가까이 다가가 그분께 귀를 기울일 수 있는 아주 새로운 날로 만들 수 있다.

 결론

   디지털 카메라가 나오기 전까지 나는 가족 사진을 현상하기 위해서 필름을 들고 사진관을 찾아가야 했다. 그리고 이렇게 현상된 사진들은 사진첩에 차례대로 끼워져 우리 가족의 변화와 성장을 보여주는 소중한 기록물이 되었다.

   영적 성장의 과정도 그와 비슷하다. 그리스도를 영접했을 때 우리는 우리 삶이 담긴 필름을 하나님께 넘겨드렸다. 필름 현상의 대가이신 하나님은 하나님의 은혜라는 특별한 암실로 들어가 그 필름을 그분의 놀라운 은혜가 담긴 아름다운 사진으로 변화시키신다. 그리고 그리스도의 형상으로 변화시키시며 '영광으로 영광에' 이르게 하신다.

   그리스도와 함께 영적 성장이라는 여행을 계속해나가는 동안 우리는 하나님이 우리를 얼마나 아름답게 변화시켜주셨는지를 보여주는 은혜의 앨범을 갖게 될 것이다. 그리고 어느 날 하나님 앞에 서게 될 것이다. 그리고 현상되기를 기다려야 하는 필름은 더 이상 없게 될 것이다. 대신 디지털 사진처럼 그 과정이 즉석에서 완성될 것이다. 왜냐하면 하늘에서는 하나님의 자녀가 된다는 것이 어떤 것인지를 알지 못하게 우리를 방해하는 것은 아무것도 없기 때문이다. 이에 대해 요한은 다음과 같이 묘사했다.

   "보라 아버지께서 어떠한 사랑을 우리에게 주사 하나님의 자녀라 일컬음을 얻게 하셨는고, 우리가 그러하도다 그러므로 세상이 우리를 알지 못함은 그를 알지 못함이니라 사랑하는 자들아 우리가 지금은 하나님의 자녀라 장래에 어떻게 될 것은 아직 나타나지 아니하였으나 그가 나타내심이 되면 우리가 그와 같을 줄을 아는 것은 그의 계신 그대로 볼 것을 인함이니 주를 향하여 이 소망을 가진 자마다 그의 깨끗하심과 같이 자기를 깨끗하게 하느니라"(요일 3:1-3).

부활하신 주님을 바라보고 그분의 주권 아래서 살아간다면 우리의 신앙은 계속해서 그리고 점진적으로 성장하게 될 것이다. 그리고 우리 구세주의 영적 형상을 닮아가게 될 것이다. 지금 그리고 영원토록 우리에게 이보다 더 좋은 소망은 없다.